Neue Punitivität durch Reduzierung
der Strafrestaussetzungsquote
im deutschen Strafvollzug?

Heinz Cornel

Neue Punitivität
durch Reduzierung
der Strafrestaussetzungsquote
im deutschen Strafvollzug?

Mönchengladbach 2013
Forum Verlag Godesberg GmbH

Bibliographische Information der Deutschen Nationalbibliothek
Die Deutsche Nationalbibliothek verzeichnet diese Publikation in der
Deutschen Nationalbibliografie; detaillierte bibliografische Daten sind
im Internet über http://dnb.d-nb.de abrufbar.

Mönchengladbach 2013
Gesamtherstellung: Books on Demand GmbH, Norderstedt
Printed in Germany
ISBN 978-3-942865-12-8

Inhalt

Vorwort

Dieser Band möchte zum einen ein empirischer Beitrag in der kriminologischen Debatte um die Wiederkehr der Punitivität als Kehrseite der Abkehr vom wohlfahrtsstaatlichen Resozialisierungsparadigma sein, in dem er ein Teilgebiet der Kriminalpolitik untersucht, nämlich die Entwicklung des Anteils der Freiheitsstrafen, die vorzeitig nach Teilverbüßung zur Bewährung ausgesetzt werden. Gleichzeitig werden Informationen zu bundesweiten und länderspezifischen strafvollzugspolitischen Entwicklungen, wie zum Beispiel die Gefangenenbestandszahlen in Untersuchungshaftanstalten und im Jugend- und Erwachsenenstrafvollzug, die Ersatzfreiheitsstrafen und die Gnadenerweise, ausgewiesen und vergleichend kommentiert, so dass ein über die Strafrestaussetzungen hinausgehender Überblick entsteht.

Um die vielfältigen Entwicklungen hinsichtlich der Praxis der Strafrestaussetzung, aber auch der Gefangenenbestandszahlen, vollstreckten Ersatzfreiheitsstrafen und Gnadenerweise anschaulich darzustellen, werden in Kapitel 3 zahlreiche Schaubilder präsentiert. Da jeweils kontextbezogen besonders aussagekräftige Grafiken spezifisch aus einer größeren Anzahl ausgewählt wurden, ist die Nummerierung der Schaubilder, die nach dem Land, auf das Bezug genommen wird, rechts unten genannt wird, nicht durchgängig. Es fehlen also keine Schaubilder, sondern es werden nur die bewusst ausgewählten gezeigt.

Für die Bereitstellung der Daten, die in den letzten zehn Jahren leider nur noch zu einem kleinen Teil veröffentlicht werden, möchte ich mich bei den Justizministerien und Senatsverwaltungen des Bundes und der Länder bedanken. Zum Teil standen die Grunddaten elektronisch zur Verfügung, oft aber auch mussten sie mühsam kopiert, teils in Archiven gesucht, manchmal sogar aus den Angaben einzelner Justizvollzugsanstalten rekonstruiert werden, weil sie nicht (mehr) vorhanden waren. Dass diese Verzögerungen zu einer späteren Publikation dieses Bandes führten, und damit dazu, dass manche Daten nicht auf dem allerneuesten Stand sind, bedauert niemand mehr als ich selbst, war aber nicht zu vermeiden. Jedes Bemühen um Aktualisierung hätte angesichts von 16 Bundesländern zu weiteren Verzögerungen geführt. Dank schulde ich auch meinen Söhnen Felix und David, die mich bei der Übertragung und Berechnung mehrerer zehntausend Datensätze sowie der Erstellung der Tabellen und Grafiken unterstützten.

Berlin im November 2012

1. Zur kriminologischen Konzeption und dem Inhalt des Begriffs der Punitivität

In der kriminologischen Debatte hat David Garland die „Wiederkehr der Punitivität"[1] im Kontext der Abkehr vom wohlfahrtsstaatlichen Resozialisierungsparadigma[2] gesehen und dabei auch auf die vorzeitigen Entlassungen hingewiesen.[3] Garland möchte „strukturell darstellen, wie Verbrechenskontrolle und Strafjustiz gegenwärtig organisiert sind"[4] und seine These lautet, „dass wir gegenwärtig die Entstehung eines neu gestalteten Feldes der Verbrechenskontrolle und der Strafjustiz beobachten können."[5] Unter anderem nennt er als bestimmte Entwicklungen den Niedergang der Resozialisierung, einen Managerialismus und punitiven Populismus.[6] Garland diagnostiziert zum einen in den Alltagspraktiken der Strafjustiz eine Verschiebung des Schwerpunkts von der „wohlfahrtsstaatlichen zur strafrechtlichen Modalität"[7] und zum anderen in der Praxis der Resozialisierung, dass diese „zunehmend im Rahmen der Risikovorsorge und nicht mehr der Wohlfahrt" stattfinde.[8] Ganz konkret kritisiert er hinsichtlich der vorzeitigen Entlassungen aus dem Gefängnis, dass von dem Ideal der Wiedereingliederung durch Hafturlaub, Freigang und vorzeitige Entlassungen heute viel weniger zu spüren sei und dass diese heute „restriktiver gehandhabt, strenger kontrolliert und intensiver überwacht" werden.[9] Mit Bezug auf Garland schreibt Roger Matthews vom ‚punitive turn'[10] in der Kriminalpolitik und er und Jock Young stimmen Garlands Beschreibung und Analyse weitestgehend zu.[11]

Zweifellos hat es in den USA in den achtziger Jahren einen „punitive turn" gegeben, der innerhalb von 2 – 3 Jahrzehnten zu einer Vervierfachung der Gefangenenanzahl geführt hat.[12] Diese empirisch überprüfbare Tatsache[13] ging einher mit logi-

---

[1] Garland 2008, S. 51.
[2] Vgl. Günther/Honneth 2008, S. 13; Fritz Sack hat auf die soziologischen Publikationen „Vom wohltätigen zum strafenden Staat" von Wacquant aus dem Jahr 1997 und „Vom Wohlfahrtsstaat zum Gefängnis" von Bauman aus dem Jahr 1999 hingewiesen; vgl. Sack 2004, S. 43.
[3] Vgl. Garland 2008, S. 50.
[4] Garland 2008, S. 74.
[5] Garland 2008, S. 74.
[6] Vgl. Garland 2008, S. 75.
[7] Garland 2008, S. 314
[8] Garland 2008, S. 315; kritisch zu Garlands Grundannahmen: Köllisch 2007, S. 245ff.
[9] Garland 2008, S. 318.
[10] Vgl. Matthews 2003, S. 224.
[11] Vgl. Young/Matthews 2003, S. 5; vgl. auch Matthews 2005, S. 188.
[12] Vgl. Gopnik 2012, S. 2, Heinz 2009, S. 29 und Kaiser/Schöch 2002, S. 114f.

schen Begründungen („three strikes and you are out" oder „Einsperren und Schlüssel wegwerfen"), die oft mit neoliberalen gesellschaftspolitischen Positionen und mit drastischen Verschärfungen der Strafzumessungsvorschriften für Rückfalltäter in fast allen amerikanischen Bundesstaaten verbunden waren.[14]

Klaus Günther und Axel Honneth schreiben in ihrem Vorwort zu Garlands ‚Kultur der Kontrolle', dass viel dafür spricht, „dass Garlands für die USA und Großbritannien gestellte Diagnose auch hier zutrifft, es sei vor allem die Mittelschicht, die Resozialisierungsprogrammen und Sozialreformen als primär gebotenen Reaktionsformen gegen Kriminalität ihre Unterstützung entziehe und einer Liberalisierung des Strafrechts durch Entkriminalisierung bloß störender, auffälliger und unziviler Verhaltensweisen nicht mehr das Wort rede."[15]

In Deutschland hat es vor allem im ersten Jahrzehnt des neuen Jahrtausends sowohl eine kriminologische Debatte um Garlands zentrale These mit Versuchen der inhaltlichen Präzisierung gegeben, als auch eine ganze Reihe von Beiträgen über die neue Lust am Strafen auf unterschiedlichsten Gebieten der Kriminalpolitik. Beide Diskurse sollen in der notwendigen Kürze aufgegriffen werden, um den Rahmen darzustellen, auf den sich die Ergebnisse zur Entwicklung der Strafrestaussetzung beziehen.

Lautmann/Klimke unterscheiden die Punitivität im Wortsinne von der Punitivität im kriminaltheoretischen Kontext.[16] Sie legen Wert darauf, dass der Begriff nichts

---

[13] Judith Greene hat 2009 bei einem Vortrag in Berlin angedeutet, dass es seit der Jahrtausendwende einen erneuten turn gebe; vgl. Greene 2010, S. 35.
Dabei sind die Anzeichen zunächst nur klein und gering und lassen sich nur in einzelnen Initiativen und einem verringerten Wachstum der Anzahl der Gefangenen beobachten. „Die Gefängnisstatistiken des Bureau of Justice Statistics (BJS) zeigen, dass zwischen 2000 und 2009 37 Staaten zumindest ein einziges Jahr mit sinkenden Inhaftiertenzahlen verzeichnen konnten … Das BJS hat erst kürzlich die gute Nachricht verkündet, dass in der ersten Hälfte 2008 die Gefängnispopulation national um weniger als ein Prozent angestiegen ist und dass 16 Staaten im selben Zeitraum Rückgänge verzeichnen konnten." A. a. O. S. 36.

[14] Vgl. Heinz 2011, S. 14.

[15] Günther/Honneth 2008, S. 11; ähnlich Sack 2004, S. 30, der von „massiv zunehmender Punitivität" spricht, die zuerst in den USA sichtbar geworden, dann nach Großbritannien importiert sei und nun das europäische Festland erreiche. Kury und Obergfell-Fuchs stellten zusammenfassend 2006 fest, „dass die Sanktionspraxis in Deutschland härter geworden ist, wobei besonders Sexualstraftäter im Fokus des Interesses stehen." Kury/Obergfell-Fuchs 2006, S. 119, vgl. auch S. 144f.; Dagegen meint Sessar: "bis jetzt jedenfalls dürfte kaum eine Maßnahme aus der von Garland … zusammengestellten Horrorliste an Repressionen in Kontinentaleuropa angekommen sein."; Sessar 2010, S. 367; differenzierend dazu Kury/Kania/Obergfell-Fuchs 2004, S. 68 und 74; Heinz 2009, S. 30; Schöch 2009, S. 14ff.; Dünkel 2010, S. 10 und Dollinger 2011, S. 229.

[16] Vgl. Lautmann/Klimke 2004, S. 9 und 10.

behaupte, sondern nur den Blick auf einen bestimmten Ausschnitt der Realität, nämlich das Strafgeschehen lenke.[17] Für sie dient Punitivismus nur „als Beschreibungsvariable, keineswegs als theoretisch abgeleitete Erklärung."[18]

Nach dieser Auffassung verhält sich eine Person oder eine Institution ‚punitiv' im Wortsinne, „welche das Handeln einer anderen Person oder Institution unter normativen Gesichtspunkten als vom Normalen abweichend bezeichnet und sich für eine negative Sanktion ausspricht. ‚Punitivität' ist die verallgemeinernde Haltung oder Tendenz, mit belastenden Sanktionen auf wahrgenommene Normabweichungen zu reagieren."[19] „Kriminaltheoretisch wird der Begriff des Punitiven spezieller gefasst. Er verweist auf die Tendenz, vergeltende Sanktionen vorzuziehen und versöhnende zu vernachlässigen."[20]

Helmut Kury, Harald Kania und Joachim Obergfell-Fuchs unterscheiden zwischen den Ebenen der Mikroperspektive der Punitivität, der Makroperspektive und der justiziellen Punitivität, die nicht unverbunden nebeneinander stünden.[21]

Eric Hilgendorf spricht teils vom Vorwurf überzogener Punitivität und teils nur vom Vorwurf der Punitivität.[22] „Richtet er sich gegen Personen, so zielt der Vorwurf der Punitivität auf ein nach Meinung des Sprechers überzogenes Strafbedürfnis beziehungsweise auf die Forderung nach Schaffung neuer, als überflüssig eingestufter Straftatbestände. Bezieht er sich auf Trends der Gesetzgebung, der Strafzumessung oder des Strafvollzugs, so sind damit in aller Regel Tendenzen in Richtung auf ‚zu viel Strafrecht' oder ‚zu harte Strafen' gemeint."[23] Er kritisiert, dass über den klar erkennbaren negativen Wertakzent meist eher vage bleibt, was genau missbilligt wird und worauf sich die negative Wertung bezieht.[24]

Wolfgang Heinz nennt den Begriff Punitivität vage und mehrdeutig[25] und Franz Streng schillernd.[26] Auch Sessar weist darauf hin, dass Punitivität kein geschlosse-

---

[17] Vgl. Lautmann/Klimke 2004, S. 9.
[18] Lautmann/Klimke 2004, S. 9; sie sprechen in diesem Kontext sogar von einem simplifizierenden Fingerzeig, a. a. O.; „punitiveness remains a ‚thin' and undertheorized concept." Matthews 2005, S. 178 und ähnlich auf S. 195.
[19] Lautmann/Klimke 2004, S. 9.
[20] Lautmann/Klimke 2004, S. 10.
[21] Vgl. Kury/Kania/Obergfell-Fuchs 2004, S. 52; vgl. auch Kury/Obergfell-Fuchs 2006, S. 125; Heinz 2009, S. 33 und Simonson 2009, S. 30f. und S. 35.
[22] Vgl. Hilgendorf 2010, S. 125.
[23] Hilgendorf 2010, S. 125.
[24] Vgl. Hilgendorf a. a. O.
[25] Vgl. Heinz 2009, S. 33.
[26] Vgl. Streng 2012, S. 148.

ner Begriff ist, sondern „sich mit unterschiedlichen Bedeutungen in öffentlichen und privaten Einstellungen (findet), in einer manchmal nur symbolisch gemeinten law-and-order-Rhetorik, in der Politik, der Gesetzgebung, den Medien, der Strafpraxis und an Stammtischen, die alle nicht in einen Topf geworfen werden können."[27]

Hilgendorf fügt hinsichtlich der Dimensionen von Punitivität neben die Strafmentalität einzelner Personen, die Punitivität im gesamtgesellschaftlichen Diskurs und die Punitivität im Handeln des Justizapparates[28] als zusätzliche Perspektive die legislative Punitivität, also „eine übertriebene Strafneigung oder gar Straflust des Staates, die sich im Erlass neuer Strafbestimmungen ausdrückt".[29] Zu Recht problematisiert er, dass es eine feste Grenze für die legitime Ausübung der staatlichen Strafgewalt nicht gebe und sich deshalb das Problem stelle, "wie sich aus der Perspektive des materiellen Strafrechts punitive von nicht punitiven Strafbestimmungen eindeutig abgrenzen lassen".[30] Letztlich kommt er zu dem Ergebnis, dass strafrechtliche Grundprinzipien wie der Verhältnismäßigkeitsgrundsatz, das ultima-ratio-Prinzip, das Gesetzlichkeitsprinzip und das Schuldprinzip eine feste Grenze staatlichen Strafens ebenso wenig definieren können wie die Berufung auf vorgegebene Rechtsgüter im Sinne der Rechtsgutslehre.[31] Er führt aus, dass neben dem Bezug auf die Interessen der Gesellschaft die Wirksamkeit der Strafen und sonstigen Maßnahmen auch hinsichtlich der Legitimation und strafbarkeitsbegrenzenden Funktion von entscheidender Bedeutung sind, also empirische Fragen, weshalb „eine rationale Gesetzgebung die Ergebnisse der empirischen Sozialwissenschaften, vor allem der Kriminologie, künftig noch stärker berücksichtigen" sollte.[32]

Roger Matthews weist mit den folgenden Worten auf eine Problematik des Konzepts der Punitivität hin, welche immer wieder zu einer Diskrepanz zwischen der Analyse kriminalpolitischer Programme, Äußerungen und Normen einerseits und der empirischen Überprüfung der Strafpraxis selbst führt: „There is also a gap between ‚law in books' and ‚law in action' and between the passing of legislation which is designed to be symbolic rather than practical. As we shall see later a number of the sanctions, which have emerged in recent years and which have been presented as examples of punitiveness, are largely symbolic. To claim an increase

---

[27] Sessar 2010, S. 367; vgl. auch Oelkers/Ziegler 2009, S. 38.
[28] Vgl. oben die Einteilung bei Kury/Kania und Obergfell-Fuchs.
[29] Hilgendorf 2010, S. 125; Hilgendorf nennt in diesem Zusammenhang Bestimmungen aus dem Embryonenschutzgesetz und dem Stammzellengesetz.
[30] Hilgendorf 2010, S. 126.
[31] Vgl. Hilgendorf 2010 S. 127ff.
[32] Hilgendorf 2010, S. 130.

in punitiveness, it is necessary to distinguish between changing concepts of appropriateness and what constitutes disproportionate or excessive punishments."[33]

In dieser Studie geht es – ausgehend von der Erkenntnis, dass es eine Norm für ein legitimes Maß an Strafübelzufügung durch den Staat nicht geben kann – um neue oder wachsende Punitivität im Sinne eines Prozesses, in dem die sanktionierende Reaktion auf abweichendes Verhalten durch verschiedene Formen und Verfahrensschritte im Zuge des Strafverfahrens und der Strafvollstreckung zunimmt.[34] Geäußerte Straflust, spezial- und generalpräventive Konzeptionen, die ein Mehr an Strafandrohung und Vollstreckung fordern sowie populistische Kampagnen mit dem Ziel der Strafverschärfung gehören gegebenenfalls zu dieser neuen Punitivität, werden hier aber nicht untersucht. Solche Einstellungen und Voten fordern mehr Punitivität und sind als solche auch interessante Forschungsfelder, sie allein sind aber nicht das Thema dieser Untersuchung. Was Kury, Kania und Obergfell-Fuchs die Mikroperspektive und Makroperspektive der Punitivität, also das Strafbedürfnis einzelner Personen oder den gesamtgesellschaftlichen Diskurs nennen, wird als Einflussfaktoren, möglicherweise auch Auslöser erhöhter Punitivität gesehen, hier aber ansonsten nicht zum Thema gemacht.[35]

Jenseits der Kritik an der unklaren Begrifflichkeit der Punitivität, der Unmöglichkeit der Festlegung oder Ableitung einer Höchstgrenze der legitimen Punitivität über die Grenzen, die die Menschenwürde zieht, hinaus und der Bedeutung des empirischen Wissens in Bezug auf die Legitimation des Strafens sind die Perspektiven der Strafrechtstheorie andere als die der Kriminologie.

Wenn man Kriminologie mit Edwin Sutherland als „a study of lawmaking, lawbreaking and reactions to lawbreaking" versteht,[36] dann gehört die Reaktion auf die Gesetzesbrüche durch Straflust und die daraus folgenden polizeilichen und justiziellen Maßnahmen mit ihren Legitimationen sicher ebenso zentral zur Kriminologie, wie die Rolle der Punitivität in den Straftheorien im Prozess der Gesetzgebung.

Der damalige Richter am Bundesverfassungsgericht Winfried Hassemer sprach schon im Jahr 2000 von der neuen Lust auf Strafe.[37] Dorothea Rzepka hat in zwölf

---

[33] Matthews 2005, S. 179.
[34] „Punitivität meint freilich ‚mehr und härtere Strafen', und zwar bei vergleichbaren Sachverhalten." Heinz 2009, S. 78; vgl. auch Dessecker 2011, S. 38.
[35] Stockhaus.
[36] Sutherland/Cressey 1974, S. 21.
[37] Vgl. Hassemer 2000, S. 16.

Thesen „zentrale (straf-) rechtstheoretische und -dogmatische Überlegungen ... (benannt), mit denen die vermehrte und härtere Bestrafung in Politik und Gesetzgebung begründet und umgesetzt wird."[38] Fritz Sack schreibt über die punitive Gesellschaft der Bundesrepublik, dass „die Popularität der Forderung nach mehr und härterer Strafe in Gesellschaft, Medien und Politik ... sich allenthalben beobachten" lässt."[39] Hilgendorf konstatiert, dass es eine deutliche Ausweitung des materiellen Strafrechts in Deutschland spätestens seit Anfang der achtziger Jahre gegeben habe.[40]

Für Deutschland lassen sich für die letzten Jahrzehnte zahlreiche Gesetzesverschärfungen im Sinne neuer Kriminalisierungen und Verlängerungen der angedrohten Strafrahmen feststellen.[41] Vor allem zeigte sich eine kriminalpolitische Rhetorik, die Strafverschärfungen, Herabsenkungen des Strafmündigkeitsalters, Einschränkungen der Anwendung des Jugendstrafrechts bei Heranwachsenden, Ausweitung der Anwendung der Untersuchungshaft und Reduzierung des Offenen Vollzugs fordert. In diesem Kontext fällt auch die neue Terminologie in den Bezeichnungen der Strafrechtsreformen auf – seit Mitte der 70er-Jahre wird immer wieder der Begriff der „Bekämpfung" in die Titel eingefügt.[42] Inwieweit diese Forderungen, die die populistische Debatte in einem Teil der Presse und einiger Parteien in Wahlkämpfen durchaus bestimmen, sich aber tatsächlich in neuer Punitivität zeigen, das heißt, inwieweit die „neue Straflust" denn tatsächlich in der Realität befriedigt wurde, das ist eine empirische Frage, die sich nur sehr differenziert beantworten lässt.[43]

Wolfgang Heinz leitet deshalb seinen Aufsatz ‚Neue Straflust der Strafjustiz – Realität oder Mythos?' nicht nur mit der Feststellung ein, dass es „die Punitivität" nicht gebe,[44] weil sich die Attribute dieses Konstrukts auf vielerlei beziehen könnten, sondern er zeigt auch auf, dass zur Beantwortung und Bewertung der Frage

---

[38] Rzepka 2004, S. 136f.; Der Beitrag trägt den Titel „Punitivität in Politik und Gesetzgebung"

[39] Sack 2004, S. 41; vgl. auch a.a.O. S. 30, wo davon die Rede ist, dass alle Zeichen kriminalpolitischer Entwicklung auf eine massiv zunehmende Punitivität deuten.

[40] Vgl. Hilgendorf 2010, S. 125.

[41] Vgl. Oelkers/Ziegler 2009, S. 39 und Simonson 2009, S. 31.
Stockhausen spricht von einem inflationären Einsatz des Strafrechts in den letzten Jahrzehnten und verweist darauf, dass die letzte bedeutende Einschränkung von Straftatbeständen durch das 4. Gesetz zur Reform des Strafrechts vom 23.11.1973 erfolgte; vgl. Stockhausen 2008, S. 175f.

[42] Vgl. Stockhausen 2008, S. 176f. – vorher gab es das nur 1927 im ‚Gesetz zur Bekämpfung der Geschlechtskrankheiten'.

[43] Sohn warnt vor der „kritiklos übernommenen ‚Punitivitätshypothese'", Sohn 2012, S. 64.

[44] Vgl. Heinz 2011, S. 14; ähnlich schon Heinz 2009, S. 33.

nach der zunehmenden Punitivität die gesamte Sanktionspraxis untersucht werden muss. Er operationalisiert die allgemeine Punitivitätsthese wie folgt:

„ 1.   es wird häufiger angeklagt und verurteilt, insbesondere
1.1   nimmt die Verurteiltenrate zu,
1.2   gehen die Raten der von der Staatsanwaltschaft gem. § 179 II StPO man-
*   gels hinreichenden Tatverdachts eingestellten Verfahren zu Gunsten von*
*   Einstellungen aus Opportunitätsgründen (=Diversion) oder von Anklagen*
*   sowie*
1.3   die Einstellungen aus Opportunitätsgründen zugunsten von Anklagen zu-
*   rück, ferner*
1.4   nimmt innerhalb der Diversionsentscheidung der Anteil der unter Auflagen
*   eingestellten Verfahren zu Lasten der folgenlosen Einstellungen zu.*
2.   Es wird häufiger Untersuchungshaft angeordnet.
3.   Heranwachsende werden häufiger nach allgemeinem Strafrecht statt nach
*   Jugendstrafrecht verurteilt.*
4.   Innerhalb der Verurteilungen
4.1   nimmt die Eingriffsintensität der ambulanten Sanktionen zu,
4.2   werden vermehrt stationäre statt ambulante Sanktionen verhängt,
4.3   werden Freiheitsstrafen seltener zur Bewährung ausgesetzt,
4.4.   werden häufiger Freiheitsstrafen von längerer Dauer verhängt und
4.5   vermehrt freiheitsentziehende Maßregeln der Besserung und Sicherung
*   angeordnet.*
5.   Die Strafvollstreckung wird ‚härter‘, die Verlegungen in den offenen Voll-
*   zug gehen zurück, Strafrestaussetzung werden seltener gewährt."*[45]

Der empirische Teil dieser Studie befasst sich allein mit dem zuletzt genannten Aspekt. Wolfgang Heinz hat die empirischen Befunde zu den fünf oben genannten Themen gesichtet und ist dabei zu folgenden Ergebnissen gekommen, die hier nur ganz knapp zusammengefasst werden können:

Betrachtet man sich das Verhältnis der Anzahl der Tatverdächtigen zu den Verurteilten so stellt man fest, dass dieses rückläufig ist und die Anteile der Verfahren, die mangels hinreichenden Tatverdachts eingestellt werden im Wesentlichen konstant geblieben sind. Die Ausweitung der Opportunitätseinstellungen ging also zu

---

[45]   Heinz 2011, S. 14.

Lasten von Anklagen beziehungsweise Strafbefehlsanträgen und somit sehen wir hier keine zunehmende Punitivität.[46]

Hinsichtlich der Anordnung von Untersuchungshaft konnte Wolfgang Heinz feststellen, dass es einen deutlichen Rückgang auch bei den Delikten gab, die in der Regel nicht von Diversionsentscheidungen betroffen sind, so dass dieser verzerrende Einfluss herausgerechnet werden kann. Eine zunehmende Punitivität kann also auch hier nicht festgestellt werden.[47]

Trotz einiger beständiger Forderungen von Politikern seit mehr als 20 Jahren wird bei Heranwachsenden nicht vermehrt Erwachsenenstrafrecht angewandt. Weder hat sich diese Forderung bisher in der Gesetzgebung niedergeschlagen, noch hat die Praxis im Sinne zunehmender Punitivität mit einer verminderten Anwendung des § 105 JGG reagiert.[48] Inwieweit die Verabschiedung des ‚Gesetzes zur Erweiterung der jugendgerichtlichen Handlungsmöglichkeiten' vom 4.9.2012[49] mit der Ermöglichung der Verhängung von Strafen mit einem Höchstmaß von 15 Jahren über die symbolische Bedeutung hinaus Wirkungen haben wird, kann erst die Zukunft zeigen, weil bis zum heutigen Tag noch keine einzige Tat so sanktioniert wurde. Angesichts von insg. 9 Heranwachsenden, die im Jahr 2011 wegen Mordes eine Jugendstrafe von 5 bis 10 Jahren erhielten,[50] wird sich der tatsächliche Effekt hinsichtlich tatsächlich längerer Strafverbüßung aber in engen Grenzen halten.

Schaut man sich den Bereich der Verurteilungen an, so kann man zunächst feststellen, dass der Anteil der formell Sanktionierten von 1981 bis 2008 von 64 % auf 42 % zurückging und in den letzten zehn Jahren auf diesem Niveau stagnierte.[51] Auch stieg der Anteil der Freiheits- und Jugendstrafen, die zur Bewährung ausgesetzt wurden, von 1976 bis 2008 beständig an.[52] Beide Ergebnisse zeigen also keine erhöhte Punitivität hinsichtlich der Verurteilung in der Praxis. Allerdings hat sich das Strafniveau hinsichtlich der vorsätzlichen Tötungsdelikte und der gefährlichen Körperverletzungen erhöht.[53] In ganz besonderem Ausmaß sind Strafverschärfungen durch die Ausweitung der Verhängung lebenslanger Freiheitsstrafen in

---

[46] Vgl. Heinz 2011, S. 15f.
[47] Vgl. Heinz 2011, S. 16.
[48] Vgl. Heinz 2011, S. 17.
[49] Bundesgesetzblatt 2012 I, S. 1854.
[50] Vgl. Statistisches Bundesamt, Fachserie 10 Reihe 3, Rechtspflege Strafverfolgung 2011, Wiesbaden 2012, S. 23 und 273.
[51] Vgl. Heinz 2011, S. 17.
[52] Vgl. Heinz 2011, S. 18.
[53] Vgl. Heinz 2011, S. 21 und 23; bei sexuellen Nötigungen und Raub konnte Heinz hingegen keine Erhöhungen des Strafniveaus feststellen; vgl Heinz 2011, S. 21 und 24.

den letzten 35 Jahren zu beobachten. Wurde 1975 bei vollendetem Mord in 26,6 % der 203 Fälle zu lebenslanger Freiheitstrafe verurteilt, so stieg dieser Anteil kontinuierlich auf 32,1 % 1980, 40,3 % 1985, 51,4 % 1990, 61,2 % 1995, 60,8 % im Jahr 2000, 70,8 % 2005 und nun 71,9 % im Jahr 2010 bei insgesamt 178 Fällen. Es gab also einen Rückgang der Verurteilungen wegen vollendeten Mordes, aber eine deutliche Steigerung der Verurteilungen zu lebenslanger Freiheitsstrafe (ein Plus von 137 % in 35 Jahren) auf die Höchstzahl von 128 im Jahr 2010.[54] Diese Urteile werden lange Zeit Auswirkungen auf die Gefangenenbestandszahlen haben. Hinsichtlich der Verurteilungen ergibt sich also ein differenziertes Bild in Bezug auf die Punitivität.

Die Daten aus den vier, angelehnt an die oben angeführte Systematisierung von Wolfgang Heinz zuerst genannten Bereichen sollen hier nur knapp und überblicksartig referiert werden, um zu zeigen, dass die Punitivitätsthese der empirischen Überprüfung bedarf und dass dies länderspezifisch notwendig und möglich ist. Jeder dieser Bereiche lässt sich deliktspezifisch und aktueller, bezüglich spezifischer Altersgruppen oder sonstiger Merkmale hinsichtlich der Punitivität und deren Legitimationen untersuchen. Mein Vorhaben in dieser Studie bezieht sich auf einen fünften Bereich, nämlich die Strafvollstreckung hinsichtlich der Freiheits- und Jugendstrafen. Diesbezüglich werde ich mich nicht mit dem Strafvollzug selbst, beispielsweise mit Haftbedingungen, Disziplinarmaßnahmen, Lockerungen oder der Verlegung in den offenen Vollzug beschäftigen, sondern allein der Frage nachgehen, ob sich durch eine Verringerung des Anteils der Strafen, die vorzeitig zur Bewährung ausgesetzt werden eine neue Punitivität zeigt.

---

[54] Alle Daten beruhen auf eigenen Berechnungen auf Basis der Strafverfolgungsstatistiken des statistischen Bundesamtes. Vgl. auch Heinz 2009, S. 79 und ausführlich Dessecker 2011, S. 25, 30 und 35.

2. Der juristische Diskurs bezüglich der Verantwortungs- und Erprobungsklausel

Wie oben bereits erwähnt gibt es gute Gründe, Entwicklungen der Punitivität auch in Hinblick auf Änderungen der Anzahl oder des Anteils von Strafen zu untersuchen, deren Strafreste nach einer Teilverbüßung zur Bewährung vorzeitig ausgesetzt werden. Anhand von entsprechenden Zeitreihen von Daten über die Entlassungen aus dem Strafvollzug und Jugendstrafvollzug lässt sich das berechnen und möglicherweise lassen sich auch in kriminalpolitischen Diskursen, in Stellungnahmen der Vollzugsanstalten und Beschlüssen Indizien und geänderte Argumentationen finden.

Hinsichtlich der Strafrestaussetzungen gab es aber darüber hinaus einen besonderen Anlass, solche Änderungen in den Blick zu nehmen. Am 26. Januar 1998 wurde durch das 'Gesetz zur Bekämpfung von Sexualdelikten und anderen gefährlichen Straftaten', die über Jahrzehnte bewährte Erprobungsklausel im § 57 Absatz 1 StGB gestrichen und durch die so genannte Verantwortungsklausel ersetzt, nach der eine Aussetzung des Strafrestes nur dann möglich ist, wenn dies unter Berücksichtigung des 'Sicherheitsinteresses der Allgemeinheit' verantwortet werden kann. Der Bundesrat hatte die Erhaltung der Erprobungsklausel angestrebt, " um den bisherigen Prüfungsmaßstab nicht vollständig zu verändern".[55] Der Bundesrat konnte sich mit seiner Auffassung jedoch nicht durchsetzen.

Nach dem Inkrafttreten dieses Gesetzes wurde zum einen die Neuformulierung wegen ihrer Unbestimmtheit kritisiert[56] und es kam sowohl auf juristischer und politischer Ebene, als auch in Literatur und Praxis zu einem Meinungsstreit darüber, ob diese neue Formulierung eine Klarstellung sei oder zu einer restriktiveren Strafrestaussetzungspraxis und damit erhöhten Punitivität führen solle und werde. Die unterschiedlichen Positionen dazu, deren Entwicklung und Auswirkungen werden in diesem 2. Abschnitt dargestellt.

Diese Uneindeutigkeit und Unklarheit begann bereits im Gesetzgebungsprozess. Einerseits wurde von Seiten der damaligen Bundesregierung – zumindest gegenüber der Fachöffentlichkeit – betont, dass mit der neuen Formulierung nur einer seit langem bestehenden und anerkannten Rechtsprechung gefolgt werde, weil der unzutreffende Eindruck entstanden sei, eine vorzeitige Entlassung sei auch zu Las-

---

[55] Bundesratsdrucksache 163, 97, 2.
[56] Vgl. Feuerhelm 1999, S. 270f.; NK-StGB-Dünkel 2005, § 57 Rn 14 und von Stockhausen 2008, S. 135f.

ten der öffentlichen Sicherheit möglich.[57] Andererseits hatte der damalige Bundesminister der Justiz Edzard Schmidt-Jortzig am 14.11.1997 vor dem Plenum des Deutschen Bundestags ausgeführt, dass „eine Strafaussetzung zur Bewährung nur erfolgen (kann), wenn ein Rückfall mit hoher Wahrscheinlichkeit auszuschließen ist."[58] Dies aber ist – auch wenn er es insbesondere (also nicht nur!) auf Sexualdelinquenten bezog – nicht eine Klarstellung, sondern eine deutliche Einschränkung der Aussetzungsmöglichkeiten, die kaum noch Abwägungen zuließe, insbesondere die Verhältnismäßigkeitsprüfung beeinflusste und nach dem heutigen Stand der Prognosefähigkeiten nicht zu rechtfertigen ist.

Das Bundesverfassungsgericht hat bereits wenige Wochen nach der Novellierung festgestellt, dass auch weiterhin eine Abwägung zwischen Resozialisierung und Sicherheitsinteresse vorzunehmen sei. „Die Klausel von der Verantwortbarkeit der Vollstreckungsaussetzung ,unter Berücksichtigung des Sicherheitsinteresses der Allgemeinheit' (§ 57 I Nr.2 StGB n.F.) schließt ebenso wie schon vorher die Klausel von der Verantwortbarkeit der Erprobung … es mit ein, dass ein vertretbares Restrisiko eingegangen wird."[59] Ein Jahr nach der oben genannten Entscheidung konkretisierte das Bundesverfassungsgericht noch die Anforderungen an die Entscheidung zur Strafrestaussetzung: „Mit zunehmender Dauer des Freiheitsentzugs gewinnt der Anspruch des Verurteilten auf Achtung seiner Menschenwürde und seiner freien Persönlichkeit zunehmendes Gewicht auch für die Anforderungen, die an die für eine Prognoseentscheidung im Rahmen des § 57 I StGB notwendige Sachverhaltsaufklärung zu stellen sind."[60] Schließlich stellte das Bundesverfassungsgericht in seinem Beschluss vom 24.10.1999 die Kontinuität selbst ausdrücklich mit folgenden Worten fest: „Bereits vor der Änderung des § 57 I StGB durch das Gesetz zur Bekämpfung von Sexualdelikten und anderen schweren Straftaten vom 26.1.1998 (BGBl I, 160) bestand in Rechtsprechung und Literatur Einigkeit, dass bei Tätern, die besonders gefährliche Taten begangen haben, der Versuch, sie probeweise zu entlassen, weniger leicht zu verantworten sei, als bei anderen Verurteilten…"[61] und bezeichnete die Ansicht, „es handele sich bei der gesetzlichen Än-

---

[57] Vgl. Bundestagsdrucksache 13/8586, S. 8 und Bundestagsdrucksache 13/9062, S. 9.

[58] Protokoll der Sitzung des Deutschen Bundestags vom 14.11.1997, S. 18444B; Stockhausen weist darauf hin, dass der Minister die Rede „in einer überaus aufgeheizten Stimmung" hielt und er den Ausdruck „insbesondere" in anderem Kontext nicht gebrauchte; Stockhausen 2008, S. 99. Es sei dahingestellt, ob man so die Worte eines Justizministers vor dem Parlament relativieren sollte oder ob es möglicherweise gerade beabsichtigt war, Öffentlichkeit und juristische Fachöffentlichkeit mit jeweils anderen Worten zu informieren.

[59] BVerfG, Beschluss vom 22.3.1998, in: NStZ 1998, S.373; so auch OLG Nürnberg, Beschluss vom 27.8.1999 – Ws 971/99, in: Strafverteidiger Forum 2000, S. 210f., hier S. 211.

[60] BVerfG, Beschluss vom 17.6.1999, 2BvR867/99, in: NJW 2000, S. 501.

[61] BVerfG, Beschluss vom 24.10.1999, 2BvR 1538/99, in: NJW 2000, S. 503.

derung lediglich um eine Klarstellung…(als) verfassungsrechtlich unbedenklich."[62] Zuvor hatten im Jahr 1998 die Oberlandesgerichte in Saarbrücken, Koblenz und Bamberg durchaus in der Neufassung des § 57 StGB eine deutliche Verschärfung der Aussetzungsverfügung gesehen,[63] während die Oberlandesgerichte in Hamm und Frankfurt am Main nur eine Klarstellung sahen.[64] Der Bundesgerichtshof forderte 2003 eine Abwägung zwischen den zu erwartenden Wirkungen des erlittenen Strafvollzugs für das künftige Leben des Verurteilten in Freiheit einerseits und den Sicherheitsinteressen der Allgemeinheit andererseits.[65]

Für Stree war die vorgenommene Änderung des Wortlautes nur optisch-kosmetischer Art.[66] Neun Jahre später stellte Stree/Kinzig in der 28. Auflage des Kommentars von Schönke-Schröder fest, dass generalpräventive Erwägungen bei der Entscheidung über die Strafrestaussetzung hinter das Resozialisierungsbedürfnis zurücktreten müssen und keine Rolle spielen dürfen.[67] Ähnlich führte Dünkel aus, dass § 57 „rein spezialpräventiv ausgerichtet" sei[68] und dass die Reform von 1998 keine Verschärfung bedeute.[69] Kindhäuser lässt eine „begründete Aussicht auf einen Resozialisierungserfolg" genügen[70] und Fischer stellt fest, dass sich substanziell nichts geändert habe.[71]

Neben den eindeutigen Voten des Bundesverfassungsgerichtes und Strafrechtskommentaren problematisierten einige Literaturmeinungen auch die Ambivalenz der Gesetzesänderung und die doppelte Botschaft des Gesetzgebers. Schöch wies bereits 1998 darauf hin, dass sich die Anforderungen bei der Aussetzung eines

---

[62] A.a.O., S. 504.

[63] Vgl. OLG Saarbrücken, Beschluss vom 24.08.1998, 1Ws159 /98 in: NJW 1999, S. 438; OLG Koblenz, Beschluss vom 28.5.1998, 1 Ws 333/98, in: NStZ 1998, S. 591 und OLG Bamberg, Beschluss vom 28.7.1998, Ws 507/98, in: NJW 1998, S. 3508.

[64] Vgl. OLG Hamm, Beschluss vom 20.2.1998, 2 Ws 84/98, in: NStZ 1998, S. 376 und OLG Ffm, Beschluss vom 10.7.1998, 3-Ws 491/98 in: Strafverteidiger 1998, S. 500f.

[65] Vgl. BGH in NStZ-Rechtssprechungs-Report 2003, S. 200.

[66] Vgl. Schönke-Schröder-Stree 2001, § 57 Rn 9.

[67] Vgl. Stree/Kinzig in: Schönke/Schröder 2010, § 57 Rn 12.

[68] Vgl. NK-StGB-Dünkel 2005, § 57 Rn 1.

[69] Vgl. NK-StGB-Dünkel 2005, § 57 Rn 2 und 14.

[70] Vgl. Kindhäuser 2010, § 57 Rn 9.

[71] Vgl. Fischer 2012, § 57 Rn 13; so auch Lackner/Kühl 2011, § 57 Rz 7 und Satzger/Schmitt/ Widmaier 2009, § 57 Rn 12; vgl. weitere Nachweise und sehr differenzierend Stockhausen 2008, S. 100.

Strafrestes verschärft hätten.[72] Boetticher ging sogar davon aus, dass nun „kaum noch ein Sexualtäter zur Bewährung entlassen werden"[73] dürfte.

Aus der Analyse der Rechtsprechung und Literatur sind eindeutige Belege für die Punitivitätsthese nicht zu erlangen. Aufgrund der kriminalpolitischen Debatten im Zuge der Gesetzesänderung kam vor allem in der Praxis des Strafvollzugs und der Bewährungshilfe die Befürchtung auf, es werde kaum noch vorzeitig zur Bewährung entlassen. Eine von mir vier Jahre nach der Gesetzesänderung durchgeführte Studie mit aktuellen Vergleichsberechnungen auf Basis der Gefangenenbestandszahlen der Jahre 1994 bis 2001, sowie Interviews mit Strafvollstreckungsrichtern und -richterinnen und Analysen von 922 Strafrestaussetzungsverfahren der Strafvollstreckungskammern unterschiedlicher Bundesländer konnte keine allgemeinen Strafverschärfungseffekte feststellen.[74] allerdings wurde nicht ausgeschlossen, dass Strafreste nach Sexual- und schweren Gewaltdelikten möglicherweise seltener ausgesetzt werden, dass sich dies aber noch nicht entscheidend auf die Gesamtquote auswirkte. Auch war auf der Basis der Gefangenenbestandszahlen der Zeitpunkt der Aussetzungen nicht zu ermitteln, so dass es durchaus als möglich erachtet wurde, dass Strafrestaussetzungen seit 1998 erst nach längeren Teilverbüßungen ausgesprochen werden. Immerhin – die von mir befragten Richter und Richterinnen, soviel sei hier schon berichtet, waren durchweg mit der Interpretation der Gesetzesnovelle als Klarstellung zufrieden, zumal sie fast alle der Auffassung waren, dass es keinen inhaltlichen Anlass für die Gesetzesänderung gegeben habe.

Im folgenden dritten Kapitel sollen nun die Gefangenenbestandszahlen bis zum Jahr 2010 mit Ihren länderspezifischen Besonderheiten analysiert werden.

---

[72] Vgl. Schöch 1998, S. 1257; ähnlich Schüler-Springorum 1998, S. 669 und Eisenberg/Hackethal 1998, S. 201; weitere Nachweise bei Stockhausen 2008, S. 101. Stockhausen kommt letztlich aus anderen Gründen zum gleichen Ergebnis; vgl. Stockhausen 2008, S. 118.

[73] Boetticher 1998, S. 358; vgl. auch Neubacher 1999, S. 212f.

[74] Vgl. Cornel 2002, S. 438; Eisenberg stellte 2005 fest, dass Auswirkungen der Gesetzesänderung noch nicht zu erkennen seien; vgl. Eisenberg 2005, S. 533, § 36 Rn 165; insgesamt ist wenig über den Anteil der Strafrest Aussetzungen bekannt. Satzger/Schmitt/Widmaier schätzen den Anteil der Strafrestaussetzungen gem. § 57 StGB auf etwa 30 % aller Freiheitsstrafen; vgl. Satzger/ Schmitt/Widmaier 2009, § 57 Rn 1.

3. Untersuchung anhand der Gefangenenbestandszahlen des Bundes und der Länder

Will man die Frage zunehmender Punitivität und insbesondere auch die Auswirkungen der Gesetzesänderung von 1998 bezüglich der Strafrestaussetzung erfassen, also klären, ob seither mehr oder weniger Freiheits- und Jugendstrafen voll verbüßt werden, dann muss man das Verhältnis aller Strafrestaussetzungen nach §§ 57 und 57 a StGB sowie 88 JGG zu den Entlassungen nach Erreichung des Strafendes berechnen. Ich nenne diese Verhältniszahl die Strafrestaussetzungsquote, wohl wissend, dass man mit guten Gründen die Anzahl der Strafrestaussetzungen auch zu allen Entlassungen in Bezug setzen könnte. Es war also die Hypothese zu prüfen, ob diese Strafrestaussetzungsquote in den letzten Jahren gesunken ist, weil die Anzahl der Strafrestaussetzungen zurückging und immer mehr Freiheitsstrafen voll verbüßt wurden und gegebenenfalls ob diese Entwicklung eine Folge der Gesetzesänderung ist. Ich betrachte zu diesem Zweck einige wenige Jahre vor der Gesetzesänderung bis zum Ende des Jahres 2010, indem ich die monatlichen Gefangenenbestandszahlen auswerte.

Für den Bund habe ich das für die Jahre 1994 bis 2010, also für 204 Monate getan, für die Länder mindestens für die letzten 10 Jahre, oft standen mir aber auch schon Daten aus den Jahren 1996 bis 2000 zur Verfügung. Aus Gründen der Aktualität habe ich bei den Belegungszahlen selbst noch zur Information die aktuellsten Daten vom November 2011 hinzugefügt, die im März 2012 veröffentlicht wurden.

Durchgehend für alle Bundesländer hat der Bund die monatlichen Gefangenenbestandszahlen nur bis zum Jahr 2000 erhoben. Für die Jahre 2001 bis 2010 habe ich die Justizministerien aller Bundesländer angeschrieben und habe mit viel Unterstützung auch durch den Vollzugsausschuss der Länder sowie viele Mitarbeiter und Mitarbeiterinnen in den Justizverwaltungen die meisten Daten erhalten. In einigen Ländern waren die Daten der Jahre 2001 und 2002 nicht mehr vorhanden – in diesen Fällen konnten aber die Meldungen der Länder an das Bundesjustizministerium dort aus dem Archiv geholt und mir zur Verfügung gestellt werden. Insofern sind die Daten bis auf eine Ausnahme komplett.

Für das Saarland lagen zuverlässige Gesamtbelegungszahlen für alle Jahrgänge nicht vor – die genannten Daten unterschieden sich zudem vor 2003 von denen, die an das Statistische Bundesamt gemeldet wurden. Häufig ergab bereits die Summe der Untersuchungsgefangenen, Jugendstrafgefangenen und Gefangenen im Freiheitsstrafenvollzug mehr als die ausgewiesenen Gesamtbelegungszahlen. Diese Daten wurden deshalb nicht verwendet, zumal ansonsten möglicherweise Doppelerfassungen hinsichtlich der in Rheinland-Pfalz einsitzenden Frauen aus dem Saarland vorliegen würden.

Mit großer Unterstützung der Mitarbeiter des Justizministeriums und einzelner Vollzugsanstalten konnten viele Daten rekonstruiert werden – teilweise nur jahresweise statt monatsweise und für die Jahre vor 2003 hinsichtlich der Austritte leider nicht mehr, soweit sie nicht in den Daten des Statistischen Bundesamtes erfasst waren. Leider war die Erfassung der Austritte hinsichtlich der vorgegebenen Kategorien nicht immer einheitlich, was zu kleineren Abweichungen beziehungsweise Unstimmigkeiten mit den Daten des Statistischen Bundesamtes führte.

Die saarländischen Justizvollzugsanstalten Ottweiler und Neunkirchen wiesen 2003 – 2007 alle Austritte pro Jahr aus und konnten diese Daten nicht einzelnen Monaten zuweisen. Die Jahreszahlen wurden so behandelt als wären sie gleichmäßig über die 12 Monate verteilt (ohne Bruchzahlen), soweit nicht aus der Bundesstatistik die konkreten Monatszahlen bekannt waren. Das galt beispielsweise für fast alle Entlassungen auf dem Weg der Gnade, die regelmäßig zum größten Teil im November erfolgen und sich nicht über das Jahr verteilen. Die Abweichungen werden gering sein und in den Jahresdurchschnittszahlen ist der Effekt völlig beseitigt.

Im Jahr 2004 wurden allerdings unverständlicherweise in den Monaten März, August und November mehr Strafrestaussetzungen und Entlassungen auf dem Gnadenweg ausgewiesen, als alle drei in Frage kommenden Anstalten einzeln benannten. Ich habe mich auf die Bundesstatistik verlassen und insoweit nur die Zahlen der Justizvollzugsanstalt Saarbrücken entsprechend den Nachweisen in den restlichen Monaten genannt. 2005, 2006 und 2007 trat dieses Problem auch bei den Entlassungen auf dem Gnadenweg auf: Die Statistik des Statistischen Bundesamtes wies im November mehr Entlassungen auf dem Gnadenweg aus, als alle drei Anstalten zusammen im ganzen Jahr.

Im Folgenden sollen diese Daten in den Kontext einiger anderer ausgewählter Vollzugsdaten gestellt werden, um die Punitivitätsthese länderspezifisch und in ihrer Entwicklung untersuchen zu können.

3.1 Entwicklung der Strafrestaussetzung auf Bundesebene

Die monatlichen Strafrestaussetzungsquoten in der BRD schwankten in den Jahren 1994 bis 2010 – abgesehen von drei Ausreißern im Dezember 1995 (38,0 %), Juli

1995 (37,1 %) und Dezember 1996 (22,2 %) – zwischen 24 % und 37 % und lagen im Mittel bei exakt 30,0 %.

Um trotz vieler Schwankungen Trends erkennen zu können wurden jeweils Jahresquoten errechnet und in den Grafiken abgebildet.

Die Jahresdurchschnittsstrafrestaussetzungsquoten für alle Bundesländer lauteten in den Jahren 1994 bis 2010 wie folgt:

Die Entwicklung der Strafrestaussetzungsquoten gem. StGB und JGG in der BRD von 1994 bis 2010 berechnet auf Basis der monatlichen Gefangenenbestandszahlen

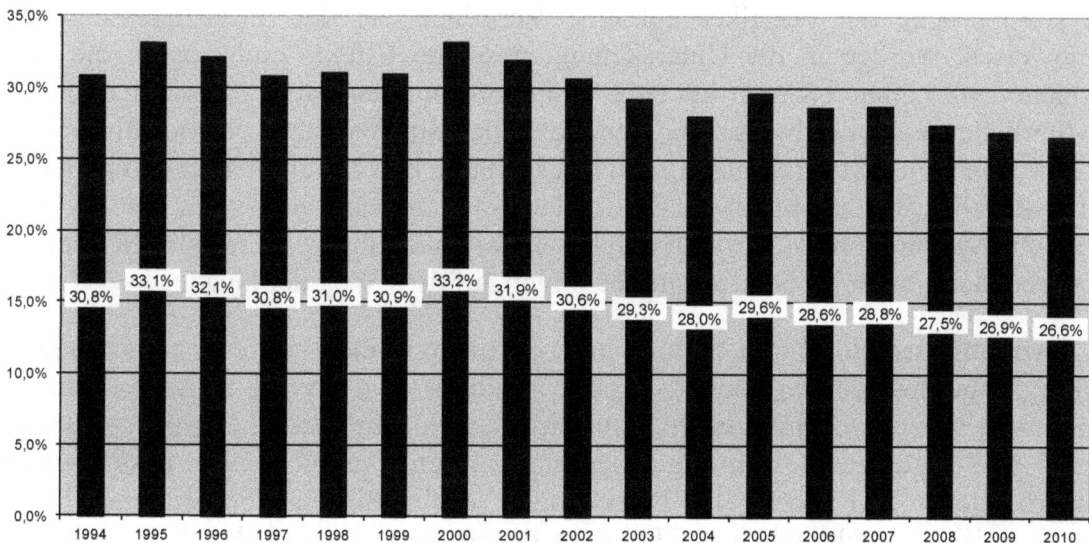

Comel, ASH Berlin, Februar 2012   BRD Schaubild 4b

Die Schwankungen sind bei den Jahresdurchschnittswerten verhältnismäßig gering[75] und ein Trend war zunächst in den Jahren direkt nach der Gesetzesänderung von 1998 nicht erkennbar. Die durchschnittliche Aussetzungsquote betrug in den Jahren 1994 bis 1997 (vor der Gesetzesänderung) 31,67 % und in den Jahren 1998 bis 2001 31,75 %.[76]

---

[75] In den einzelnen Bundesländern sind die Schwankungen erheblicher und in einigen lassen sich auch (verschiedene Trends) erkennen. Dies wird im Teil 3.2 ausführlich präsentiert werden.

[76] Ich vergleiche die Zeit vor und nach der Gesetzesänderung, indem ich ganze Jahre vergleiche, obwohl zumindest der Januar 1998, in der Praxis aber auch noch die Entlassungen vom Februar oder März 1998 wohl noch auf Beschlüssen nach dem alten Gesetz beruhen. Der Wert für den Ja-

Mit etwas mehr Abstand kann man aber nun über einen Zeitraum von knapp 13 Jahren nach der Gesetzesänderung feststellen, dass die Durchschnittsquote auf insg. 29,4 % gesunken ist und dass seit 2003 in keinem Jahr mehr die 30 %-Marke erreicht wurde. Das heißt im Ergebnis, dass es ein leichtes Absinken der Strafrestaussetzungsquote gab – fraglich ist, welche Rolle das Gesetz zur Bekämpfung von Sexualdelikten und anderen gefährlichen Straftaten spielte und ob man das als Ergebnis einer neuen Punitivität interpretieren kann.

Die Strafrestaussetzungsquote gibt zwar das Verhältnis von bedingten Entlassungen zu Vollverbüßungen wieder, sie darf aber nicht als unbeeinflussbar von anderen kriminalpolitischen Entwicklungen interpretiert werden. Und da die subjektiven Eindrücke der Praktiker auf eine Verminderung der Strafrestaussetzungen hinweisen, wurden in die Untersuchungen solche Effekte einbezogen, die diese Diskrepanz hätten erklären können. In Frage kommen dabei Entwicklungen, die Mitarbeiter und Mitarbeiterinnen der Praxis des Strafvollzugs, der Bewährungshilfe und der freien Straffälligenhilfe in ihrer alltäglichen Arbeit nicht im Auge haben, die sich aber gleichwohl auf die Strafrestaussetzungsquote auswirken können, nämlich die Veränderungen, die sich durch die Vollstreckung von Ersatzfreiheitsstrafen ergeben und durch die Strafrestaussetzungen auf dem Weg der Gnade.

Obwohl es juristisch Streit darüber gibt, ob Ersatzfreiheitsstrafenreste zur Bewährung ausgesetzt werden können[77], muss zu dieser Kontroverse keine Stellung genommen werden, da faktisch in Deutschland keine Ersatzfreiheitsstrafenreste gemäß § 57 StGB zur Bewährung ausgesetzt werden. Das führt dazu, dass ein nicht unerheblicher Teil von Strafvollstreckungen regelmäßig bis zum Strafende betrieben wird[78] – einschließlich der Fälle, in denen die Geldstrafe letztlich nach einer Teilverbüßung im Vollzug bezahlt wird, denn auch dann ist das Strafende erreicht. Zwar sind im Durchschnitt knapp 7 % der bundesdeutschen Haftplätze zur Vollstreckung von Ersatzfreiheitsstrafen belegt, durch die im Verhältnis zu sonstigen Freiheitsstrafen sehr viel geringere Dauer ergibt sich aber eine weit höhere Fluktuation und damit ein um ein Vielfaches höherer Anteil an den Strafantritten und Haftentlassungen. Nach meinen Schätzungen kann man davon ausgehen, dass die durchschnittliche Vollzugsdauer nur ein Fünftel beträgt und dass deshalb der Anteil der Entlassungen nach Ersatzfreiheitsstrafenvollstreckung etwa fünfmal so hoch

---

nuar 1998 war mit 27,3 % verhältnismäßig niedrig, so dass ein Einrechnen in den Vergleichszeitraum vor der Gesetzesnovellierung zu einer minimalen Absenkung führen würde.

[77] Vgl. Stree/Kinzig in: Schönke/Schröder 2010, § 57 Rn 4; Fischer 2012, § 57 Rz 3; NK-StGB-Dünkel 2005 § 57 Rn 6f. und Cornel 2002, S. 431.

[78] Gegebenenfalls werden sie auch auf dem Weg der Gnade beendet, worauf noch eingegangen wird.

ist. Das wären bei 7 % der Haftplatzbelegung beispielsweise 35 % der Entlassungen. Steigt nun der Anteil der Haftplätze, auf denen Ersatzfreiheitsstrafen vollstreckt werden beispielsweise auf 10 %, so würde nach dieser Modellrechnung der Anteil der Haftentlassungen – gleiche Vollstreckungsdauer im Durchschnitt vorausgesetzt – nach Ersatzfreiheitsstrafenvollstreckung auf 50 % ansteigen. Ändert sich nun bei den übrigen Freiheitsstrafen die Strafrestaussetzungsquote nicht, der Anteil derjenigen Strafen aber, die regelmäßig nicht ausgesetzt werden (können) steigt von 35 % auf 50 %, so führt das statistisch zu einer Absenkung der aus den Gefangenenbestandszahlen des Bundes und der Länder errechneten Strafrestaussetzungsquote. Entsprechend gilt natürlich auch der umgekehrte Effekt. Da die Gefangenenbestandszahlen die Strafantritte und Entlassungen nach Vollverbüßung oder Strafrestaussetzung nicht gesondert bei den Ersatzfreiheitsstrafenvollstreckungen ausweisen, lässt sich die Stärke dieses Effektes nicht genauer beziffern. Zahlreiche Länderdaten zeigen aber, dass er eine Rolle spielt.

Im Bund erreichte der Jahresdurchschnitt der Anteile der Haftplätze an den jeweiligen Monatsletzten, auf denen Ersatzfreiheitsstrafen vollstreckt wurden, folgende Werte:

Die Entwicklung der Vollstreckung von Ersatzfreiheitsstrafen in der BRD von 1994 bis 2010 berechnet auf Basis der monatlichen Gefangenenbestandszahlen

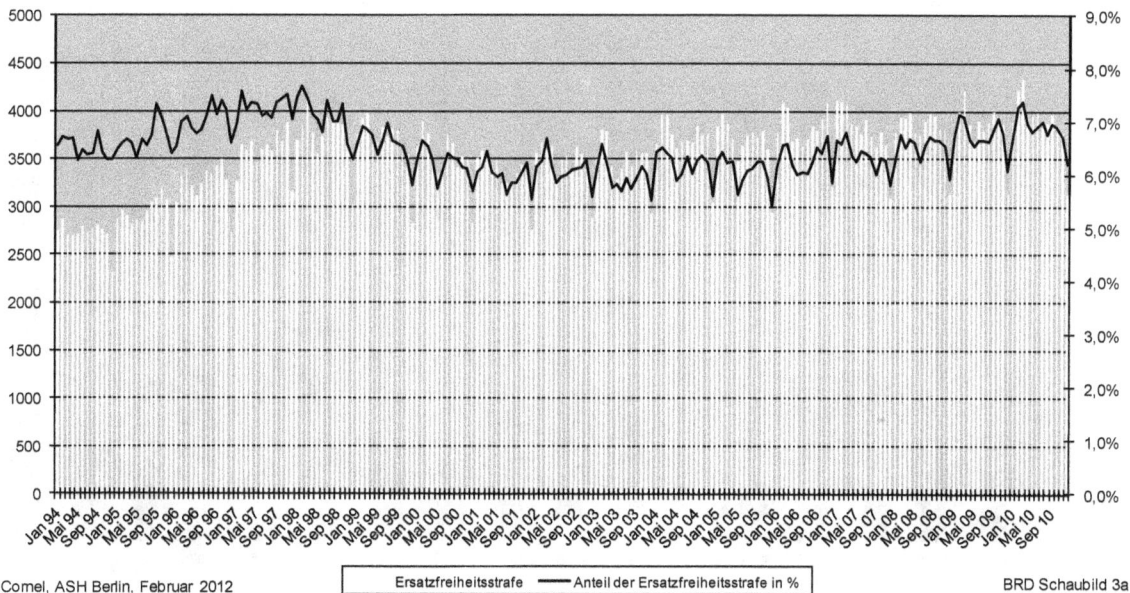

Cornel, ASH Berlin, Februar 2012 | Ersatzfreiheitsstrafe — Anteil der Ersatzfreiheitsstrafe in % | BRD Schaubild 3a

Deutlicher wird die Entwicklung, wenn man die Jahresdurchschnittszahlen mit abbildet (vgl. Schaubilder BRD 3b und 3c).

27

Die Entwicklung des Anteils der Vollstreckung von Ersatzfreiheitsstrafen in der BRD von 1994 bis 2010 berechnet auf Basis der monatlichen Gefangenenbestandszahlen

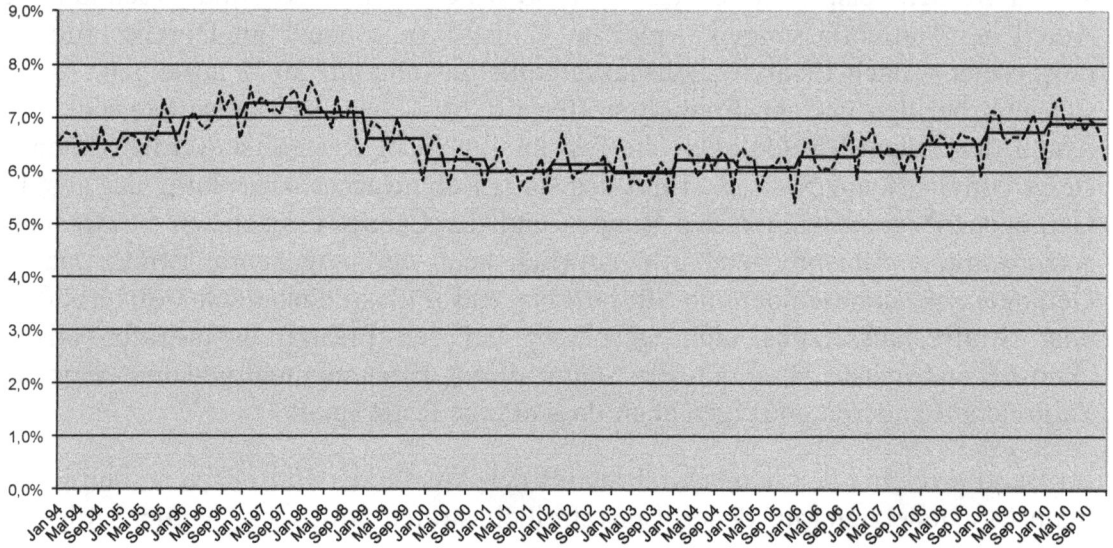

Cornel, ASH Berlin, Februar 2012

----- Monat   —— Jahresdurchschnitt

BRD Schaubild 3b

Die Entwicklung des Anteils der Vollstreckung von Ersatzfreiheitsstrafen in der BRD von 1994 bis 2010 berechnet auf Basis der monatlichen Gefangenenbestandszahlen

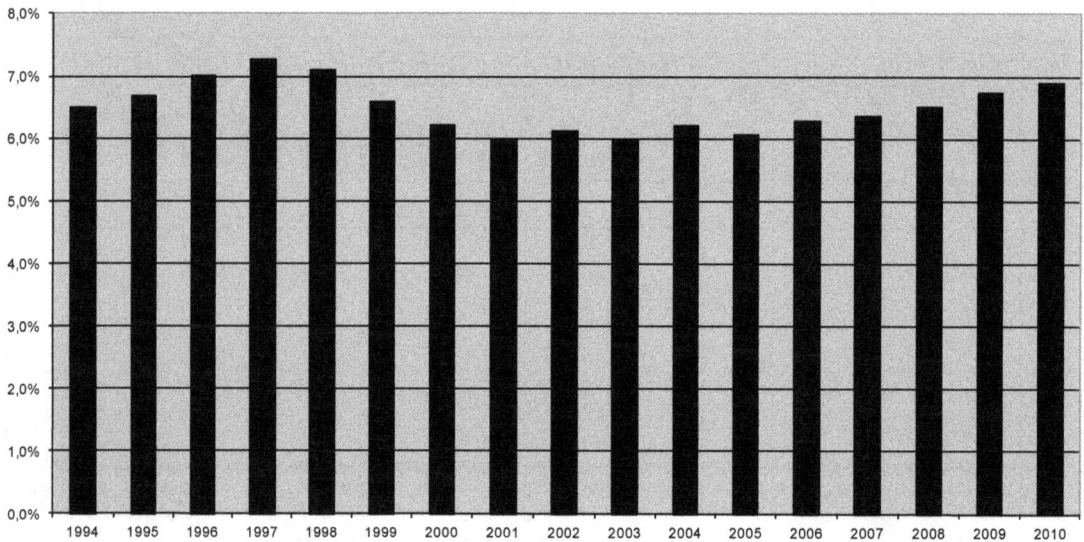

Cornel, ASH Berlin, Februar 2012

BRD Schaubild 3c

Die verhältnismäßig geringen Schwankungen lassen keinen einheitlichen und deutlichen Trend und auch kaum Interdependenzen erkennen. Immerhin gibt es eine parallele Entwicklung vom leichten Anstieg der Werte bis 1997 und danach Absinken bei den Ersatzfreiheitsstrafenvollstreckungen zu den besonders niedrigen Strafrestaussetzungswerten 1997[79]. In den Jahren 2000 und 2001 ist dann der Anteil der mit so genannten Ersatzfreiheitsstrafern[80] belegten Plätze niedrig und die Strafrestaussetzungquote verhältnismäßig hoch. Schließlich steigt der Anteil der Plätze, auf denen Ersatzfreiheitsstrafen vollstreckt werden zwischen 2005 und 2010 kontinuierlich an und parallel dazu sinkt die Strafrestaussetzungsquote.

Allerdings muss man konstatieren, dass im Jahr 1994 bei einem Anteil von 6,5 % Ersatzfreiheitsstrafern die Strafrestaussetzungsquote 30,8 % betrug und im Jahr 2008 bei ebenfalls 6,5 % nur 27,5 %. Im Jahr 1995 betrug die Strafrestaussetzungsquote 33,1 % bei 6,7 % Anteil von Ersatzfreiheitsstrafern, während es 2009 beim gleichen Anteil von Ersatzfreiheitsstrafern nur 26,9 % war. Schließlich betrug der Anteil der Gefangenen, gegen die eine Ersatzfreiheitsstrafe vollstreckt wurde 1996 7 % mit einer Strafrestaussetzungsquote in diesem Jahr von 32,1 % und 2010 war der Anteil der Ersatzfreiheitsstrafe mit 6,9 % minimal geringer und zugleich war die Strafrestaussetzung deutlich niedriger mit 26,6 %.

Dieses Absinken der Strafrestaussetzungsquote innerhalb von eineinhalb Jahrzehnten kann also nicht allein auf die Zusammensetzung der Gefängnispopulation hinsichtlich der Ersatzfreiheitsstrafenvollstreckung zurückgeführt werden. Hier muss es noch mindestens einen anderen Effekt geben.

Ähnlich wie die Erhöhung oder das Sinken des Belegungsanteils der so genannten Ersatzfreiheitsstrafe könnte auch eine Verkürzung oder Verlängerung der Ersatzfreiheitsstrafen bei gleichem Belegungsanteil zu einer höheren Fluktuation und damit Verschiebung der Strafrestaussetzungsquote führen. Für die Entwicklung der Dauer der tatsächlichen Ersatzfreiheitsstrafenvollstreckungsdauer gibt es aber weder gesicherte Daten, noch ist anzunehmen, dass ein wie immer gearteter langfristiger Trend so stark sein könnte, dass er innerhalb der letzten 16 Jahre von Bedeutung für die hiesige Untersuchung sein könnte.

---

[79] Vgl. dazu oben das Schaubild BRD 4b.

[80] Das ist kein schöner Begriff und ich hätte ihn gerne vermieden. Er ist andererseits aber so eingeführt und weit verbreitet und lässt sich nur sehr mühsam umschreiben („Personen, gegen die eine Ersatzfreiheitsstrafe vollstreckt wird" oder „…die eine Ersatzfreiheitsstrafe verbüßen") so dass er auch hier verwendet werden wird.

Ein weiterer Effekt, der zu berücksichtigen und deshalb hier zu untersuchen ist, ist der der Strafrestaussetzung auf dem Weg der Gnade. Dies unter mehreren Aspekten. Eine sehr hohe Gnadenquote,[81] das heißt eine große Anzahl entlassener Gefangenen, deren Strafreste auf dem Weg der Gnade zur Bewährung ausgesetzt wurden, im Verhältnis zur Anzahl derer, die erst nach Erreichen des Strafrestes entlassen wurden, können die Strafrestaussetzungsquote drücken, weil vornehmlich solche Gefangene beispielsweise von den so genannten Weihnachtsamnestien[82] profitieren, die auch eine Chance auf Strafrestaussetzung zur Bewährung hatten. Soweit sich aber hohe Gnadenquoten vor allem durch ihre Anwendung bei den so genannten Ersatzfreiheitsstrafern ergeben, tritt der umgekehrte Effekt ein, denn diese wären ohne Gnadenakt erst nach Erreichung des Strafendes entlassen worden. Relevant werden diese Daten bezüglich der Veränderungen in der Praxis der Strafrestaussetzung aber nur, wenn die Gnadenquote zum einen selbst nicht nur geringfügig ist und wenn es zum anderen diesbezüglich starke Veränderungen gibt, denn ansonsten bleibt deren Auswirkung gleich.

Die Entwicklung des Anteils der Aussetzungen im Wege der Gnade in der BRD von 1994 bis 2010 berechnet auf Basis der monatlichen Gefangenenbestandszahlen

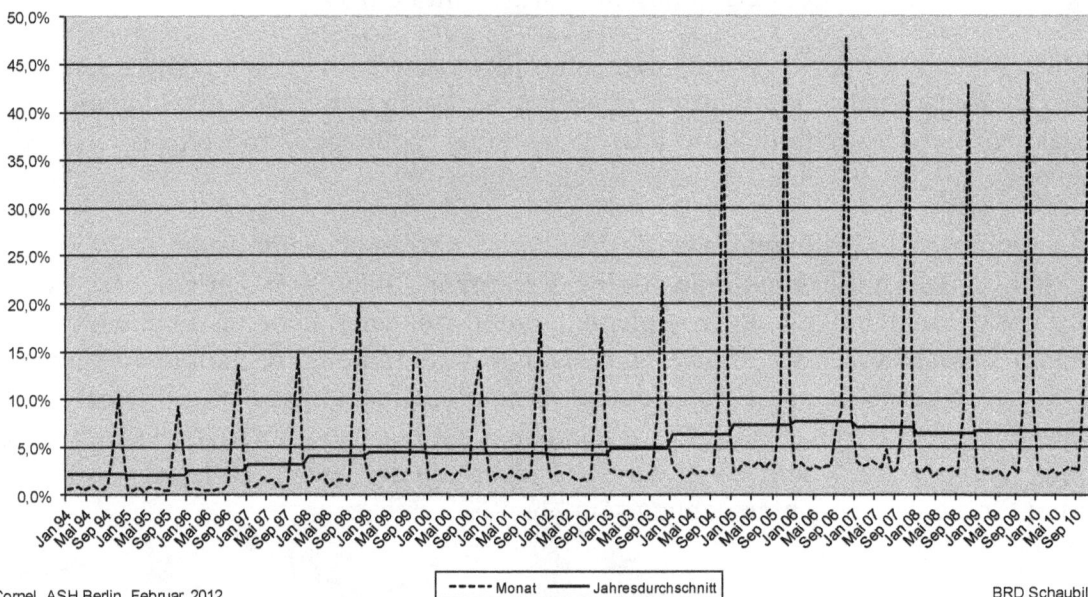

Cornel, ASH Berlin, Februar 2012   ----- Monat   —— Jahresdurchschnitt   BRD Schaubild 5a

---

[81] In den Ländern gibt es hier gewaltige Unterschiede, die in einzelnen Monaten von 0 % bis 121 % reichen. Manche Länder liegen im Jahresdurchschnitt deutlich unter 1 %, manche über 40 %.

[82] Weihnachtsamnestien sind Gnadenakte und keine Amnestien im rechtlichen Sinne, vgl. dazu Cornel 2001c, S. 26 und 2001, S. 23.

Noch deutlicher wird der Anstieg der Anzahl vorzeitiger Entlassungen auf dem Gnadenweg, wenn man die Jahresdurchschnittsquoten errechnet.

Die Entwicklung des Anteils der Aussetzungen im Wege der Gnade in der BRD von 1994 bis 2010 berechnet auf Basis der der Jahresdurchschnitte monatlichen Gefangenenbestandszahlen

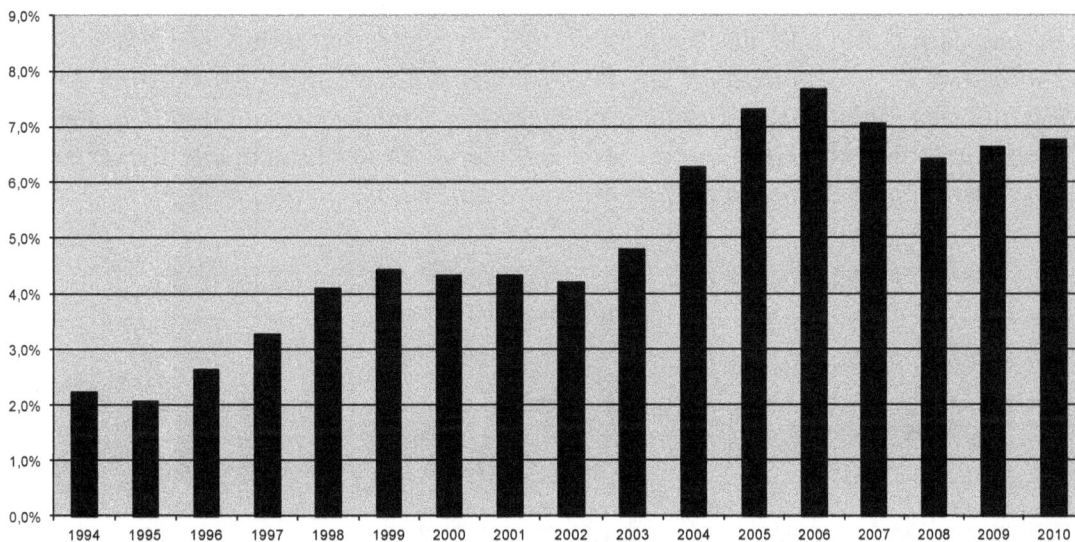

Comel, ASH Berlin, Februar 2012   BRD Schaubild 5b

Die Grafiken zeigen – bedingt durch die so genannten Weihnachtsamnestien einiger Bundesländer – höhere Quoten in den jeweiligen letzten Quartalen. Sie zeigen aber auch das Ansteigen der Quote insgesamt.

Hinter dieser Verdoppelung der Quote im Bund verbergen sich verschiedene sehr konkrete kriminalpolitische Maßnahmen und Programme einzelner Bundesländer. Während nämlich in den meisten Bundesländern die Bedeutung des Gnadenweges mit Quoten zwischen 0 % und 2 % gering bleibt, gibt es andere, die traditionell und gleich bleibend eine besonders hohe Quote von knapp 10 % durch die alljährlichen so genannten Weihnachtsamnestien haben (Berlin), wieder andere mit starken Schwankungen zwischen 1,5 % und 10 % wie beispielsweise Bremen und Brandenburg und schließlich solche, die systematisch Ersatzfreiheitsstrafen nach Teilverbüßungen auf dem Weg der Gnade beenden und dadurch ihre Gnadenquote in den letzten sechs Jahren verdoppelt oder gar verdreifacht haben, so dass zum Beispiel in Baden-Württemberg mehr als 15 und in Hamburg nun mehr als 40 Gnadenerlasse auf 100 Vollverbüßungen kommen. Diese Hintergründe werden in den länderspezifischen Teilen erörtert werden – für den Bund allgemein ist die Bedeutung trotz Verdoppelung gering.

Addiert man nun die unterschiedlichen Wege der Strafrestaussetzung zur Bewährung durch die Strafvollstreckungskammern und durch die Gnadenbehörden, so zeigt sich (vergleiche Schaubild BRD 6b) im Vergleich der letzten 17 Jahre, dass die Verringerung der Strafrestaussetzungen gemäß §§ 57, 57a StGB und 88 JGG durch die Erhöhung des Anteils vorzeitiger Entlassungen auf dem Gnadenweg vollständig ausgeglichen wurde. Die Anteile schwanken, bezogen auf die Gefangenen die zum Zeitpunkt des Erreichens der in Strafe entlassen werden zwischen 33,0 % und 37,5 % ohne dass ein Trend festzustellen wäre. Egal ob man das Jahr 1994 mit dem Jahr 2010 vergleicht oder jeweils fünf Jahre von 1994 bis 1998 mit denen von 2006 bis 2010 – immer ist die spätere Durchschnittsquote dieser Summe fast identisch, jedenfalls nie niedriger.

Die Entwicklung der Strafrestaussetzungsquoten gem. StGB und JGG sowie im Wege der Gnade in der BRD von 1994 bis 2010 berechnet auf Basis der Jahresdurchschnitte der monatlichen Gefangenenbestandszahlen

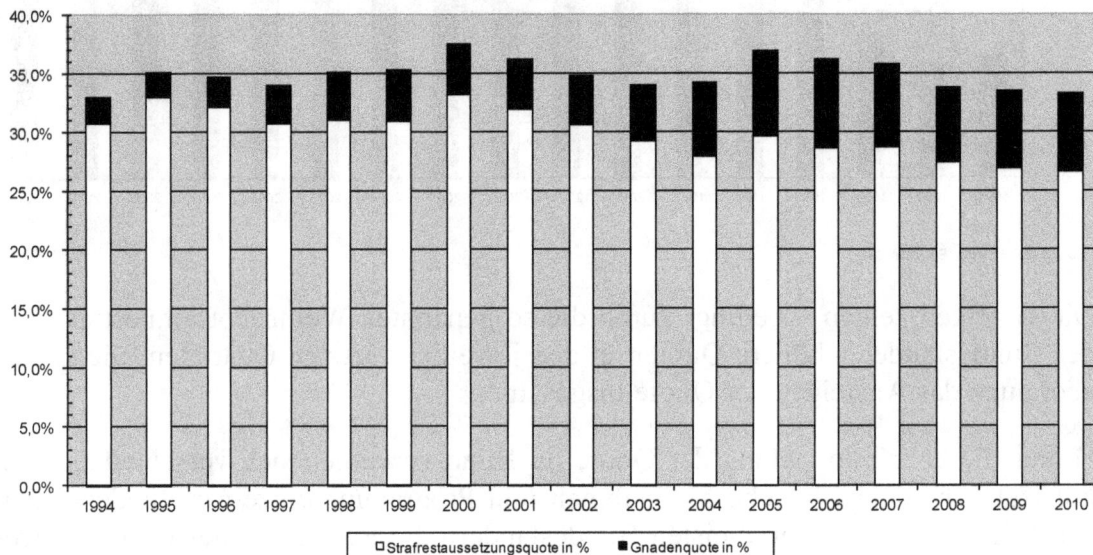

Cornel, ASH Berlin, Februar 2012   BRD Schaubild 6b

Somit lässt sich keine Verminderung der Strafrestaussetzungen zur Bewährung feststellen und entsprechend folgern, dass das Gesetz zur Bekämpfung von Sexualdelikten und anderen gefährlichen Straftaten diesbezüglich allgemein ohne Folgen blieb, was weder länderspezifische besondere Entwicklungen noch Auswirkungen bei einzelnen Deliktgruppen ausschließt. Hinsichtlich der Strafrestaussetzungen kann man also auch nicht von Folgen einer neuen Punitivität sprechen. Dies schließt nicht aus, dass der Gesetzgeber, die veröffentlichte Meinung oder die Gerichte straffreudigere Einstellungen haben. Es kann hier nur die Aussage getroffen werden, dass sich die Hypothese, dass immer mehr Freiheitsstrafen im Strafvollzug bis zum Erreichen des Strafendes vollstreckt werden, nicht bestätigt hat.[83]

Bevor im Folgenden länderspezifische Entwicklungen beleuchtet werden, sollen als Hintergrund für die Entwicklungen noch die Belegungsdaten des Bundes im Schaubild dargestellt werden.

Die Entwicklung der Anzahl der Strafgefangenen (Summe: Freiheitsstrafe und Jugendstrafe) in der BRD von 1994 bis 2010 berechnet auf Basis der monatlichen Gefangenenbestandszahlen

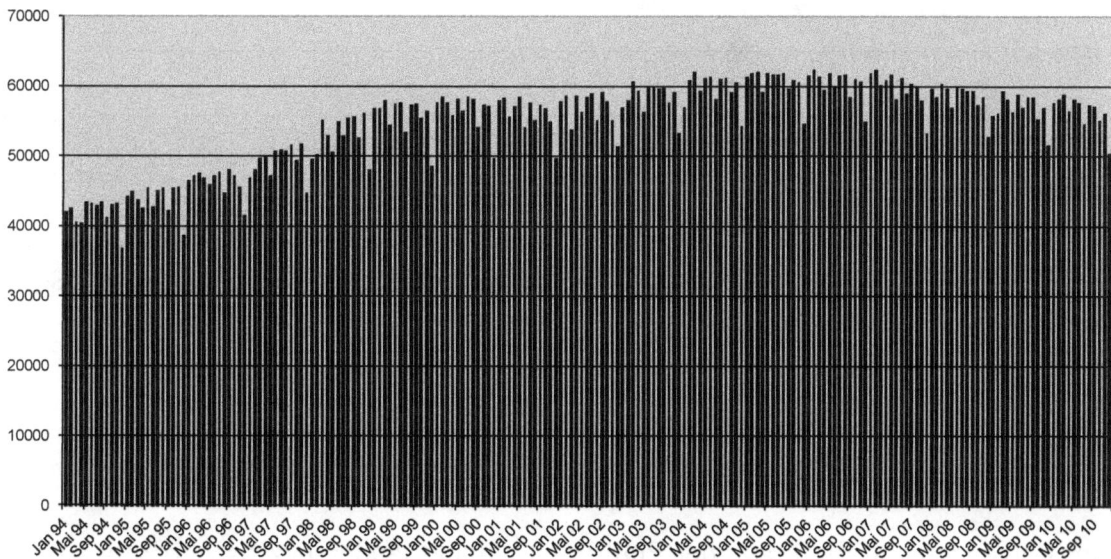

Cornel, ASH Berlin, Februar 2012   BRD Schaubild 1a

---

[83] Ausdrücklich sei darauf hingewiesen, dass die Daten keinerlei Aussage darüber erlauben, ob der Zeitpunkt der Strafrestaussetzungen nach hinten gerückt ist, das heißt, ob die ausgesetzten Strafreste geringer geworden sind. Es spricht einiges dafür, dass die Strafreste, die auf dem Gnadenweg ausgesetzt werden, im Durchschnitt deutlich geringer sind, als bei der Strafrestaussetzung durch die Strafvollstreckungskammern. Exakte Aussagen darüber können aber hier nicht gemacht werden.

Die Entwicklung der Belegung des Justizvollzugsanstalten und insb. der Untersuchungshaftanstalten in der BRD von 1994 bis 2010 auf Basis der monatlichen Gefangenenbestandszahlen

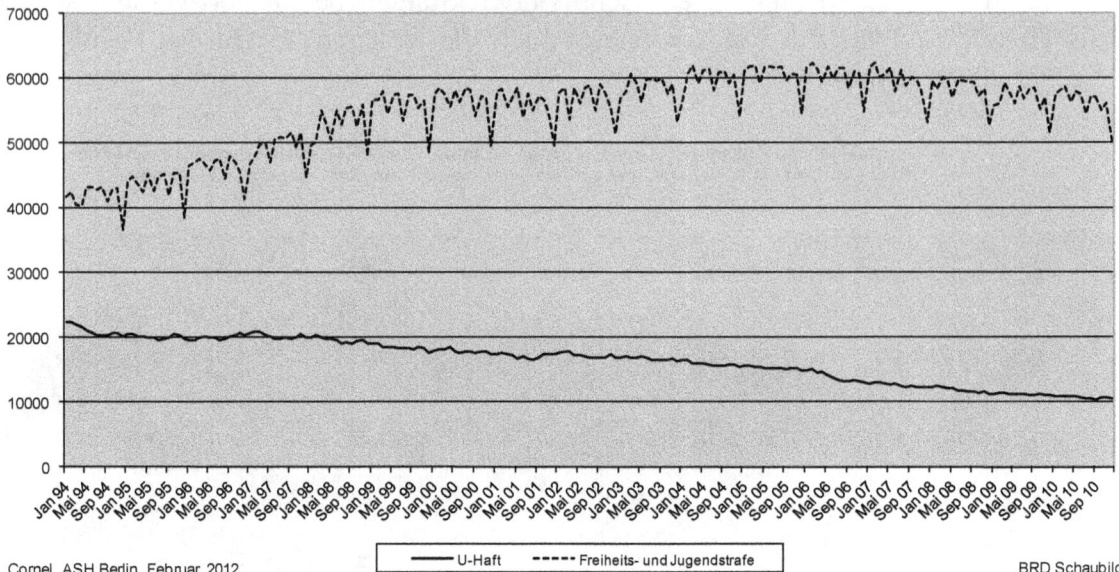

Cornel, ASH Berlin, Februar 2012 — U-Haft ----- Freiheits- und Jugendstrafe — BRD Schaubild 2

3.2 Länderspezifische Entwicklungen der Strafrestaussetzung

Im Folgenden soll die Frage der Punitivität anhand länderspezifischer Entwicklungen des Strafvollzugs und insbesondere der Strafrestaussetzung untersucht werden. Dies geschieht zum einen, um kriminalpolitische Informationen über diese Bundesländer zur Verfügung zu stellen. Zum zweiten aber lassen sich anhand der Länderspezifika Korrelationen deutlicher beobachten als im Bund, weil zum einen Strafvollzugspolitik Ländersache ist und zum anderen Bundesdurchschnittszahlen besondere Tendenzen nivellieren. Man könnte hier einwenden, dass die Regelungen der Strafrestaussetzung zur Bewährung Teil des Bundesrechts sind und dass diese von der unabhängigen Judikative angewendet werden. Die folgenden Daten zeigen durchaus unterschiedliche Entwicklungen und können als Beleg einer Kriminalpolitik dienen, die offensichtlich unterschiedlichsten Einflüssen unterliegt.

3.2.1 Baden-Württemberg

Vergleicht man die Belegungszahlen aus Untersuchungshaft, Freiheits- und Jugendstrafe Baden-Württembergs von 1995[84] mit denen aus dem Jahr 2010, so stellt man einen Rückgang der Summe dieser Gefangenen um 9,3 % fest, während die vergleichbare Entwicklung im Bund einen Anstieg von 4,2 % ausweist. Nur Brandenburg, Berlin, Bremen und Hamburg verzeichneten ebenfalls einen deutlichen Rückgang.

Wie in allen Bundesländern war auch in Baden-Württemberg der Rückgang der Belegung in den Untersuchungshaftanstalten am deutlichsten, nämlich um 46,2 % gegenüber 1995 und um 29,7 % im Vergleich zum Jahr 2000. Im November 2011 war die Belegung nochmals gegenüber dem November 2010 um 3,0 % auf nun 1351 Untersuchungsgefangene zurückgegangen.

Die Entwicklung der Belegung der Justizvollzugsanstalten und insb. der Untersuchungshaftanstalten in Baden-Württemberg von 1996 bis 2010 auf Basis der monatlichen Gefangenenbestandszahlen

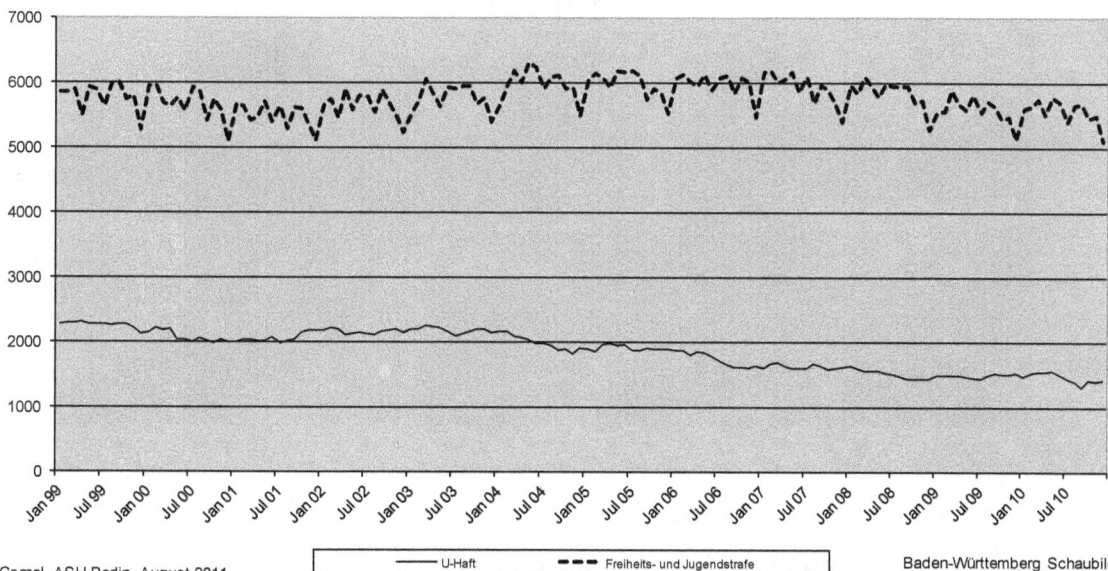

Comel, ASH Berlin, August 2011 — U-Haft — Freiheits- und Jugendstrafe — Baden-Württemberg Schaubild 2

In dieser Grafik ist mit Belegung nicht die Gesamtbelegung aller physisch anwesender Häftlinge einschließlich der Sicherungsverwahrten und Abschiebegefangenen gemeint, sondern es sind nur die Untersuchungshaft-, Straf- und Jugendstrafgefangenen erfasst.

---

[84] Als Stichtag wird hier jeweils auf den 31.12. Bezug genommen.

Die Anzahl der erwachsenen Strafgefangenen ist in Baden-Württemberg zwischen 1995 und 2010 um 11,9 % angestiegen und seit dem Jahr 2000 um 0,9 % auf 4636 Strafgefangene am 31.12.2010.[85] Am 30. November 2011 waren es 4782 Gefangene, allerdings sind diese Daten nicht direkt vergleichbar, weil sich im Dezember traditionell immer die niedrigste Belegung findet. Gegenüber den Vorjahreszahlen im November (4636) war es ein Anstieg um 3,1 %.

Auch die Anzahl der Jugendstrafgefangenen stieg zwischen 1995 und 2010 um mehr als 10 % an (10,8 %), sank aber gegenüber dem Jahr 2000 leicht um 2,2 % auf nun 481 Jugendstrafgefangenen am 31.12.2010.[86] Am 30. November 2011 waren es 467 Jugendstrafgefangene (nach 489 im November 2010). Es ist also weiterhin ein leichtes Sinken zu beobachten.

Die Entwicklung der Anzahl der Strafgefangenen (Freiheitsstrafe und Jugendstrafe einzeln) in Baden-Württemberg von 2001 bis 2010 berechnet auf Basis der monatlichen Gefangenenbestandszahlen

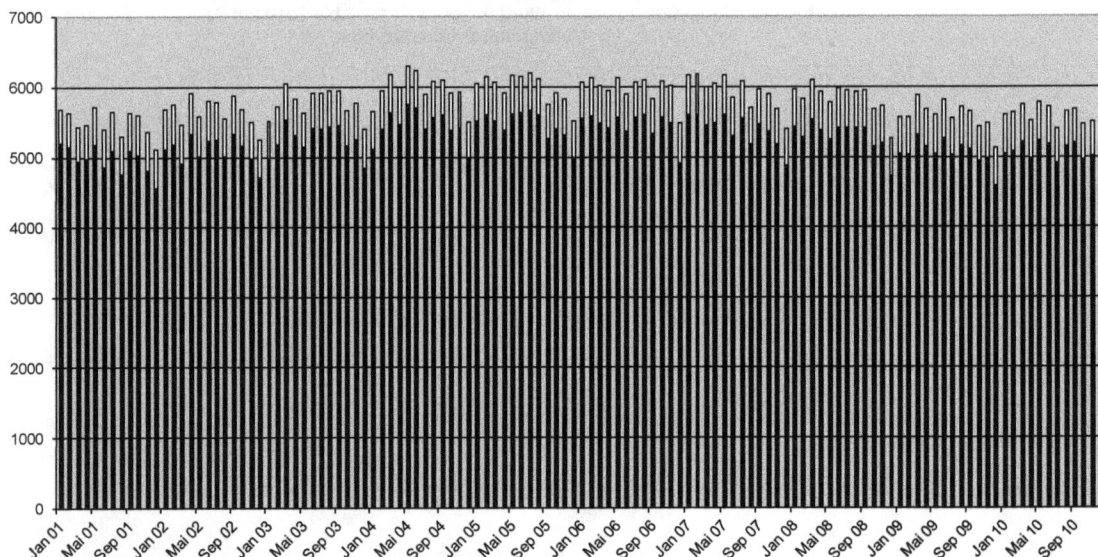

Cornel, ASH Berlin, August 2011   Baden-Württemberg Schaubild 1b

Die monatlichen Strafrestaussetzungsquoten Baden-Württembergs schwankten zwischen Januar 1996 und Dezember 2010 abgesehen von je zwei Ausreißern nach oben und unten zwischen 27,4 % und 52,6 %. Der Jahresdurchschnitt stieg von

---

[85] Im Bund stieg die entsprechende Belegung seit 1995 um 31,7 % und gegenüber dem Stand von 2000 um 4,6 %.

[86] Im Bund stieg die entsprechende Belegung seit 1995 um 21,5 % und sank gegenüber dem Stand von 2000 um 19,7 %.

35,9 % im Jahre 1996 auf 49,5% im Jahr 2000 und schwankt seither zwischen 35,5 % und 41,4 %.[87] Zuletzt erreichte er mit 40,6 % den höchsten Wert seit 2003. Vergleicht man die Zeit vor der Gesetzesänderung von 1998 mit der Zeit danach, so sind die Durchschnittswerte um etwa 4 % angestiegen und liegen für die Jahre 1998 bis 2010 etwa 10 % über dem Bundesdurchschnitt. Im Jahr 2010 waren es sogar 14 % Differenz.

Die Entwicklung der Strafrestaussetzungsquoten gem. StGB und JGG in Baden-Württemberg von 1996 bis 2010 berechnet auf Basis der monatlichen Gefangenenbestandszahlen

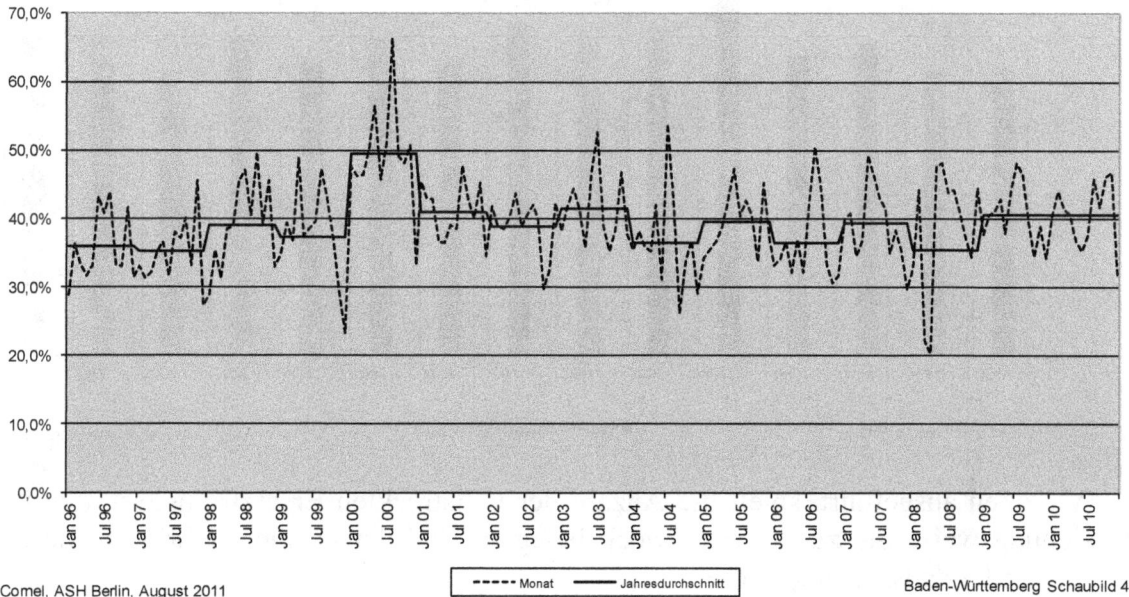

Comel, ASH Berlin, August 2011   ----- Monat   —— Jahresdurchschnitt   Baden-Württemberg Schaubild 4

---

[87] Der Grund des außerordentlich hohen Wertes für 2000 konnte nicht geklärt werden.

Noch deutlicher wird dies, wenn man die Jahresdurchschnitte mit dem Bundesdurchschnitt vergleicht.

Die Entwicklung der Strafrestaussetzungsquoten gem. StGB und JGG in Baden-Württemberg (jeweils Jahresdurchschnitt) im Vergleich zu den Quoten im Bundesdurchschnitt von 1996 bis 2010 berechnet auf Basis der monatlichen Gefangenenbestandszahlen

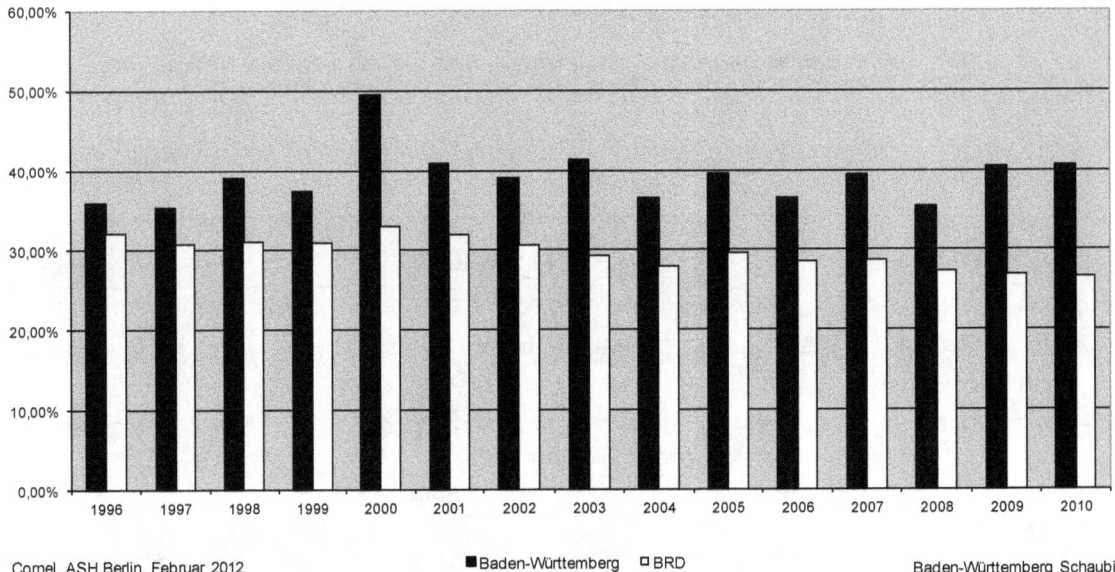

Cornel, ASH Berlin, Februar 2012   ■ Baden-Württemberg ▢ BRD   Baden-Württemberg Schaubild 7

Wie oben ausgeführt, spielt die Anzahl der vollstreckten Ersatzfreiheitsstrafen beziehungsweise die zu diesem Zweck belegten Haftplätze eine wichtige Rolle bei der Strafrestaussetzungsquote.

Der Anteil der Plätze, die zur Vollstreckung von Ersatzfreiheitsstrafen belegt wurden, ging im Jahresdurchschnitt der Werte zum jeweils Monatsletzten von 9 % im Jahre 1996 auf 5,0 % im Jahr 2003 zurück, um dann im Jahr 2010 wieder auf 6,9 % zu steigen. Durchschnittlich waren 2010 jeweils zum Monatsende 381,6 Haftplätze mit Personen belegt, die eine Ersatzfreiheitsstrafe verbüßen mussten. Die folgende Grafik zeigt sowohl die Entwicklung der absoluten Zahlen als auch des Anteils an allen Straf- und Jugendstrafgefangenen.[88]

Der deutliche Rückgang der Belegung mit Personen, die eine Ersatzfreiheitsstrafe verbüßen im März 1998 bei gleichzeitigem sprunghaften Anstieg der Gnadenquote

---

[88] Der Bezug auf die Jugendstrafgefangenen mag von der Strafrechtssystematik her verwundern. Hier ging es aber allein um den möglichen Einfluss dieses Anteils auf die Quote der Strafrestaussetzung. Deshalb ist diese rechnerische Beziehung zur Summe aus Strafgefangenen und Jugendstrafgefangenen sinnvoll, auch wenn es im Jugendstrafrecht dazu nicht kommen kann.

ist der Allgemeinen Verfügung des Justizministeriums vom 3. März 1998 zu voll-
streckungsrechtlichen und gnadenrechtlichen Maßnahmen in Hinblick auf die
Überbelegung der baden-württembergischen Justizvollzugsanstalten[89] geschuldet,
die bisher in jedem Jahr bis zuletzt zum 31. Mai 2012 verlängert wurde.

Die Entwicklung der Vollstreckung von Ersatzfreiheitsstrafen in Baden-Württemberg von 1996 bis 2010 berechnet auf Basis der monatlichen Gefangenenbestandszahlen

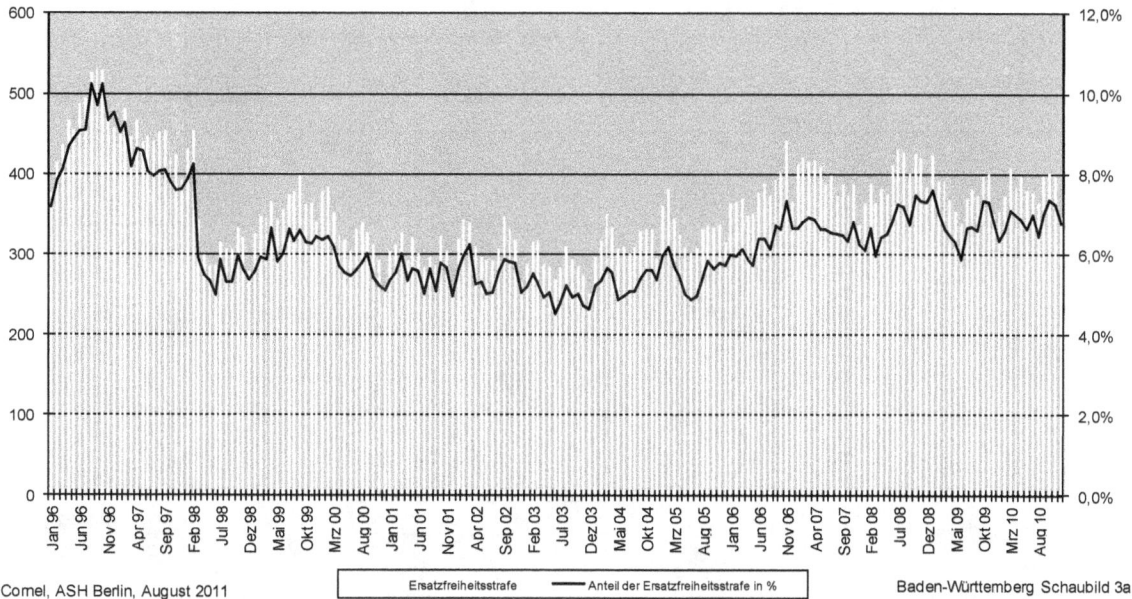

Cornel, ASH Berlin, August 2011 — Ersatzfreiheitsstrafe — Anteil der Ersatzfreiheitsstrafe in % — Baden-Württemberg Schaubild 3a

Der Rückgang der Ersatzfreiheitsstrafenvollstreckung (auch absolut) kann den
Anstieg der Strafrestaussetzungsquote z.T. erklären, weil dadurch der Anteil der
Entlassungen zum Strafende gesunken ist. Im Durchschnitt der Jahre 1996 bis 2010
waren 6,4 % der Haftplätze mit Personen belegt, die eigentlich zu Geldstrafen
verurteilt worden waren.

---

[89] Vgl. AV 4310 – III/60, in: Die Justiz 1998, S. 144f.

Die Entwicklung des Anteils der Vollstreckung von Ersatzfreiheitsstrafen in Baden-Württemberg von 1996 bis 2010 berechnet auf Basis der monatlichen Gefangenenbestandszahlen

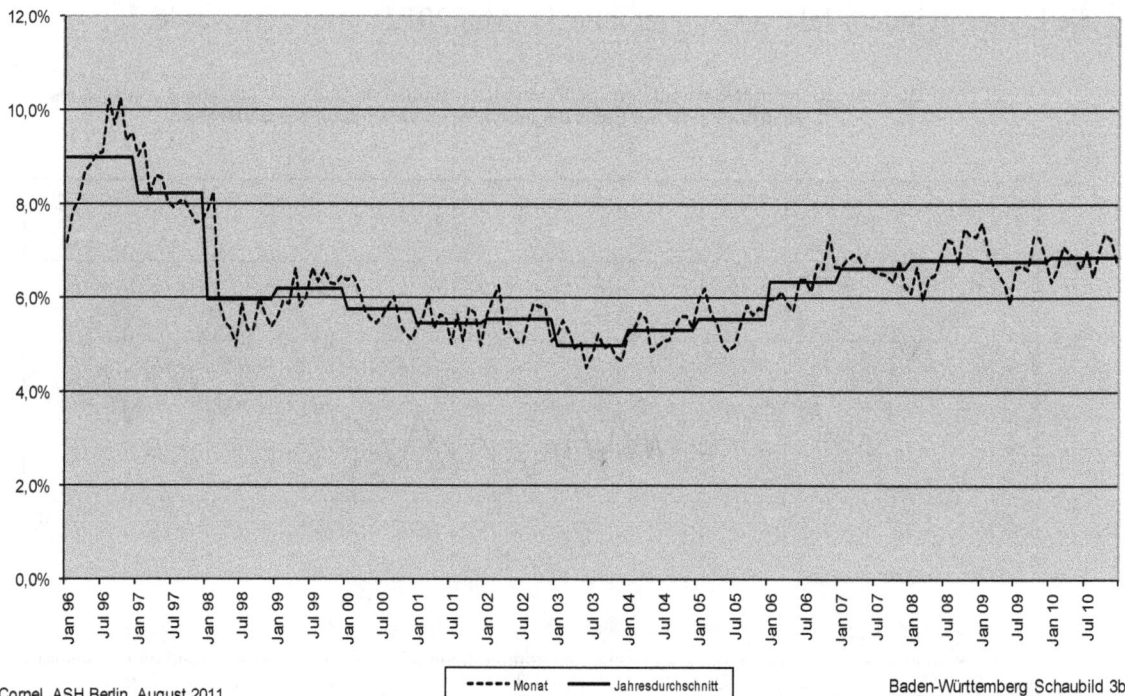

Cornel, ASH Berlin, August 2011   - - - - - Monat ——— Jahresdurchschnitt   Baden-Württemberg Schaubild 3b

Schon seit langem setzt Baden-Württemberg einen großen Anteil der Strafreste auf dem Weg der Gnade aus, wobei hier insbesondere Ersatzfreiheitsstrafen zu nennen sind.[90] Der Anteil, der auf diesem Weg beendeten Strafvollstreckungen stieg – bezogen auf diejenigen, die zum Strafende entlassen wurden, von 6,6 % im Jahr 1996, über 7,4 % im Jahr 1997 und 16,3 % 1998, auf 13,9 % im Jahr 2001. Im Jahr 2003 waren es dann schon 30,9 %, 2006 sogar 42,4 % und 2010 34,0 %.

In den letzten 15 Jahren wurden in Baden-Württemberg durchschnittlich 25,6 % auf dem Weg der Gnade entlassen und 39,6 % durch die Strafvollstreckungskammern gem. §§ 57 und 57a StGB oder § 88 JGG – jeweils bezogen auf die Anzahl der Gefangenen, die ihre Strafe bis zum Ende verbüßten.

---

[90] Vgl. die AV des Justizministers Baden-Württembergs vom 3.März 1998 (4310-III/60) – Die Justiz, S.144, deren Anwendungszeitraum bis zum 31.5.2012 immer wieder verlängert wurde.

Die Entwicklung des Anteils der Aussetzungen im Wege der Gnade in Baden-Württemberg von 1996 bis 2010 berechnet auf Basis der monatlichen Gefangenenbestandszahlen

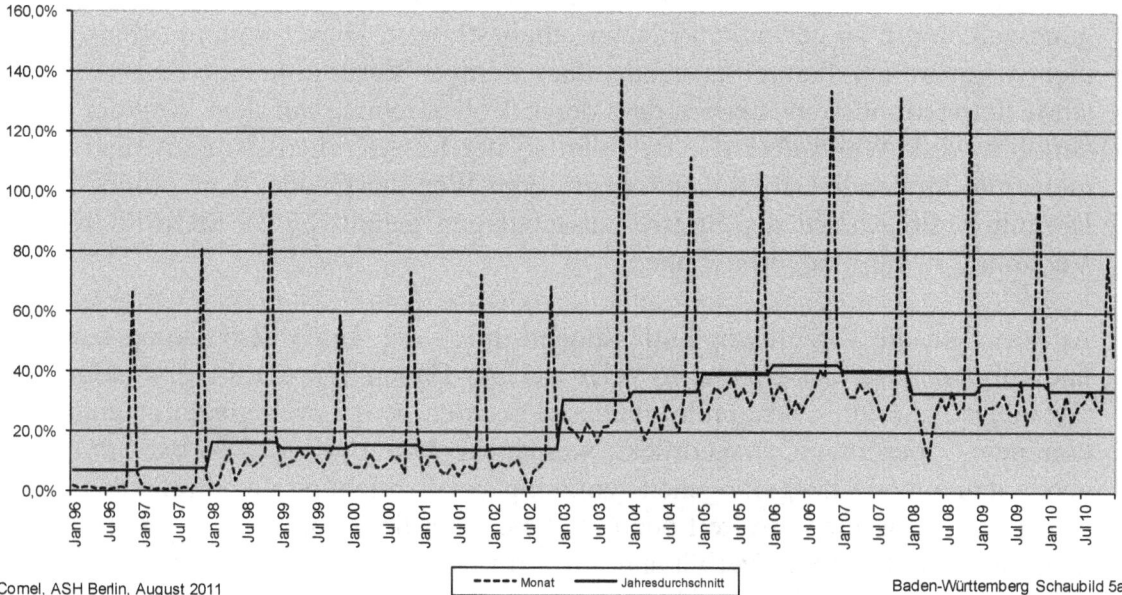

Monat   Jahresdurchschnitt

Baden-Württemberg Schaubild 5a

Die Entwicklung des Anteils der Aussetzungen im Wege der Gnade in Baden-Württemberg von 1996 bis 2010 berechnet auf Basis der Jahresdurchschnitte der monatlichen Gefangenenbestandszahlen

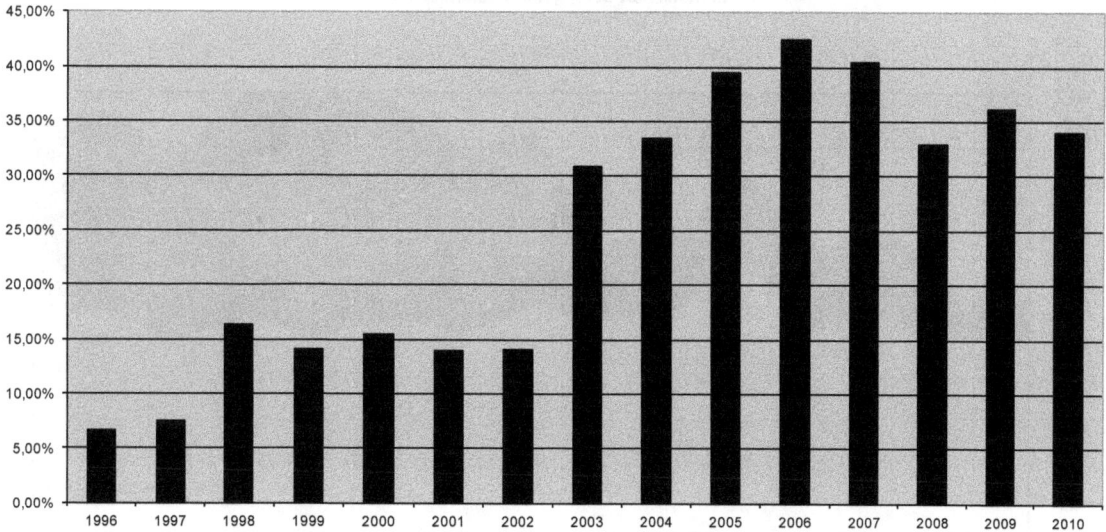

Baden-Württemberg Schaubild 5b

41

Die hohe Anzahl von Ersatzfreiheitsstrafen, deren Strafrest zur Bewährung auf dem Gnadenweg ausgesetzt werden, erklärt wiederum differenzierter die Erhöhung der Strafrestaussetzungsquote bei gleichzeitigem Rückgang der Stichtagsbelegungszahlen mit so genannten Ersatzfreiheitsstrafern. Dieser kommt offensichtlich nicht vornehmlich dadurch zustande, dass weniger Verurteilte eine Ersatzfreiheitsstrafe antreten müssen, sondern dass deren Vollstreckung auf dem Weg der Gnade verkürzt wird. Wenn aber die Beendigung der Ersatzfreiheitsstrafenvollstreckung nicht zum Strafende erfolgt, sondern auf dem Weg der Gnade, dann erhöht das per Definition die Anzahl der Strafrestaussetzungen gemäß §§ 57 StGB/88 JGG im Verhältnis zu den Endverbüßungen.

Addiert man die vorzeitigen Entlassungen durch die Strafvollstreckungskammern und auf dem Weg der Gnade, so zeigt sich für Baden-Württemberg, dass auf vier Gefangene, die zum Strafende entlassen werden, etwa drei vorzeitig entlassene kommen – oder anders ausgedrückt, wurden im Jahr 2010 42,7 % der Strafgefangenen und Jugendstrafgefangenen vorzeitig vor Erreichung des Strafendes entlassen. 1996 betrug dieser Anteil noch 29,8 %. Allerdings sagen diese Quoten nichts über den Anteil der Strafverbüßung aus – oft beträgt der Straferlass zum Beispiel bei den so genannten Weihnachtsamnestien oder bei Ersatzfreiheitsstrafen nur wenige Tage.

Die Entwicklung der Strafrestaussetzungsquoten gem. StGB und JGG sowie im Wege der Gnade in Baden-Württemberg von 1996 bis 2010 berechnet auf Basis der Jahresdurchschnitte der monatlichen Gefangenenbestandszahlen

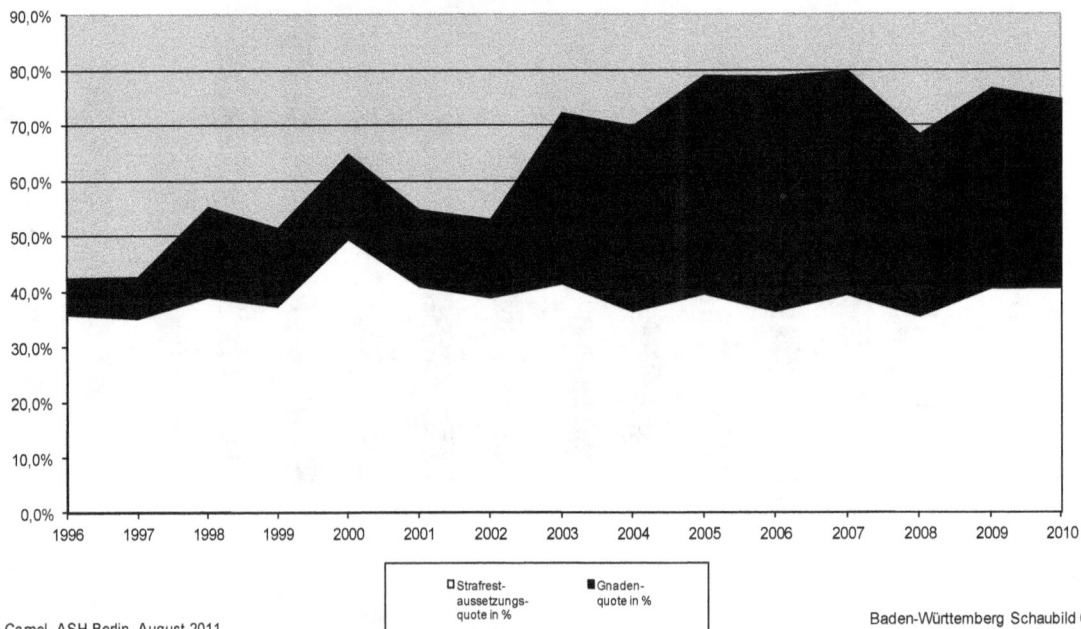

Comel, ASH Berlin, August 2011

Baden-Württemberg Schaubild 6

3.2.2 Bayern

Vergleicht man die Belegungszahlen aus Untersuchungshaft, Freiheits- und Jugendstrafe Bayerns von Ende 2010 mit denen vom Ende des Jahres 1995, so stellt man einen Zuwachs der Belegung von 16,1 % fest – im Bund betrug der vergleichbare Anstieg 4,2 %. Nur Sachsen-Anhalt und Thüringen hatten in diesem Zeitraum einen größeren Zuwachs.

Der überdurchschnittliche Anstieg der Belegungszahlen ist unter anderem darauf zurückzuführen, dass in Bayern die Untersuchungshaftbelegungszahlen weniger zurück gegangen sind, als in allen anderen Bundesländern. Gegenüber 1995 ging die Belegung der Untersuchungshaftanstalten in Bayern um 27,5 % zurück und gegenüber dem Jahr 2000 um 24,8 % – im Bundesdurchschnitt betrug dieser Rückgang 47,0 % beziehungsweise 40,2 %.

Inzwischen ist allerdings wieder ein Anstieg zu beobachten. Gab es im November 2010 2422 Untersuchungsgefangene (im Dezember 2010 2346), so waren es im November 2011 schon 2579 (+6,4 %).

Die Entwicklung der Belegung der Justizvollzugsanstalten und insb. der Untersuchungshaftanstalten in Bayern von 1996 bis 2010 auf Basis der monatlichen Gefangenenbestandszahlen

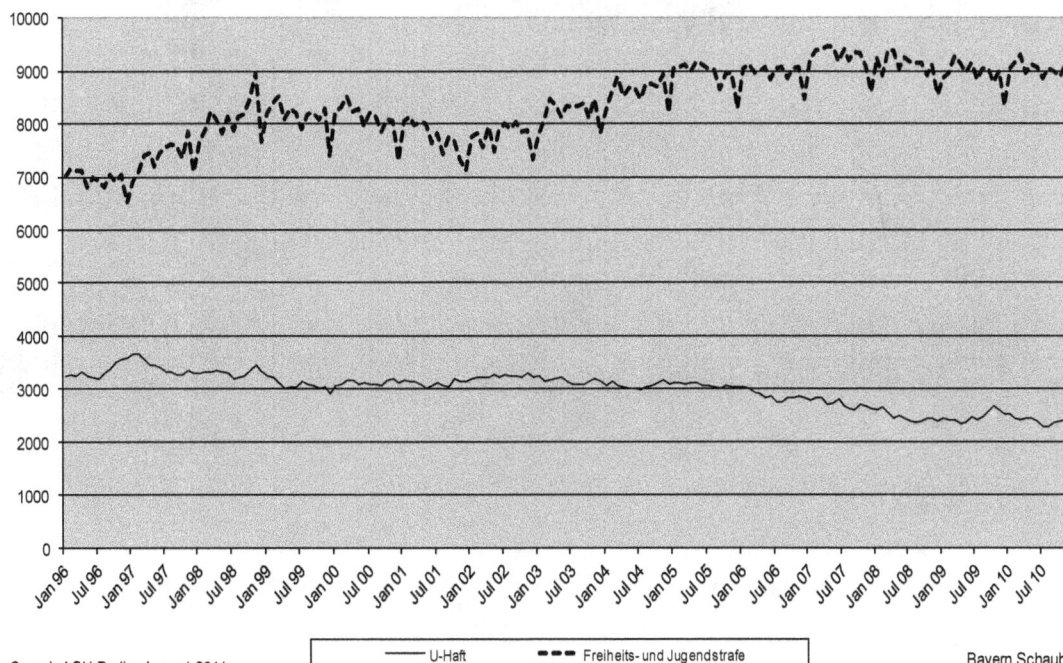

Cornel, ASH Berlin, August 2011 — U-Haft — Freiheits- und Jugendstrafe — Bayern Schaubild 2

In dieser Grafik ist mit Belegung nicht die Gesamtbelegung aller physisch anwesender Häftlinge einschließlich der Sicherungsverwahrten und Abschiebegefangenen gemeint, sondern es sind nur die Untersuchungshaft-, Straf- und Jugendstrafgefangenen erfasst.

Die Anzahl der erwachsenen Strafgefangenen ist in Bayern zwischen 1995 und 2010 um 42,4 % angestiegen und seit dem Jahr 2000 um 18,3 % auf nun 7828 Strafgefangene am 31.12.2010. Am 30. November 2011 waren es 8578 Gefangene, allerdings sind diese Daten nicht direkt vergleichbar, weil sich im Dezember traditionell immer die niedrigste Belegung findet. Gegenüber den Vorjahreszahlen im November (8476) war es ein minimaler Anstieg um 1,2 %.

Die Entwicklung der Anzahl der Strafgefangenen (Freiheitsstrafe und Jugendstrafe einzeln) in Bayern von 2001 bis 2010 berechnet auf Basis der monatlichen Gefangenenbestandszahlen

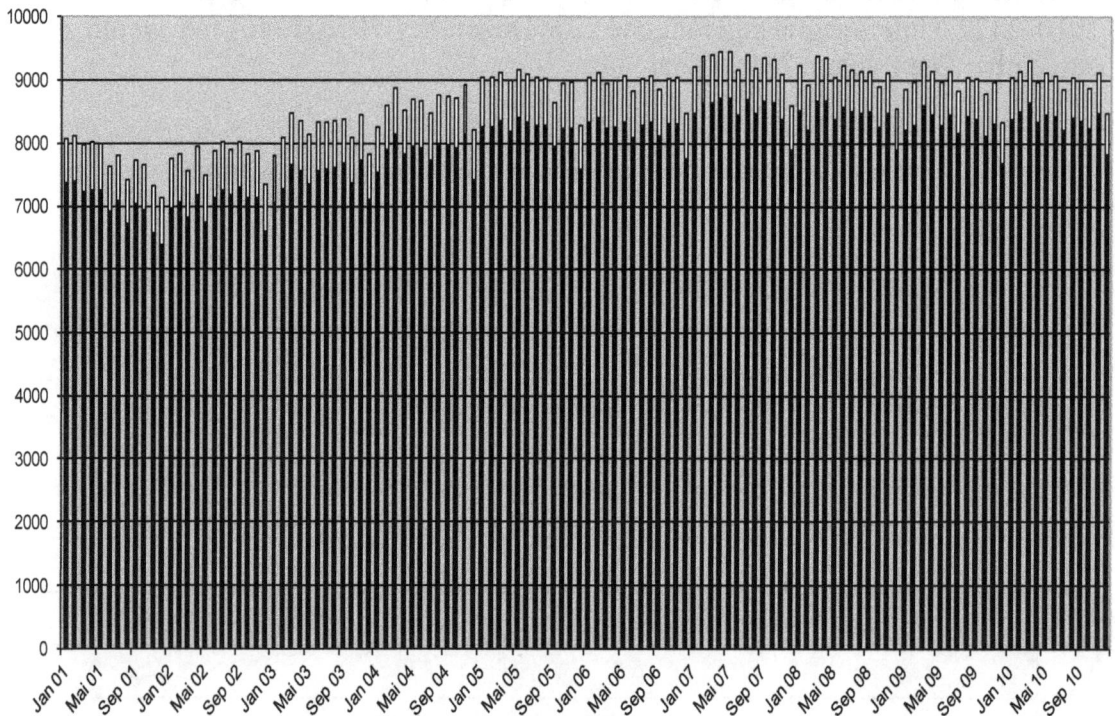

Cornel, ASH Berlin, August 2011

Bayern Schaubild 1b

Die Anzahl der Jugendstrafgefangenen stieg in Bayern zwischen 1995 und 2010 um 10,7 %, sank aber seit dem Jahr 2000 um 7,5 % auf nun 643 Jugendstrafgefangenen am 31.12.2010. Am 30. November 2011 waren es 668 Jugendstrafgefangene – 4,7 % mehr als im November 2010 (638).

Die Entwicklung der Anzahl der Strafgefangenen (Summe: Freiheitsstrafe und Jugendstrafe) in Bayern von 1996 bis 2010 berechnet auf Basis der monatlichen Gefangenenbestandszahlen

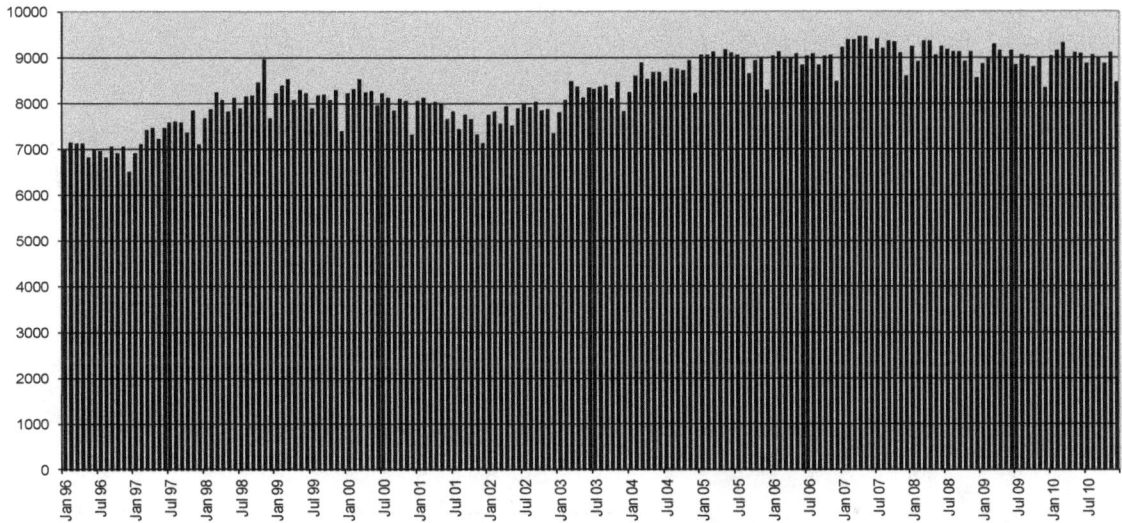

Cornel, ASH Berlin, August 2011   Bayern Schaubild 1a

Die monatlichen Strafrestaussetzungsquoten schwankten in Bayern vom Januar 1996 bis Dezember 2010 zwischen 22,2 % und 39,5 % mit einem Ausreißer im Juli 2000 von 55,7 %[91] und einem Ausreißer von 13,3 % im August 2003[92].

Die Entwicklung der Strafrestaussetzungsquoten gem. StGB und JGG in Bayern von 1996 bis 2010 berechnet auf Basis der monatlichen Gefangenenbestandszahlen

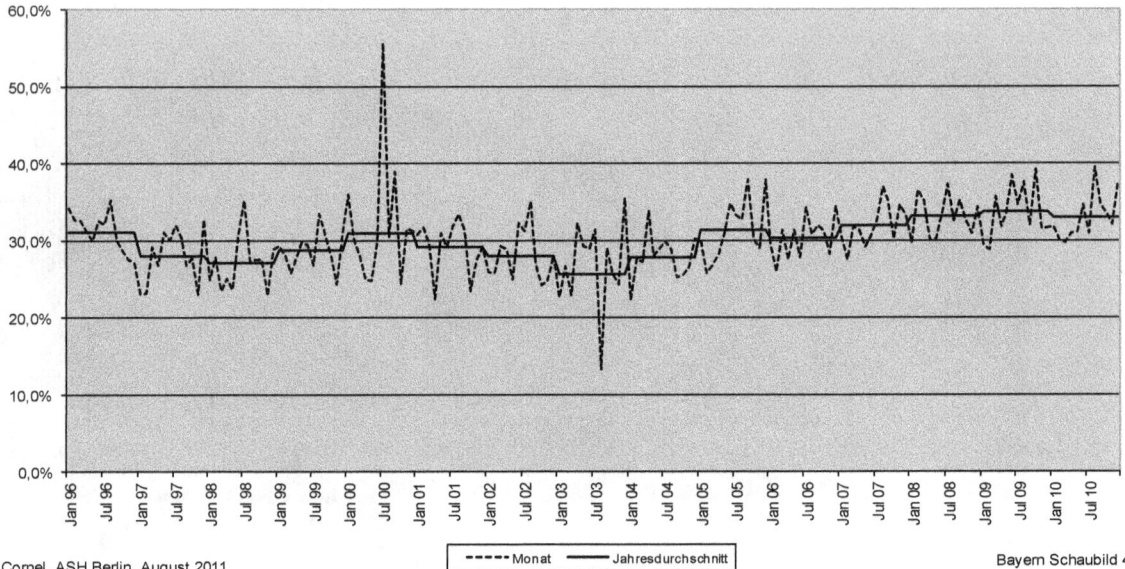

Cornel, ASH Berlin, August 2011   ----- Monat ——— Jahresdurchschnitt   Bayern Schaubild 4

Betrachtet man die Jahresdurchschnittsquoten der Strafrestaussetzungen Bayerns so fällt auf, dass diese zwischen 1996 und 2004 meist recht stabil knapp unter 30 % und zugleich unterhalb des Bundesdurchschnitts lagen. Während ab 2003 die Strafrestaussetzungsquote im Bundesdurchschnitt unter die Marke von 30 % sank und seit 2005 Stück für Stück sinkt, hat die Bayerische Quote 2005 die 30 %-Grenze überschritten, steigt seither weiter und ist nun beständig 5 – 6 % über dem Bundesdurchschnitt. In den drei letzten Jahren (2008 bis 2010) wurden mit jeweils über 33 % die höchsten Jahresdurchschnittswerte überhaupt erreicht.

---

[91] In diesem Monat gab es die übliche Anzahl vorzeitiger Entlassungen, aber nur etwa halb so viele Gefangene, die zum Strafende entlassen wurden (in den 5 Monaten zuvor und danach jeweils deutlich mehr als 600 bis mehr als 800 und im Juli 2000 nur 370). Die Daten wurden überprüft – aber eine Erklärung ließ sich nicht finden.

[92] In diesem Monat gab es die übliche Anzahl vorzeitiger Entlassungen, aber etwa doppelt so viele Gefangene, die zum Strafende entlassen wurden (in den 5 Monaten zuvor und danach jeweils etwa 700 und im August 2003 1494). Die Daten wurden überprüft – aber eine Erklärung ließ sich nicht finden.

46

Insgesamt ergibt sich ein Durchschnitt für die letzten 15 Jahre von 30,2 %, während es im Bund in diesem Zeitraum durchschnittlich 29,7 % waren.

Die Entwicklung der Strafrestaussetzungsquoten gem. StGB und JGG in Bayern (jeweils Jahresdurchschnitt) im Vergleich zu den Strafrestaussetzungsquoten im Bundesdurchschnitt von 1996 bis 2010 berechnet auf Basis der monatlichen Gefangenenbestandszahlen

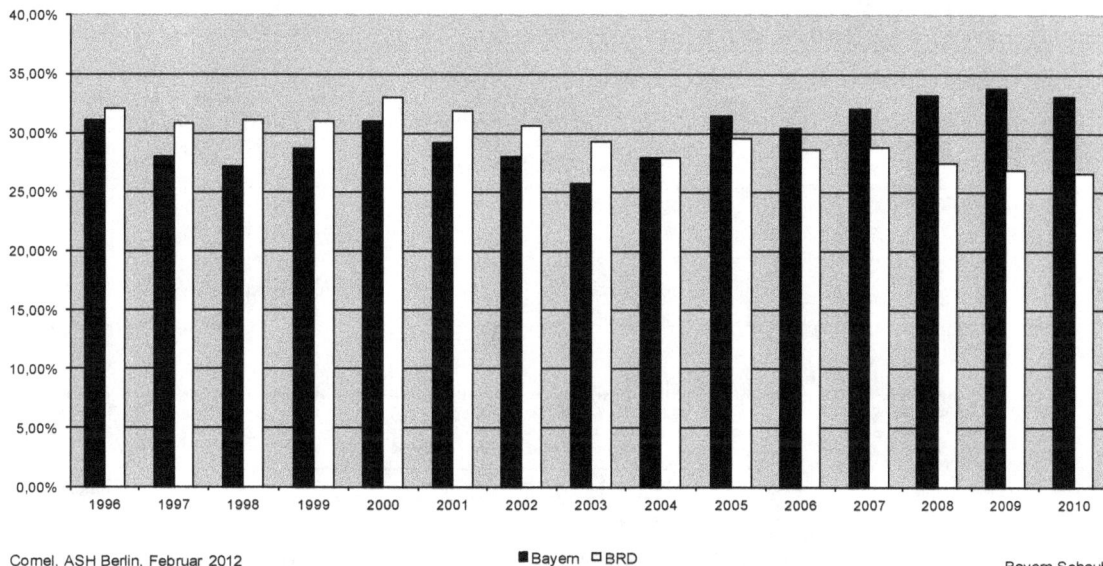

Comel, ASH Berlin, Februar 2012 ■ Bayern □ BRD Bayern Schaubild 7

In den letzten 10 Jahren ist es gelungen, sowohl den Anteil der Belegung mit Gefangenen, die Ersatzfreiheitsstrafen verbüßen zu verringern, als auch die absolute Anzahl der so belegten Haftplätze. Waren es im Jahresdurchschnitt 2001 noch 487 Plätze oder 6,3 %, so sank diese Quote 2010 auf 4,5 % oder 409 Plätze – ein deutlicher Rückgang um 16,0 %, der den Anstieg der Strafrestaussetzungsquote mit verursacht hat.[93] Im Durchschnitt der letzten 15 Jahre wurden auf 5,3 % der Plätze Ersatzfreiheitsstrafen vollstreckt – im Bund waren es 6,5 %.

---

[93] Eine Quantifizierung dieses Effekts ist nicht möglich, weil von den Stichtagsbelegungen nicht direkt auf die Anzahl der Entlassungen nach Ersatzfreiheitsstrafenverbüßung geschlossen werden kann.

Die Entwicklung der Vollstreckung von Ersatzfreiheitsstrafen in Bayern von 1996 bis 2010 berechnet auf Basis der monatlichen Gefangenenbestandszahlen

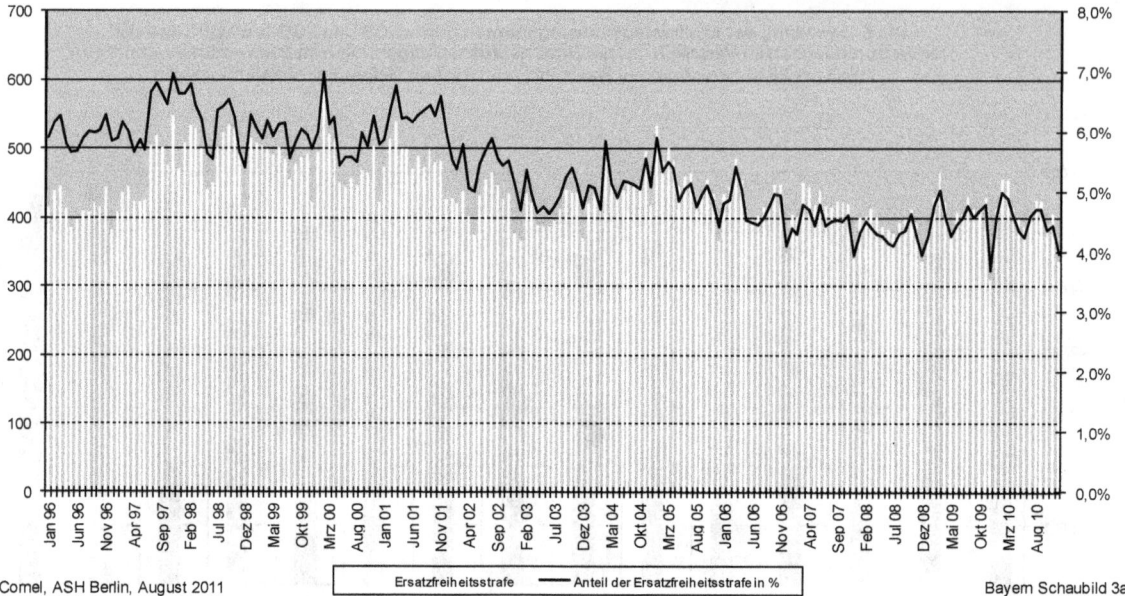

Cornel, ASH Berlin, August 2011

Ersatzfreiheitsstrafe — Anteil der Ersatzfreiheitsstrafe in %

Bayern Schaubild 3a

Die Entwicklung des Anteils der Vollstreckung von Ersatzfreiheitsstrafen in Bayern von 1996 bis 2010 berechnet auf Basis der monatlichen Gefangenenbestandszahlen

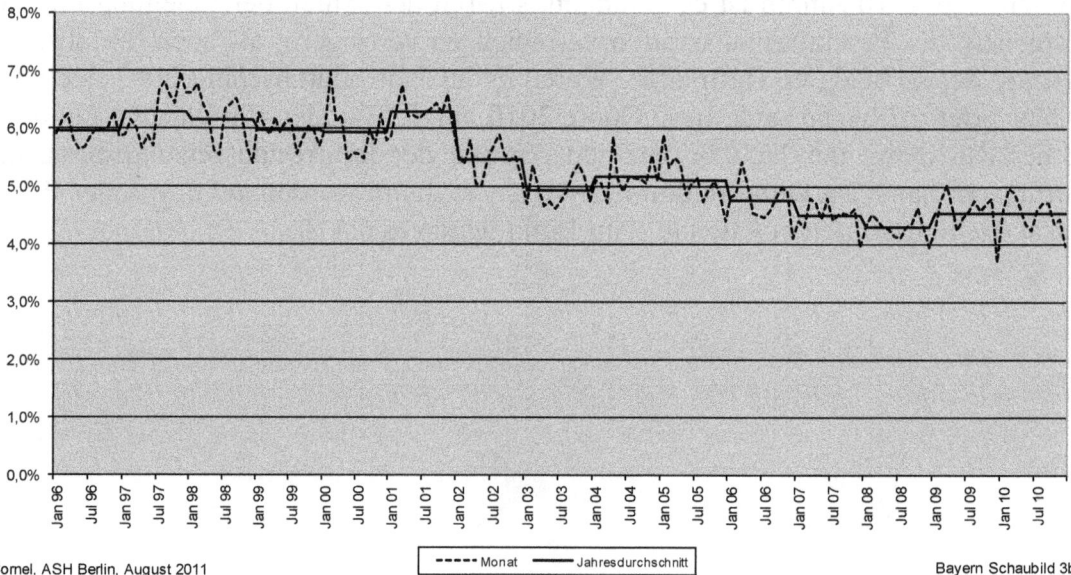

Cornel, ASH Berlin, August 2011

----- Monat —— Jahresdurchschnitt

Bayern Schaubild 3b

48

Traditionell spielen vorzeitige Entlassungen auf dem Weg der Gnade in Bayern keine große Rolle. Selbst in den Monaten vor Weihnachten und dem Jahresende blieb die Anzahl auf diesem Weg entlassener Gefangener trotz der leichten Steigerung bisher immer einstellig – meist wurden im November vier oder fünf Personen auf dem Gnadenweg entlassen.

Die Entwicklung des Anteils der Aussetzungen im Wege der Gnade in Bayern von 1996 bis 2010 berechnet auf Basis der monatlichen Gefangenenbestandszahlen

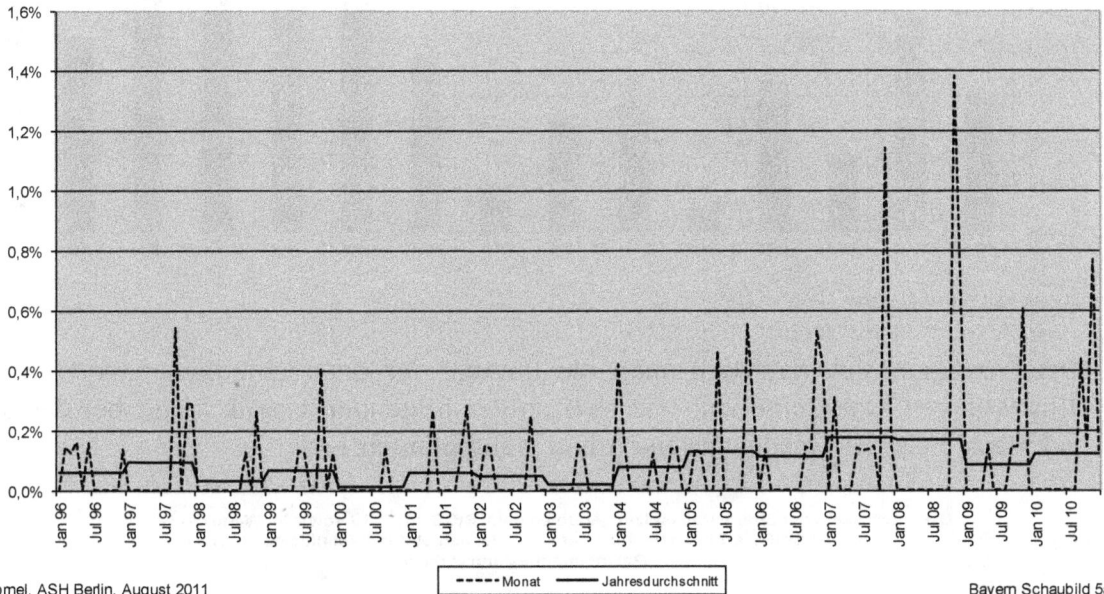

Comel, ASH Berlin, August 2011

- - - - - Monat ———— Jahresdurchschnitt

Bayern Schaubild 5a

Immerhin stieg die Gnadenquote im Jahresdurchschnitt in den letzten 6 Jahren auf 0,12 % bis 0,18 % an, so dass nun jährlich 7 – 15 Personen auf dem Gnadenweg entlassen wurden, also etwa jeder Tausendste.

Die Entwicklung des Anteils der Aussetzungen im Wege der Gnade in Bayern von 1996 bis 2010 berechnet auf Basis der Jahresdurchschnitte der monatlichen Gefangenenbestandszahlen

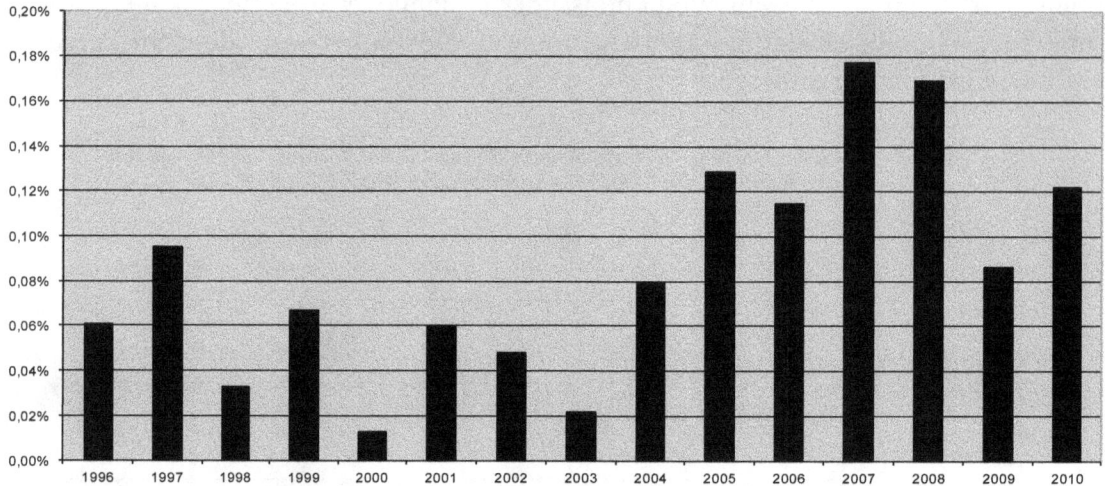

Cornel, ASH Berlin, August 2011

Bayern Schaubild 5b

Insofern kann sich natürlich auch die Summe der unterschiedlichen vorzeitigen Entlassungen kaum erhöhen, wie sich an der folgenden Grafik zeigt, bei der das schwarze Feld der Gnadenerweise kaum wahrnehmbar ist.

Die Entwicklung der Strafrestaussetzungsquoten gem. StGB und JGG sowie im Wege der Gnade in Bayern von 1996 bis 2010 berechnet auf Basis der Jahresdurchschnitte der monatlichen Gefangenenbestandszahlen

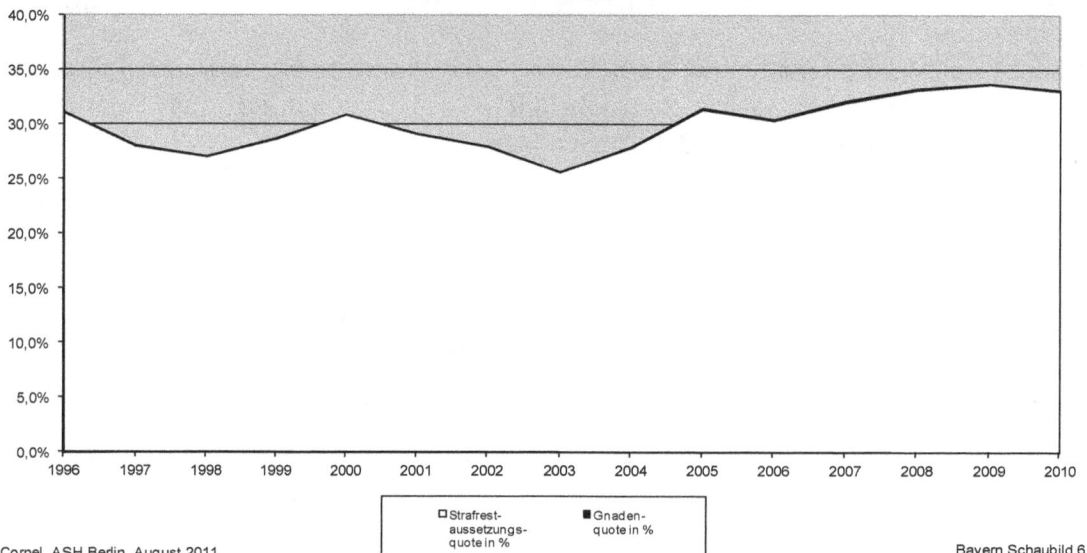

Cornel, ASH Berlin, August 2011

Bayern Schaubild 6

Das heißt im Ergebnis, dass auf drei Gefangene, die 2010 zum Strafende entlassen wurden, in Bayern einer vorzeitig entlassen wurde – oder anders ausgedrückt, wurden im Jahr 2010 25,1 % der Strafgefangenen und Jugendstrafgefangenen vorzeitig vor Erreichung des Strafendes entlassen.

3.2.3 Berlin

Vergleicht man die Belegungszahlen aus Untersuchungshaft, Freiheits- und Jugendstrafe Berlins von 1995 mit denen aus dem Jahr 2010, so stellt man einen Rückgang der Summe dieser Gefangenen um 8,4 % fest, während die vergleichbare Entwicklung im Bund einen Anstieg von 4,2 % ausweist. Nur Baden-Württemberg, Brandenburg, Bremen und Hamburg verzeichneten ebenfalls einen deutlichen Rückgang, wobei hier festzustellen ist, dass er in Berlin am geringsten war.

Besonders deutlich und gegenüber dem Bundesdurchschnitt überdurchschnittlich hoch war in Berlin der Rückgang der Belegung in den Untersuchungshaftanstalten. Gegenüber 1995 betrug der Rückgang 50,7 % und gegenüber dem Dezember 2000 45,2 %. Im November 2011 lag die Belegung der U-Haft bei 565 im Vergleich zu 538 im November 2010 (+ 5,0 %).

Die Entwicklung der Belegung der Justizvollzugsanstalten und insb. der Untersuchungshaftanstalten in Berlin von 1999 bis 2010 auf Basis der monatlichen Gefangenenbestandszahlen

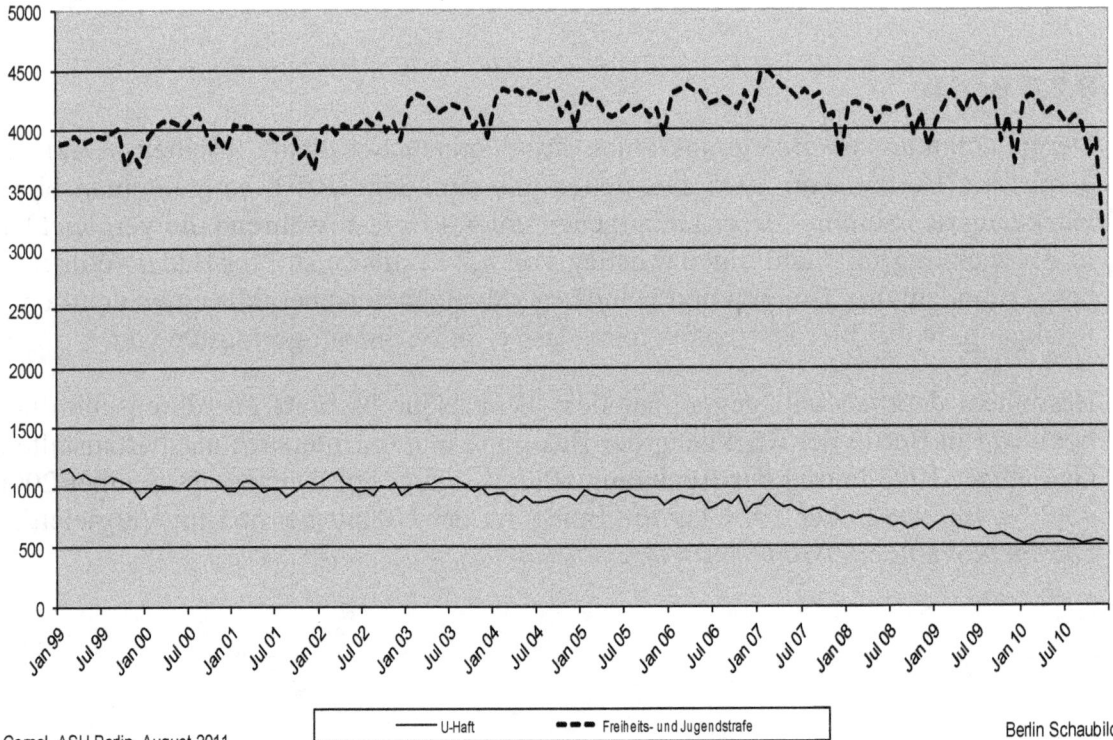

Cornel, ASH Berlin, August 2011   —— U-Haft   ▬▬▬ Freiheits- und Jugendstrafe   Berlin Schaubild 2

Die Anzahl der erwachsenen Strafgefangenen ist in Berlin zwischen 1995 und 2010 um 6,8 % angestiegen und damit deutlich weniger als im Bundesdurchschnitt. Gegenüber dem Jahr 2000 sank die Anzahl erwachsener Strafgefangener in Berlin um 20,6 % auf nun 2777. Im November 2011 waren es 3328 – das waren 6,5 % weniger als im November 2010 (3560).

Auch die Anzahl der Jugendstrafgefangenen in Berlin stieg zwischen Dezember 1995 und Dezember 2010 (12,2 %) leicht unterdurchschnittlich im Bundesvergleich. Gegenüber dem Dezember 2000 sank die Anzahl der Jugendstrafgefangenen leicht um 4,4 % auf nun 323. Dies stellt eine deutlich geringere Reduzierung als im Bundesdurchschnitt dar. Im November 2011 waren es 287 Jugendstrafgefangene (9 davon weiblich) – das waren 18,2 % weniger als im November 2010 (351). Insgesamt ist damit wieder das Niveau von 1995 erreicht.

Die Entwicklung der Anzahl der Strafgefangenen (Freiheitsstrafe und Jugendstrafe einzeln) in Berlin von 2001 bis 2010 berechnet auf Basis der monatlichen Gefangenenbestandszahlen

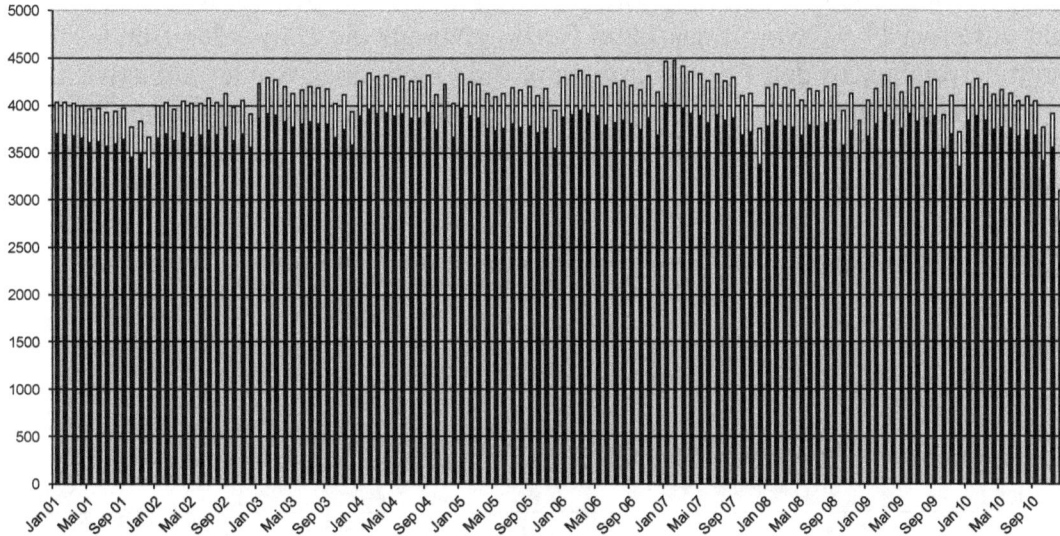

Cornel, ASH Berlin, August 2011

Berlin Schaubild 1b

Für die Jahre 1996 bis 2000 stand mir nur die Summe aus Freiheits- und Jugendstrafe zur Verfügung.

Die Entwicklung der Anzahl der Strafgefangenen (Summe: Freiheitsstrafe und Jugendstrafe) in Berlin von 1996 bis 2010 berechnet auf Basis der monatlichen Gefangenenbestandszahlen

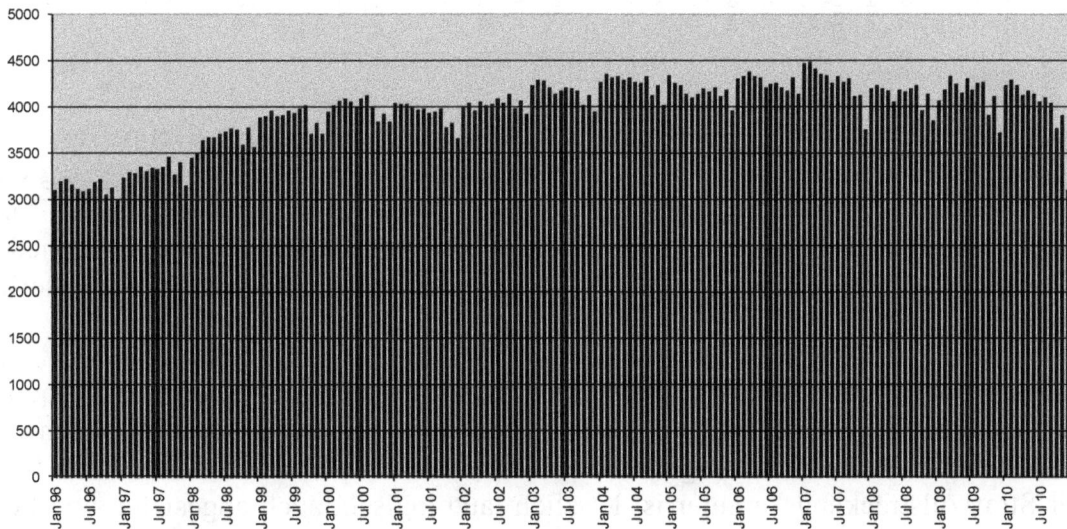

Cornel, ASH Berlin, August 2011

Berlin Schaubild 1a

53

Berlin hatte über lange Zeiten die niedrigsten Strafrestaussetzungsquoten Deutschlands, die während der Neunzigerjahre bis 2002 meist sogar unter der 10 %-Marke lagen. Im Jahr 2003 stieg die Quote auf 12,8 % und in den Jahren 2005 – 2007 sogar auf etwa 17 %, womit das Land Berlin erstmals die Hälfte des Bundesdurchschnitts erreichte. In den Folgejahren sank die Quote aber wieder auf etwa 10 %. Die Gesetzesänderung von 1998 hat in keiner Weise zu einer Senkung der Strafrestaussetzungsquote geführt, denn diese war schon vorher gering und stieg dann zunächst sogar.

Die Entwicklung der Strafrestaussetzungsquoten gem. StGB und JGG in Berlin von 1996 bis 2010
berechnet auf Basis der monatlichen Gefangenenbestandszahlen

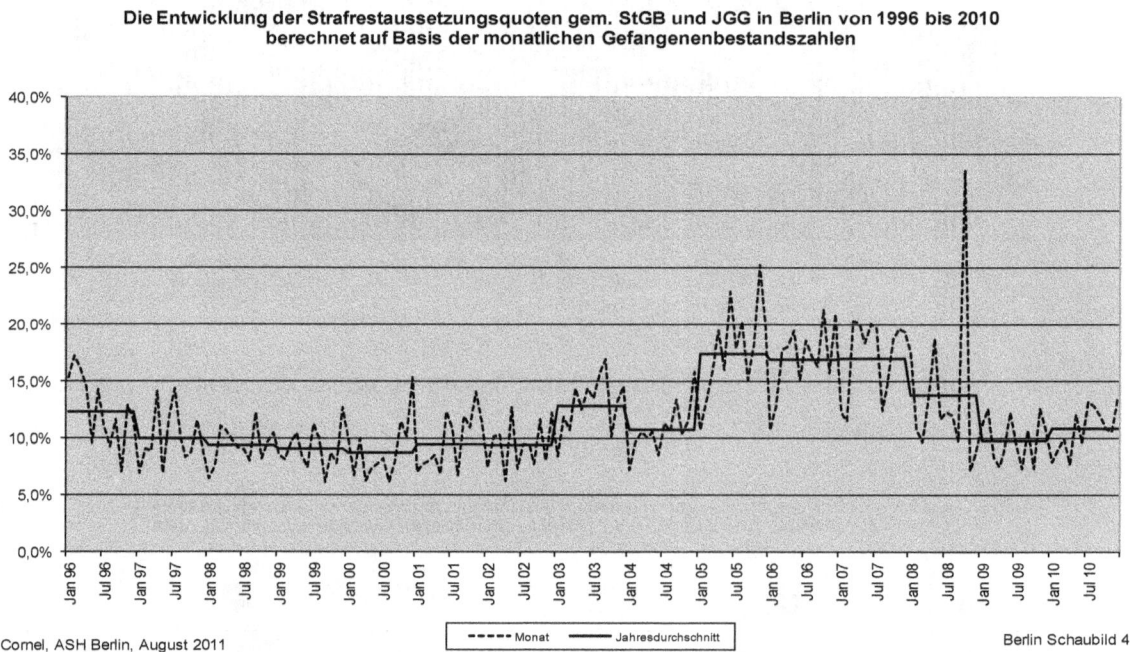

Cornel, ASH Berlin, August 2011   - - - - - Monat   ——— Jahresdurchschnitt   Berlin Schaubild 4

Die Grafik Berlin 7 belegt die deutliche Diskrepanz zwischen den Berliner und den Bundesquoten. Interessanterweise gab es in Berlin eine deutliche Steigerung des Anteils der Strafrestaussetzungen zu einer Zeit (2005 – 2007), in der auch der Bundesdurchschnitt nochmals leicht gesteigert wurde, um danach hier wie dort wieder zu sinken. Die Veränderungen im Bund gingen dabei nicht vorrangig auf Berlin zurück.

Alle Versuche, die Ursachen dieser extrem niedrigen Strafrestaussetzungsquote Berlins über zwei Jahrzehnte und unterschiedlichste Regierungskoalitionen hinweg zu erklären, blieben bisher ergebnislos. Der Hinweis auf die Kontinuität des Stils der Strafvollstreckungskammer ist letztlich tautologisch, auch angesichts von Personalwechsel. Erstaunlich ist diese Quote auch vor dem Hintergrund eines verhältnismäßig hohen Anteils der Unterbringung der Gefangenen im Offenen Vollzug, die üblicherweise als gute Voraussetzung einer Strafrestaussetzung gilt. Allerdings wird der hohe Anteil der Strafvollstreckung im Offenen Vollzug vor allem auch durch die Möglichkeit des Strafantritts im Offenen Vollzug erreicht.

Die Entwicklung der Strafrestaussetzungsquoten gem. StGB und JGG in Berlin (jeweils Jahresdurchschnitt) im Vergleich zu den Strafrestaussetzungsquoten im Bundesdurchschnitt von 1996 bis 2010 berechnet auf Basis der monatlichen Gefangenenbestandszahlen

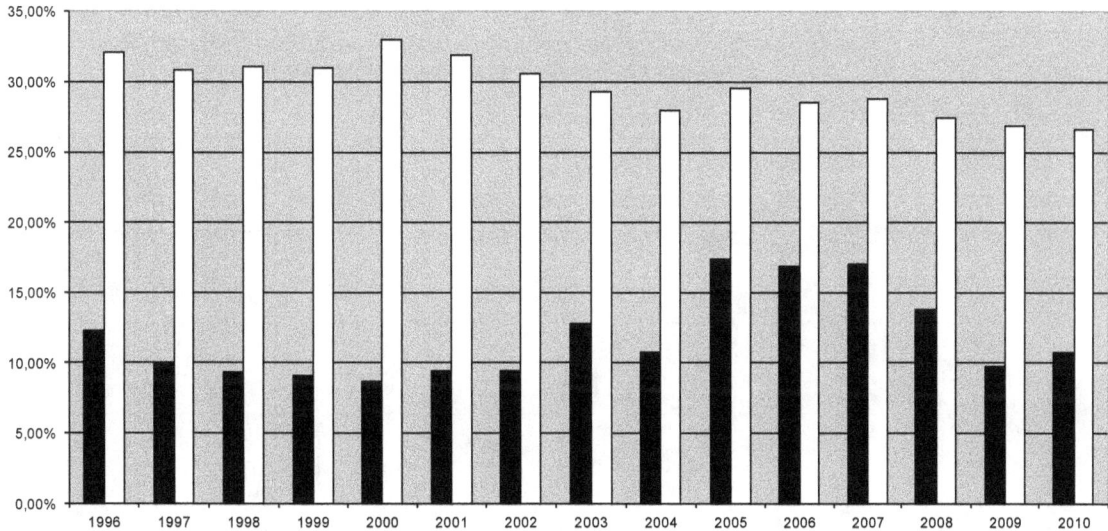

Cornel, ASH Berlin, Februar 2012 ■Berlin □BRD Berlin Schaubild 7

Die Schwankungen auf niedrigem Niveau lassen sich zum Teil mit den Veränderungen hinsichtlich des Anteils der Haftplätze erklären, die mit Personen belegt sind, die Ersatzfreiheitsstrafen verbüßen. Parallel zum Sinken und Wiederansteigen dieser Quoten stieg der Anteil der Plätze, die zur Vollstreckung von Ersatzfreiheitsstrafen belegt waren im Jahresdurchschnitt der Monatsletzten zunächst von 7,6 % (1996) auf 7,8 % (1997) und 7,9 % im Jahr 1998 und schließlich 8,9 % im Jahr 1999 an, um dann auf 8,6 % im Jahr 2000, 7,2 % 2001, 7,1 % 2002 und schließlich 5,8 % 2003 zu sinken. In diesem Jahr mit dem vorerst niedrigsten Anteil der Ersatzfreiheitsstrafenbelegung wurde mit 12,8 % eine für Berliner Verhältnisse besonders hohe Strafrestaussetzungsquote erreicht. Am höchsten war diese Quote 2005 bis 2007 – in diesen Jahren war der Anteil der Plätze, auf denen Ersatzfreiheitsstrafen vollstreckt wurden mit 5,5 %, 5,6 % und 5,7 % besonders niedrig. Als der Anteil der Ersatzfreiheitsstrafer in den Folgejahren wieder über 10 % anstieg, sank auch die Strafaussetzungsquote wieder.

Im Durchschnitt der letzten 15 Jahre wurden 7,5 % der Plätze mit Personen belegt, die eigentlich zu Geldstrafe verurteilt worden waren und eine Ersatzfreiheitsstrafe verbüßen mussten. Die Jahre mit dem höchsten Anteil an so genannten Ersatzfreiheitsstrafen waren gleichzeitig die mit den niedrigsten Strafrestaussetzungsquoten – ein Zusammenhang der auch sachlich logisch besteht, da bei Ersatzfreiheitsstrafen keine Strafreste zur Bewährung gemäß §§ 57 StGB, 88 JGG ausgesetzt werden und durch die Kürze der Strafen eine hohe Fluktuation und damit viele Entlassungen zum Strafende erreicht werden.

Die Entwicklung der Vollstreckung von Ersatzfreiheitsstrafen in Berlin von 1996 bis 2010 berechnet auf Basis der monatlichen Gefangenenbestandszahlen

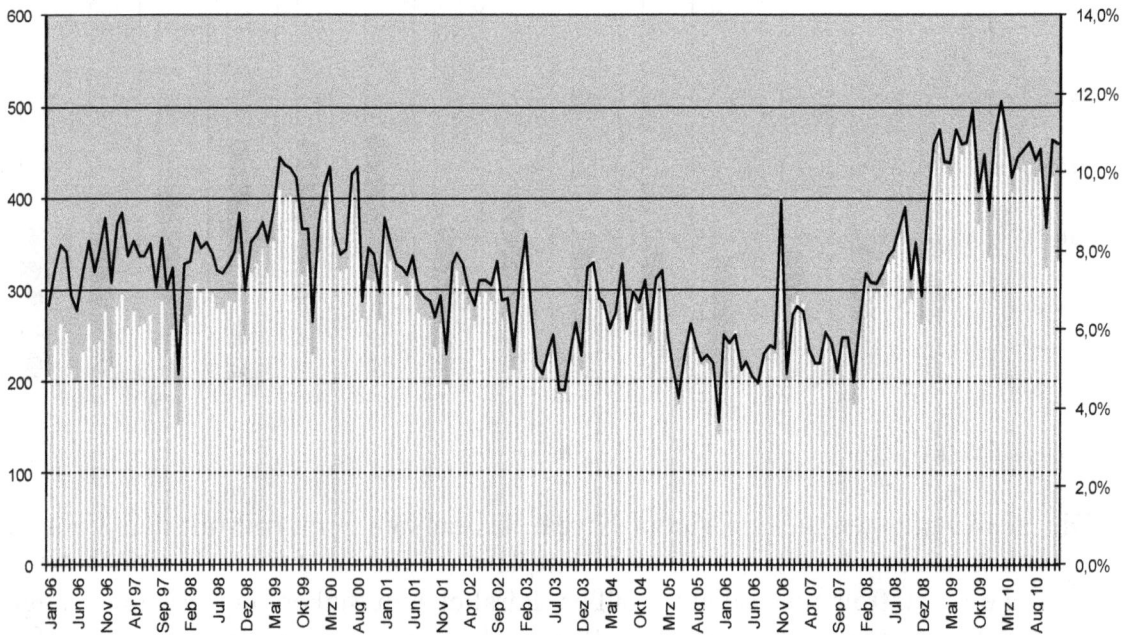

Cornel, ASH Berlin, August 2011   Ersatzfreiheitsstrafe —— Anteil der Ersatzfreiheitsstrafe in %   Berlin Schaubild 3a

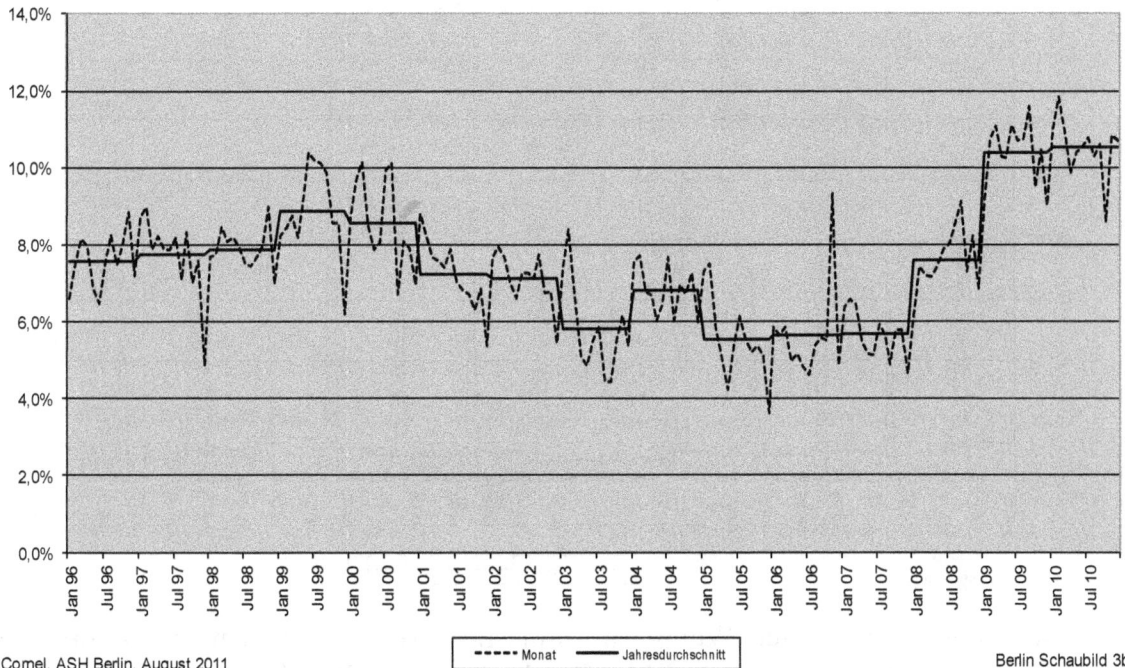

Cornel, ASH Berlin, August 2011   ----- Monat   ——— Jahresdurchschnitt   Berlin Schaubild 3b

Der sehr niedrigen Strafrestaussetzungsquote gemäß §§ 57, 57a StGB, 88 JGG
entspricht in Berlin traditionell eine im Vergleich sehr hohe Aussetzungsquote auf
dem Weg der Gnade. Dieser hohe Anteil wird durch die so genannten Weihnachtsamnestien erreicht, die regelmäßig vor allem im Oktober wirksam werden. Im
Durchschnitt der letzten 15 Jahre wurden etwa 9,8 % aller Gefangenen auf dem
Weg der Gnade entlassen, während es über die Strafvollstreckungskammern
11,9 % waren.[94] 1996 und im Jahr 2000 gab es sogar mehr Strafrestaussetzungen
auf dem Gnadenweg als gemäß §§ 57, 57a StGB und 88 JGG.

---

[94] Auch hier beziehen sich die Quoten auf die nach Erreichung des Strafendes entlassenen Gefangenen, nicht etwa auf alle Haftentlassenen.

Die Entwicklung des Anteils der Aussetzungen im Wege der Gnade in Berlin von 1996 bis 2010 berechnet auf Basis der monatlichen Gefangenenbestandszahlen

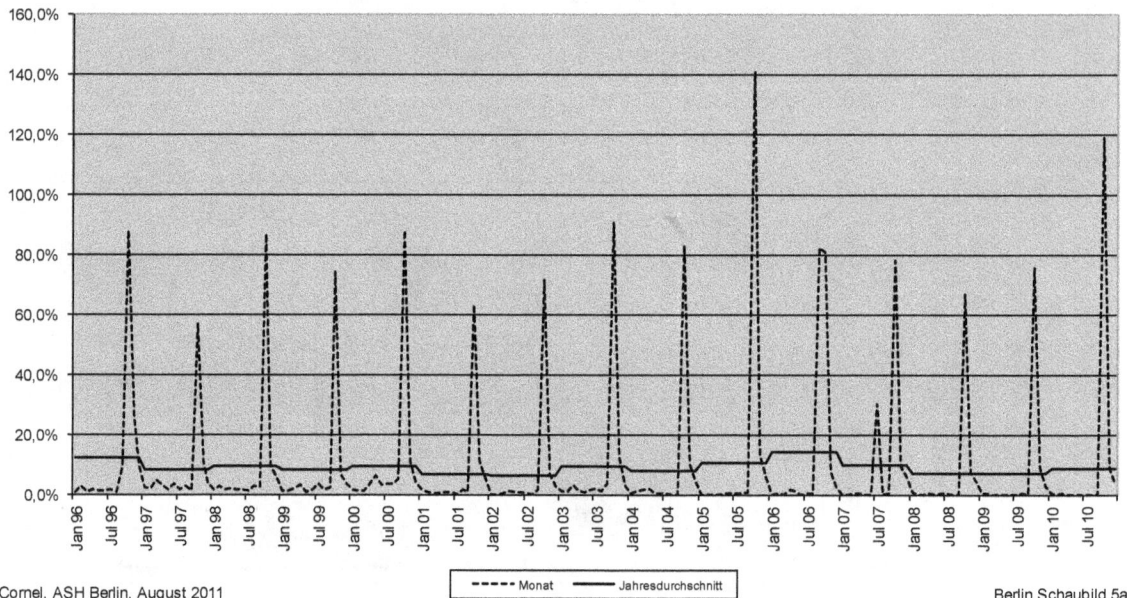

Cornel, ASH Berlin, August 2011 — - - - - - Monat ——— Jahresdurchschnitt — Berlin Schaubild 5a

Jenseits der so genannten Weihnachtsamnestien werden selten mehr als drei bis fünf vorzeitige Entlassungen auf dem Gnadenweg erreicht (oft ist es keine einzige). Diese spielen deshalb – im Gegensatz beispielsweise zu Baden-Württemberg – bei der Höhe der durchschnittlichen Gnadenquote im Jahr eine sehr untergeordnete Rolle.

**Die Entwicklung des Anteils der Aussetzungen im Wege der Gnade in Berlin von 1996 bis 2010
berechnet auf Basis der Jahresdurchschnitte der monatlichen Gefangenenbestandszahlen**

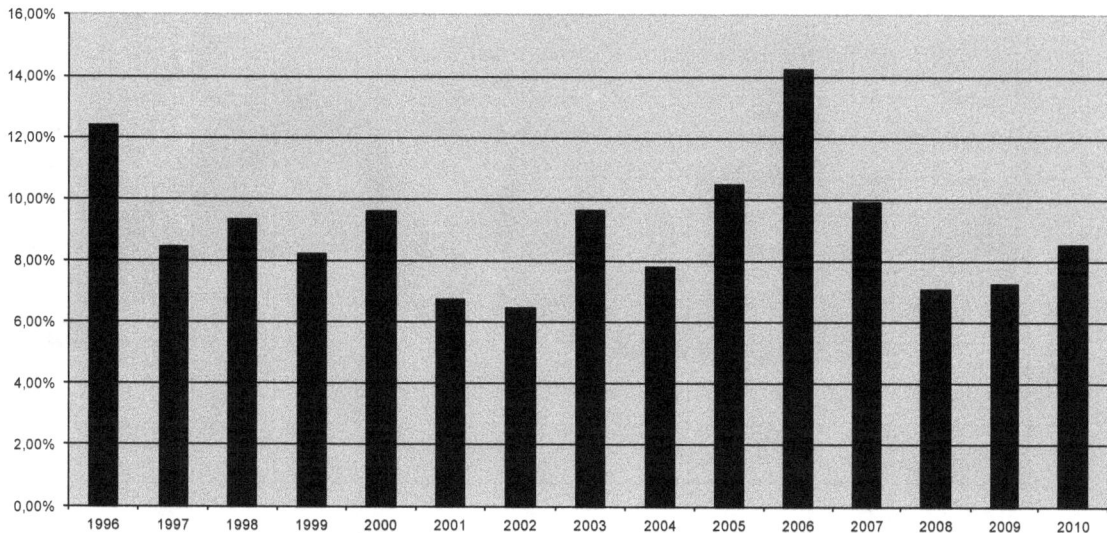

Comel, ASH Berlin, August 2011

Berlin Schaubild 5b

Addiert man beide Wege der Strafrestaussetzung, so erreichte die Quote vorzeitiger Entlassungen aus dem Strafvollzug in Berlin in den Jahren 1996 bis 2010 weniger als zwei Drittel des Bundesdurchschnittes.[95] Im letzten Jahr betrug diese Summe 19,3 % gegenüber 33,4 % im Bund. Bezogen auf alle Haftentlassenen wurden in Berlin 2010 nur 16,2 % , also etwa jeder sechste, vorzeitig auf Bewährung entlassen.

---

[95] In Berlin waren es in diesen 15 Jahren 21,7 % und im Bund 35,1 %.

59

Die Entwicklung der Strafrestaussetzungsquoten gem. StGB und JGG sowie im Wege der Gnade in Berlin von 1996 bis 2010 berechnet auf Basis der Jahresdurchschnitte der monatlichen Gefangenenbestandszahlen

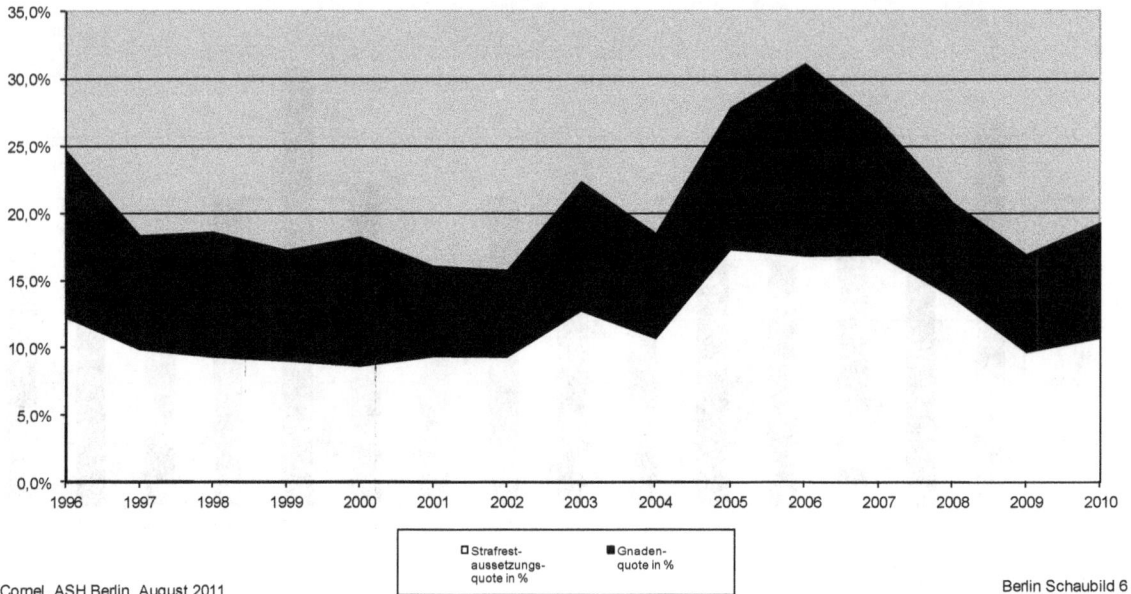

Cornel, ASH Berlin, August 2011

Berlin Schaubild 6

3.2.4 Brandenburg

Vergleicht man die Belegungszahlen aus Untersuchungshaft, Freiheits- und Jugendstrafe Brandenburgs vom Ende 1995 mit denen vom 31.12.2010, so stellt man einen Rückgang um 12,6 % fest, während die vergleichbare Entwicklung im Bund einen Anstieg von 4,2 % ausweist. Nur Baden-Württemberg, Berlin, Bremen und Hamburg verzeichneten ebenfalls einen deutlichen Rückgang.

In Brandenburg war der Rückgang der Anzahl der Untersuchungshaftgefangenen mit 65,1 % so stark, wie ansonsten nur noch in Sachsen und Sachsen Anhalt. In 15 Jahren ist die Anzahl der Untersuchungshaftgefangenen praktisch auf ein Drittel auf nun 229 Gefangene gesunken. Am 31.12.2000 waren es noch 511, so dass die Anzahl in den letzten zehn Jahren um 55,2 % sank. Im November 2011 betrug die Anzahl der Untersuchungshaft Gefangenen 203 (davon 4 Frauen) und hatte sich damit gegenüber dem November 2010 (214) nochmals um 5,2 % gesenkt.

Die Entwicklung der Belegung der Justizvollzugsanstalten und insb. der
Untersuchungshaftanstalten in Brandenburg von 1996 bis 2010 auf Basis der monatlichen
Gefangenenbestandszahlen

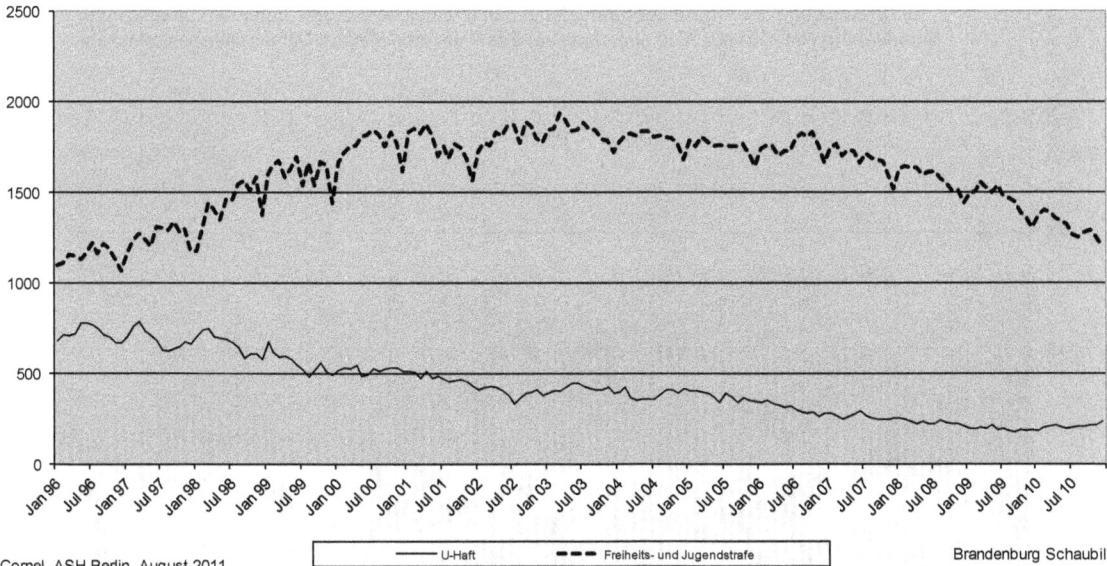

Cornel, ASH Berlin, August 2011

—— U-Haft   ▪▪▪ Freiheits- und Jugendstrafe

Brandenburg Schaubild 2

Die Anzahl der erwachsenen Strafgefangenen entwickelte sich in Brandenburg
zunächst gegenläufig zu der der Untersuchungshaftgefangenen. Vom 31.12.1995
bis zum 31. Dezember des Jahres 2000 stieg die Anzahl der erwachsenen Strafgefangenen von 798 auf 1253, also um 57 %. Danach verringerte sich diese Anzahl
wieder. Zwischen 1995 und 2010 stieg die Anzahl insgesamt um 27,4 % – im Vergleich zum Jahr 2000 hatte sich die Anzahl jedoch im Dezember 2010 bereits wieder um 18,8 % auf nun 1017 verringert. Am 30. November 2011 waren es 954
erwachsene Strafgefangene in Brandenburg, wobei bereits darauf hingewiesen
wurde, dass die Novemberzahlen nicht direkt mit denen aus dem Dezember zu
vergleichen sind, weil sich im Dezember traditionell immer die niedrigste Belegung findet. Gegenüber den Vorjahreszahlen im November 2010 (1068) war es ein
weiterer Rückgang um 10,7%.

Auch die Anzahl der Jugendstrafgefangenen stieg zunächst stark an, um dann wieder zu sinken. Ende Dezember 2010 gab es gegenüber dem Dezember 1995 einen
leichten Anstieg um 2,9 %. Gegenüber dem Dezember des Jahres 2000 sank die
Anzahl jedoch um 52,1 %. Am 30. November 2011 waren es 148 Jugendstraf-

gefangene,[96] nach 182 im November 2010, was einem erneuten Rückgang um 18,7 % entspricht.

Die Entwicklung der Anzahl der Strafgefangenen (Freiheitsstrafe und Jugendstrafe einzeln) in Brandenburg von 2001 bis 2010 berechnet auf Basis der monatlichen Gefangenenbestandszahlen

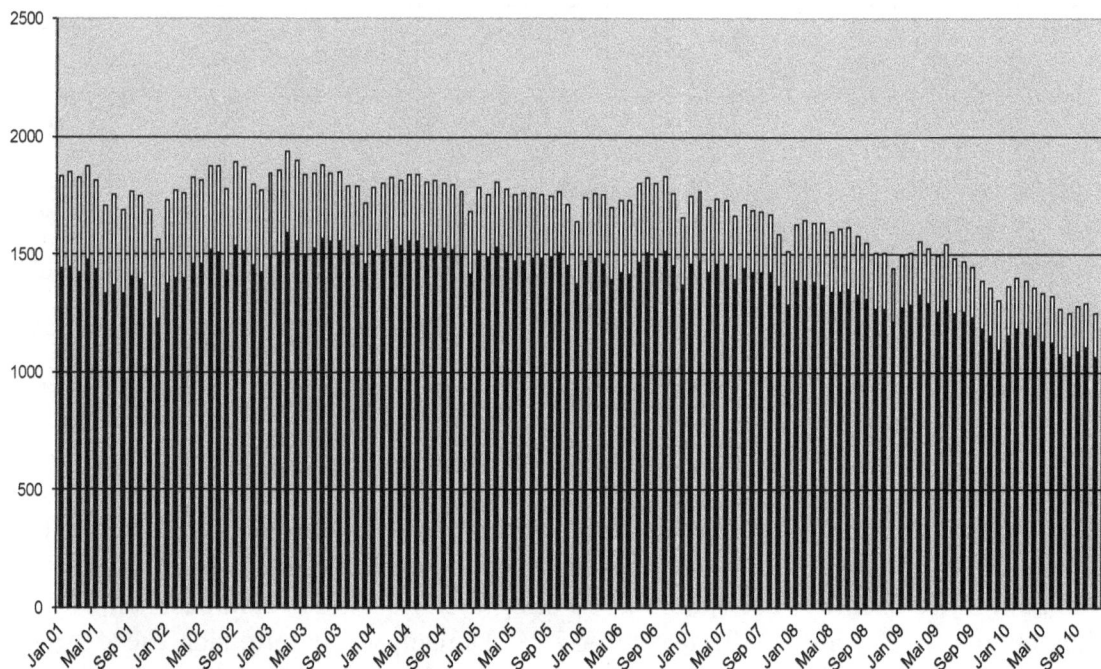

Cornel, ASH Berlin, August 2011

Brandenburg Schaubild 1b

Brandenburg hatte 1996 mit 29,5 % eine Strafrestaussetzungsquote, die im Jahresdurchschnitt unter dem Bundesdurchschnitt lag. Danach stieg sie auf regelmäßig über 36 % und lag somit in den Jahren nach der Gesetzesänderung von 1998 um durchschnittlich 5 % höher als in den zwei Jahren vor der Reform. Im Einzelnen waren es 1997 37,5 %, 1998 36,0 %, 1999 sogar 41,5 %, im Jahr 2000 36,9 % und im Jahr 2001 38,8 %. In den Folgejahren sank die Quote dann aber auf etwa 30 % und erst im Jahr 2007 war ein Anstieg auf über 35 % zu beobachten. Seither sinkt die Quote wieder auf zuletzt 27,2 %, blieb dabei aber immer oberhalb des Jahresdurchschnitts des Bundes. Seit 1997 war die Quote mit Ausnahme des Jahres 2002 immer höher als der Bundesdurchschnitt. Betrachtet man die monatlichen Werte, so schwankten diese zwischen 17,6 % im Januar 1997 und 69,2 % im August 2001.

---

[96] Keine einzige dieser Jugendstrafgefangenen Brandenburgs war weiblich.

Im Durchschnitt der letzten 15 Jahre lag sie bei 33,6 %. Ein eindeutiger Trend ist nicht zu beobachten – allerdings weisen die letzten Jahre etwas nach unten.

Die Entwicklung der Strafrestaussetzungsquoten gem. StGB und JGG in Brandenburg von 1996 bis 2010 berechnet auf Basis der monatlichen Gefangenenbestandszahlen

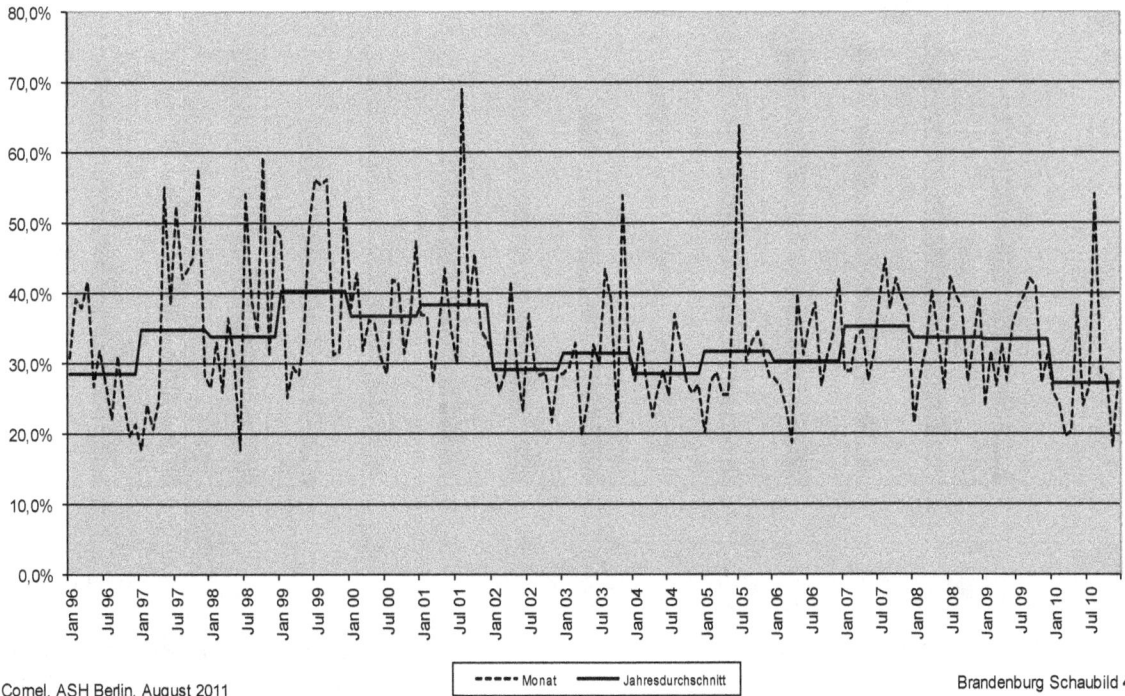

Cornel, ASH Berlin, August 2011

┄┄ Monat ▬▬ Jahresdurchschnitt

Brandenburg Schaubild 4

Die Entwicklung der Strafrestaussetzungsquoten gem. StGB und JGG in Brandenburg (jeweils Jahresdurchschnitt) im Vergleich zu den Quoten im Bundesdurchschnitt von 1996 bis 2010 berechnet auf Basis der monatlichen Gefangenenbestandszahlen

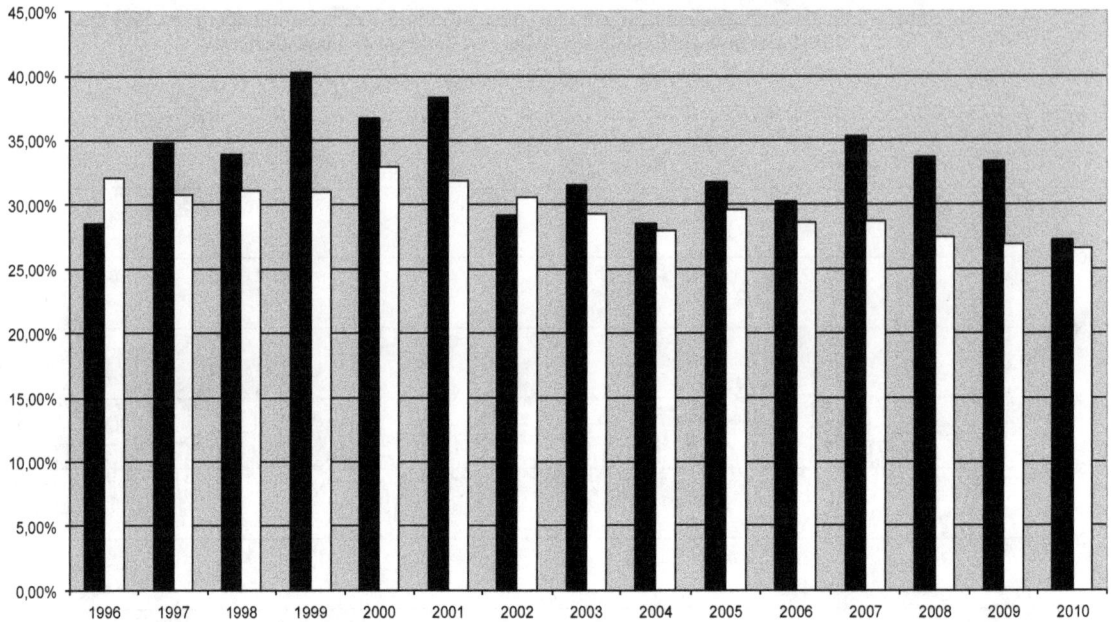

Cornel, ASH Berlin, Februar 2012 ■Brandenburg □BRD Brandenburg Schaubild 7

Die Höhe der Strafrestaussetzungsquote korrespondiert deutlich mit dem Anteil der Haftplätze, die zur Vollstreckung von Ersatzfreiheitsstrafen genutzt werden. Während dieser Anteil in den Jahren 1996 bis 1998 hoch war (9,2 % bis 9,7 % im Jahresdurchschnitt), war der Anteil der vorzeitigen Entlassungen niedrig. Die erfolgreiche Senkung des Anteils der Ersatzfreiheitsstrafenvollstreckungen insbesondere durch Angebote zur gemeinnützigen Arbeit in den Jahren 1999 bis 2001 (5,1% bis 7,2 %) führte zu besonders hohen Strafrestaussetzungsquoten zwischen 36,7% und 40,3 %. Dann stieg der Anteil der Ersatzfreiheitsstrafenvollstreckungen wieder und die Strafrestaussetzungsquoten sanken in den Jahren ab 2002. Im Jahr 2007 konnte der Anteil nochmals auf 6,7 % der belegten Haftplätze gesenkt werden und dies war zugleich das Jahr der höchsten Strafrestaussetzungsquote in den letzten 10 Jahren. Allerdings sind Schwankungen beider Quoten nicht extrem hoch – es lassen sich also nur gewisse Effekte erklären.

**Die Entwicklung der Vollstreckung von Ersatzfreiheitsstrafen in Brandenburg von 1996 bis 2010
berechnet auf Basis der monatlichen Gefangenenbestandszahlen**

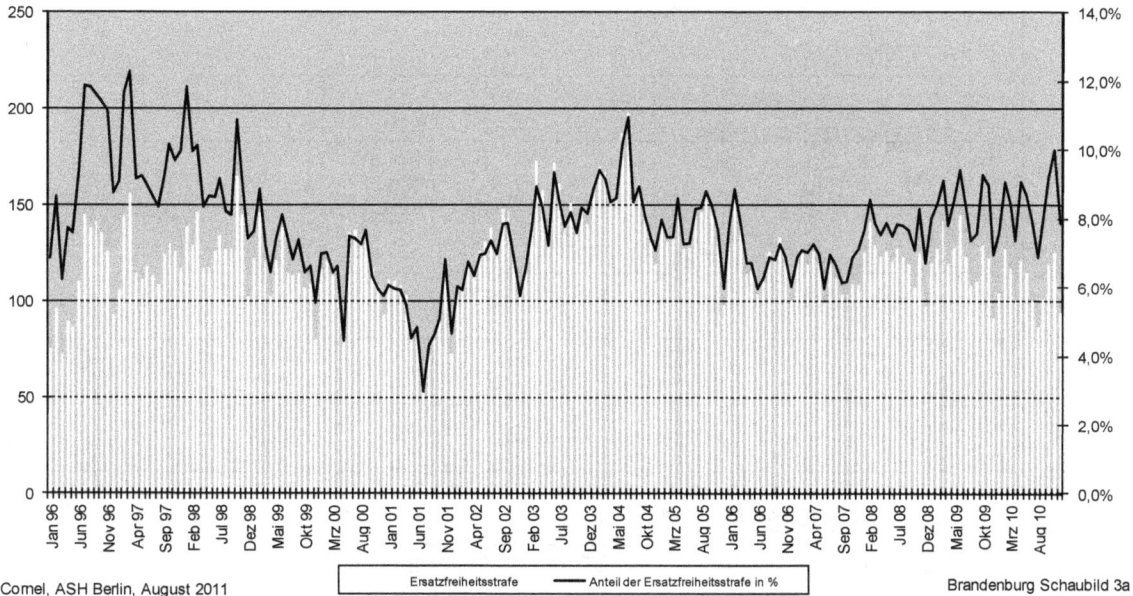

Cornel, ASH Berlin, August 2011   Ersatzfreiheitsstrafe ——— Anteil der Ersatzfreiheitsstrafe in %   Brandenburg Schaubild 3a

Im Durchschnitt der letzten 15 Jahre betrug der Anteil der Haftplätze in Brandenburg, die mit Personen belegt waren, die eigentlich zu Geldstrafen verurteilt waren
7,8 % – das waren im Mittelwert immerhin 122,75 Plätze (im Jahr 2010 109 Plätze).

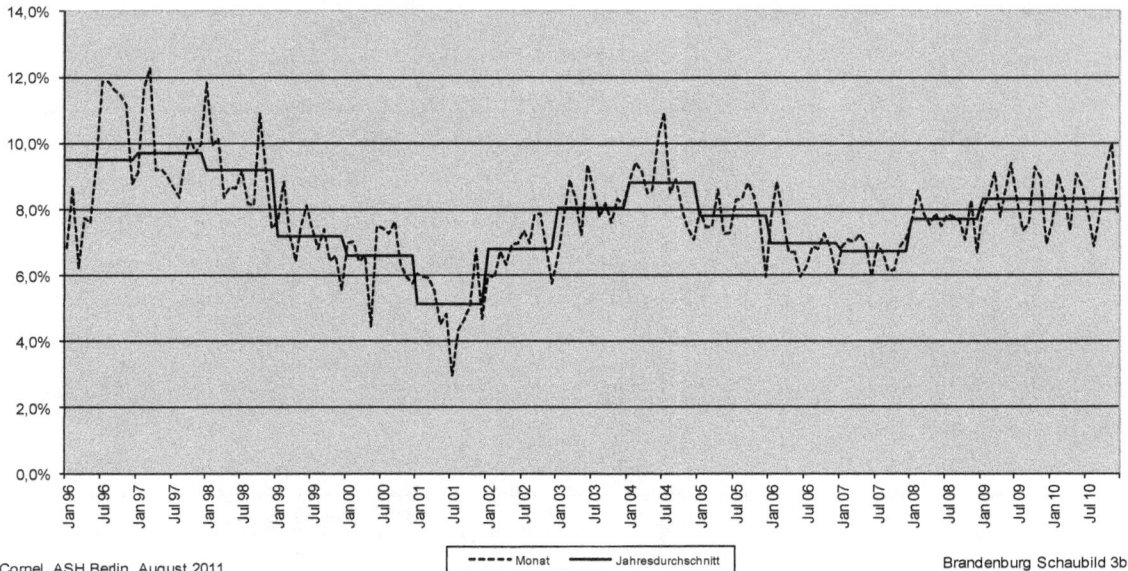

Cornel, ASH Berlin, August 2011   ----- Monat   —— Jahresdurchschnitt   Brandenburg Schaubild 3b

Betrachtet man sich den Anteil der Strafreste, die auf dem Gnadenweg ausgesetzt wurden, so sind dort – nicht nur bei den Monatswerten, was niemand überraschen könnte – heftige Schwankungen zu sehen. Der bei weitem niedrigste Wert ist 1996 mit 1,8 % – bezogen auf die Gefangenen, die nach Erreichen des Strafendes entlassen werden – zu verzeichnen. 1997 schnellte der Anteil auf 8,2 %. 1998 waren es 5,4 %, 1999 3,8 %, im Jahr 2000 6,4 % und im Jahr 2001 8,5 %. Auch in den Folgejahren schwankten die Jahresdurchschnittswerte meist zwischen 4 und 5 % – 2008 war der Wert dann besonders gering (2,6 %) und 2 Jahre später mit 7,4 % besonders hoch. Der Durchschnitt der letzten 15 Jahre lag bei 5,3 %.

Die Entwicklung des Anteils der Aussetzungen im Wege der Gnade in Brandenburg von 1996 bis 2010 berechnet auf Basis der monatlichen Gefangenenbestandszahlen

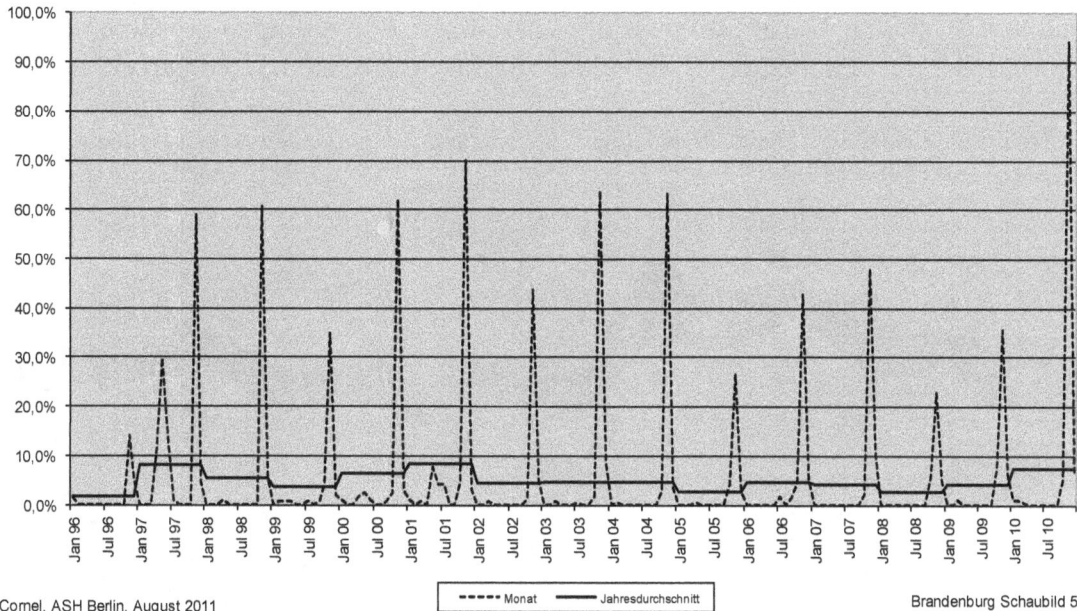

- - - - Monat   —— Jahresdurchschnitt

Brandenburg Schaubild 5a

Die Entwicklung des Anteils der Aussetzungen im Wege der Gnade in Brandenburg von 1996 bis 2010 berechnet auf Basis der Jahresdurchschnitte der monatlichen Gefangenenbestandszahlen

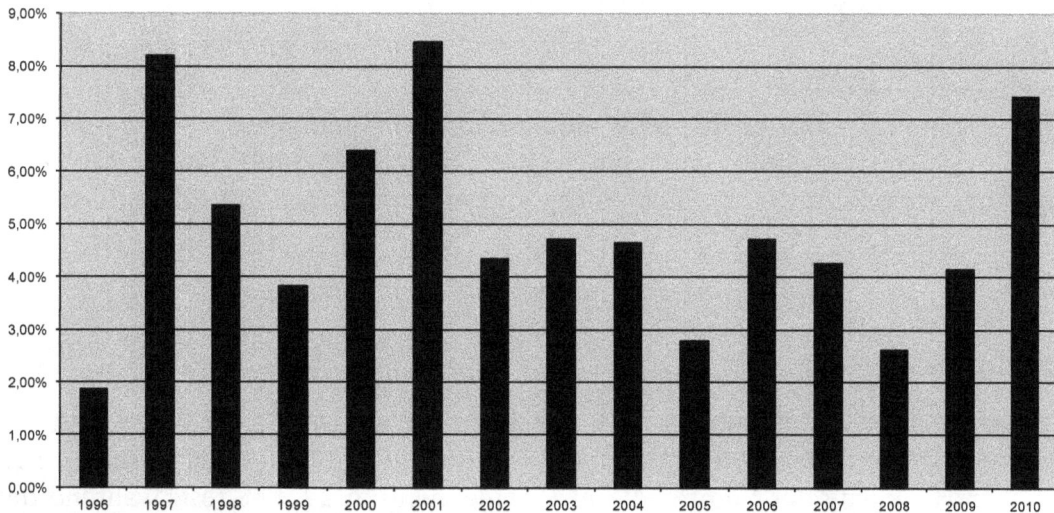

Brandenburg Schaubild 5b

Ein Trend lässt sich daraus hinsichtlich der vorzeitigen Entlassungen auf dem Gnadenweg nicht ersehen. Interessant ist aber, dass die Addition beider Wege der Strafrestaussetzung in den letzten 15 Jahren jeweils zu Quoten zwischen 30,3 % und 46,8 % führte. Diese Summen der vorzeitigen Entlassungen ergeben letztlich das Bild, dass in den letzten 8 Jahren häufiger bis zum Strafende vollstreckt wird.

Die Entwicklung der Strafrestaussetzungsquoten gem. StGB und JGG sowie im Wege der Gnade in Brandenburg von 1996 bis 2010 berechnet auf Basis der Jahresdurchschnitte der monatlichen Gefangenenbestandszahlen

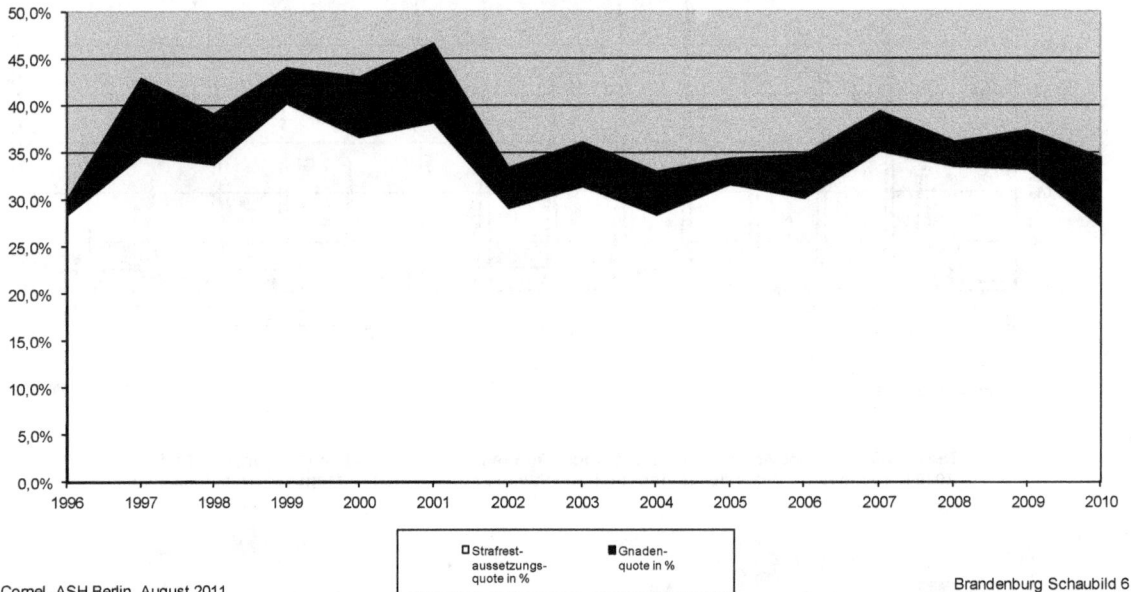

Cornel, ASH Berlin, August 2011 — Brandenburg Schaubild 6

Im Durchschnitt der letzten 15 Jahre wurden 38,9 % Gefangene, bezogen auf diejenigen, die zum Strafende entlassen wurden, vorzeitig durch die Strafvollstreckungskammer oder auf dem Gnadenweg entlassen. Bezogen auf alle entlassenen Gefangenen sind das 28,0 %.

3.2.5 Bremen

Vergleicht man die Belegungszahlen aus Untersuchungshaft, Freiheits- und Jugendstrafe Bremens von 1995 mit denen aus dem Jahr 2010, so stellt man einen deutlichen Rückgang der Summe dieser Gefangenen um 27,9 % fest, während die vergleichbare Entwicklung im Bund einen Anstieg von 4,2 % ausweist. Nur Baden-Württemberg, Brandenburg, Berlin und Hamburg verzeichneten ebenfalls einen Rückgang.

Wie in allen Bundesländern war auch in Bremen der Rückgang der Belegung in den Untersuchungshaftanstalten am deutlichsten, nämlich um 43,5 % gegenüber 1995 und um 46,4 % gegenüber dem Jahr 2000. Im November 2011 betrug die Belegung im Bremer Untersuchungshaftvollzug 76 (davon 2 Frauen) und lag damit exakt auf dem gleichen Niveau wie im Vorjahresmonat.

Die Entwicklung der Belegung des Justizvollzugsanstalten und insb. der Untersuchungshaftanstalten in Bremen von 2001 bis 2010 auf Basis der monatlichen Gefangenenbestandszahlen

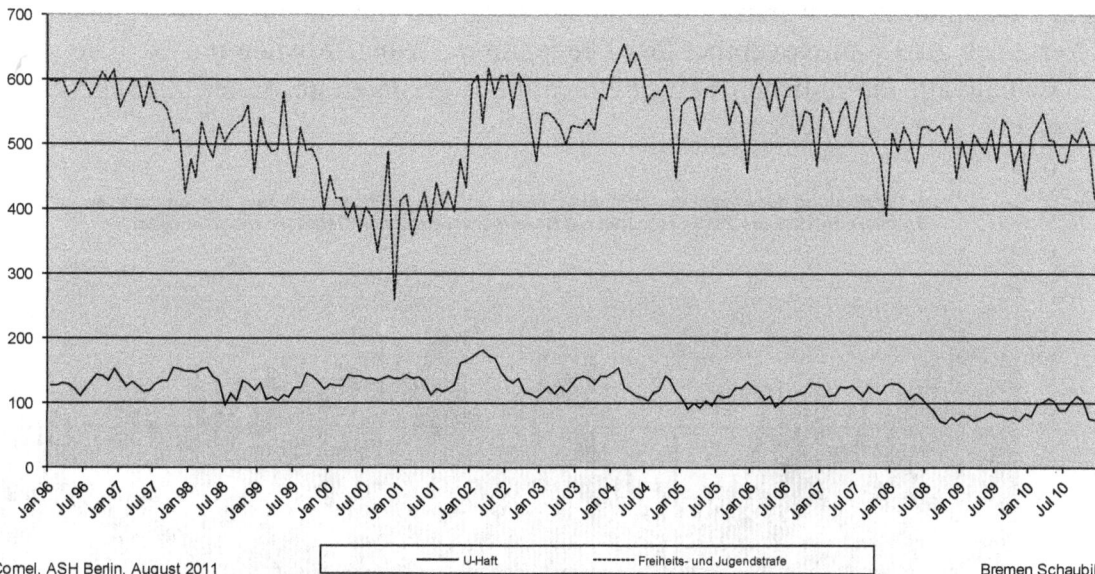

Cornel, ASH Berlin, August 2011   —— U-Haft   ------- Freiheits- und Jugendstrafe   Bremen Schaubild 2

In dieser Grafik ist mit Belegung nicht die Gesamtbelegung aller physisch anwesenden Häftlinge einschließlich der Sicherungsverwahrten und Abschiebegefangenen gemeint, sondern es sind nur die Untersuchungshaft-, Straf- und Jugendstrafgefangenen erfasst.

Die Anzahl der erwachsenen Strafgefangenen ist in Bremen zwischen dem 31.12.1995 und Ende Dezember 2010 um 26,5 % gesunken. Im Dezember 2000 war die Anzahl der erwachsenen Strafgefangenen jedoch noch deutlich geringer und hatte mit 166 einen historischen Tiefstand erreicht. Mit 383 erwachsenen Strafgefangenen im Dezember 2010 gab es in zehn Jahren einen Anstieg um 130,7 %. Im November 2011 waren es 460 Gefangene, allerdings sind diese Daten nicht direkt vergleichbar, weil sich im Dezember traditionell immer die niedrigste Belegung findet. Gegenüber den Vorjahreszahlen im November 2010 (467) war es ein leichter Rückgang um 1,5 %. Insgesamt fallen in Bremen die besonders heftigen Schwankungen der Belegungszahlen auf.

Auch die Anzahl der Jugendstrafgefangenen schwankte in Bremen in den letzten 15 Jahren stark. Gegenüber dem 31. Dezember 1995 stieg die Gesamtzahl der Jugendstrafgefangenen um 30,4 % (absolut + 7 Gefangene) auf insgesamt 30, gegenüber dem Jahr 2000 sank die Anzahl aber um 68,1 %. Die Bremer Entwicklung folgt somit dem Trend der Bundesdurchschnittszahlen mit dem extremen Wachstum während der zweiten Hälfte der Neunzigerjahre. In Bremen blieb die Anzahl der Jugendstrafgefangenen bis Mitte 2004 auf hohem Niveau, um dann schnell zu sinken und seither auf der Hälfte der vorherigen Anzahl zu stagnieren.

Im November 2011 waren es 43 Jugendstrafgefangene (davon keine weiblich). Im Vergleich zu 33 im November 2010 bedeutet das einen Anstieg um 30,3 %, wobei nochmals auf die üblichen Schwankungen bei geringen absoluten Zahlen verwiesen sei.

Die Entwicklung der Anzahl der Strafgefangenen (Summe: Freiheitsstrafe und Jugendstrafe) in Bremen von 1996 bis 2010 berechnet auf Basis der monatlichen Gefangenenbestandszahlen

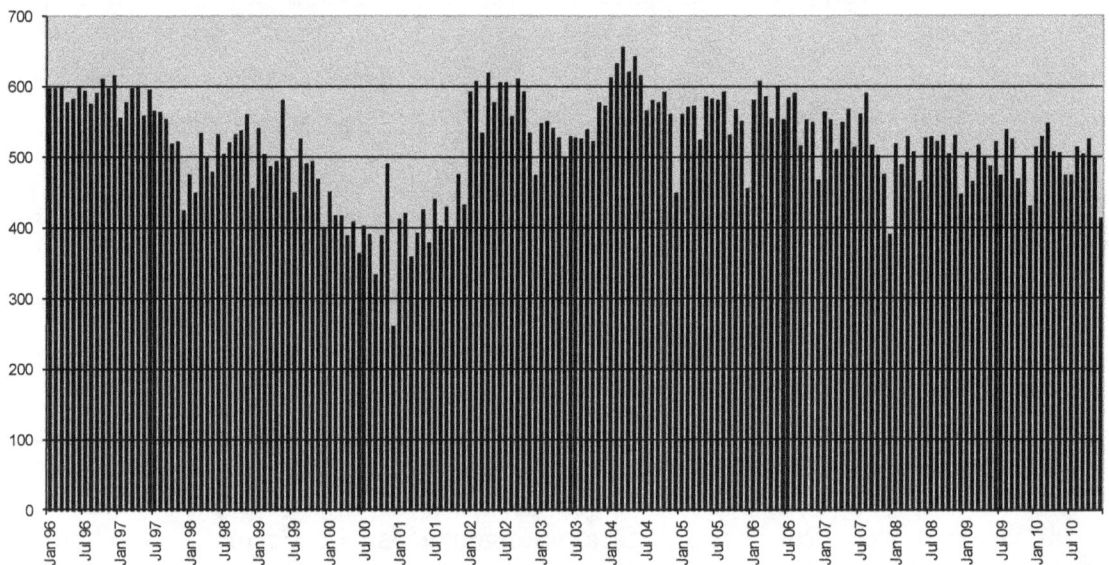

Cornel, ASH Berlin, August 2011   Bremen Schaubild 1a

Getrennte Daten für Jugendstrafgefangene und erwachsene Strafgefangene standen mit erst ab 2001 für Bremen zur Verfügung.

Die Entwicklung der Anzahl der Strafgefangenen (Freiheitsstrafe und Jugendstrafe einzeln) in Bremen von 2001 bis 2010 berechnet auf Basis der monatlichen Gefangenenbestandszahlen

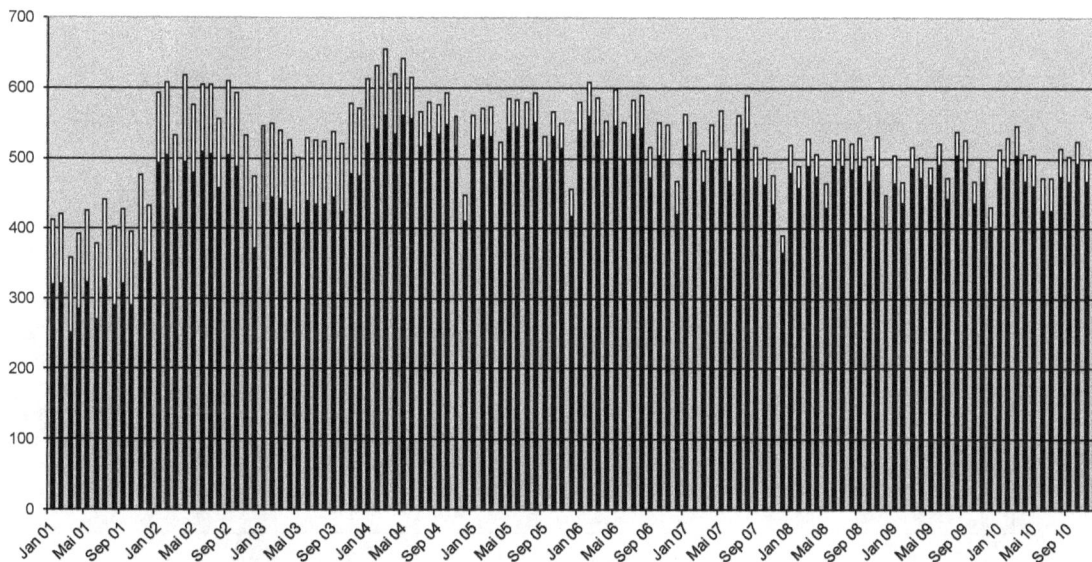

Cornel, ASH Berlin, August 2011

Bremen Schaubild 1b

Die monatlichen Strafrestaussetzungsquoten Bremens schwankten zwischen Januar 1996 und Dezember 2010 zwischen 6 % im Oktober 1996 und 59,4 % im November 2001.

Die Entwicklung der Strafrestaussetzungsquoten gem. StGB und JGG in Bremen von 1996 bis 2010 berechnet auf Basis der monatlichen Gefangenenbestandszahlen

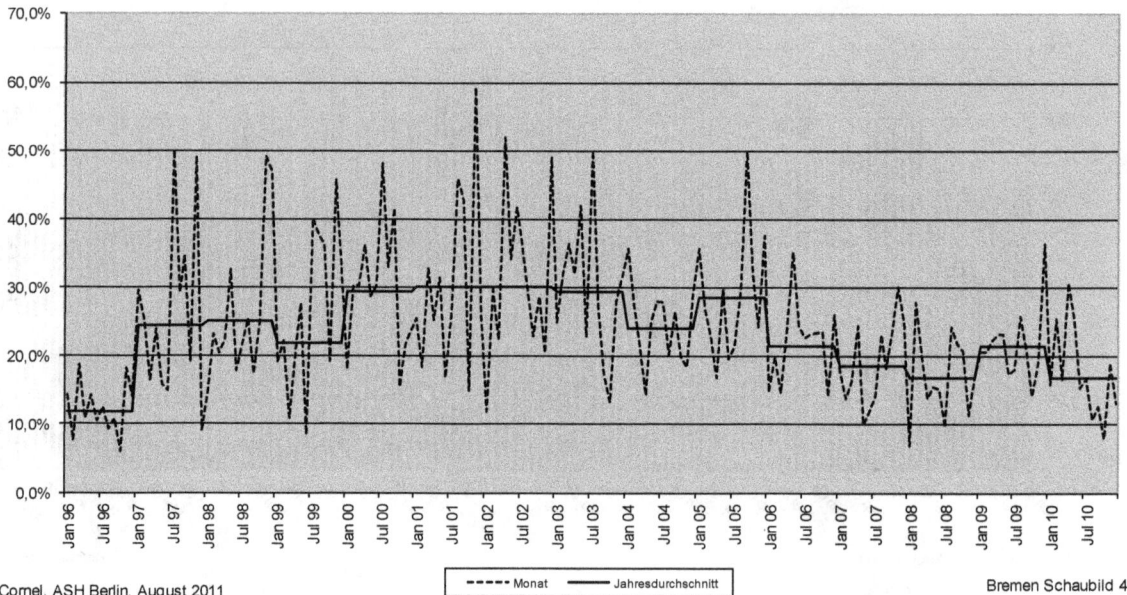

Cornel, ASH Berlin, August 2011   ----- Monat   —— Jahresdurchschnitt   Bremen Schaubild 4

Im Jahresdurchschnitt schwankten die Strafrestaussetzungsquoten Bremens zwischen 11,9 % (1996) und 30,1 % (2001). Nachdem die Quote bis 2005 deutlich gestiegen war, wenn sie auch noch weit unter dem Bundesdurchschnitt weilte, sank sie seither wieder auf Werte um die 20 %-Marke – zuletzt sogar deutlich darunter (16,9 %). Im Durchschnitt der letzten 15 Jahre betrug die Strafrestaussetzungsquote 24,3 % und lag damit ebenfalls deutlich unter dem Bundesdurchschnitt von 30,0 %. Einen Zusammenhang mit der Gesetzesänderung von 1998 kann man gleichwohl nicht erkennen, da die höchsten Jahresdurchschnittswerte danach erreicht wurden und der Rückgang erst acht Jahre später einsetzte.

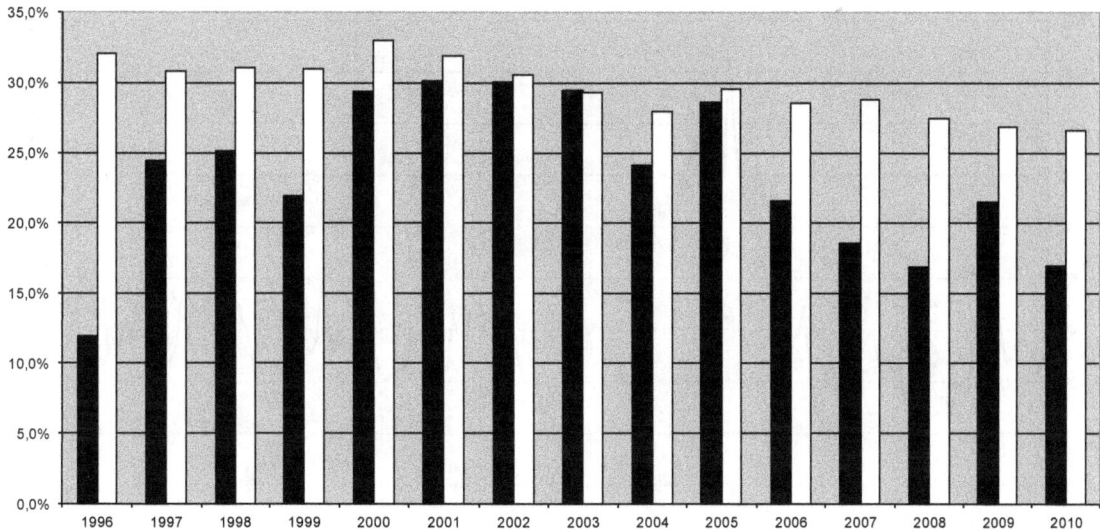

Cornel, ASH Berlin, Februar 2012   ■ Bremen □ BRD   Bremen Schaubild 7

Es wurde bereits mehrfach darauf hingewiesen, dass die Anzahl der Haftplätze, die
mit Personen belegt sind, an denen Ersatzfreiheitsstrafen vollstreckt werden, für die
Höhe der Strafrestaussetzungsquote eine bedeutende Rolle spielt, weil diese Strafen nie durch die Strafvollstreckungskammern vorzeitig zur Bewährung ausgesetzt
werden und weil sie durch die hohe Fluktuation bei den Haftentlassungen überproportional stark vertreten sind.

In Bremen schwankte der Anteil dieser so besetzten Haftplätze zwischen 5,7 % im
Mai 1999 und 27,9 % im September 2000, also nur 16 Monate später. In den späten
Neunziger Jahren schwankte der Anteil der Haftplätze, auf denen Ersatzfreiheitsstrafen vollstreckt wurden um die 10 % um dann auf über 20 % einzusteigen. 2002
konnte man den Anteil fast halbieren, was aber nicht nur durch das Senken der
Anzahl der vollstreckten Ersatzfreiheitsstrafen erreicht wurde, sondern auch durch
das Anwachsen der Belegung insgesamt. Seither steigt der Anteil langsam auf zuletzt 14,2 % im Jahr 2010 an.[97] Erstaunlicherweise lag der Anteil der Ersatzfreiheitsstrafer in den Jahren 2000 und 2001 besonders hoch und zugleich gab es auch
eine hohe Strafrestaussetzungsquote.

---

[97] Mit absoluten durchschnittlichen Belegungszahlen von 2006: 66, 2007: 66, 2008: 67, 2009: 66
      und 2010: 71 bleibt die Anzahl der Plätze zur Vollstreckung von Ersatzfreiheitsstrafen aber letzt-
      lich doch recht konstant.

Die Entwicklung der Vollstreckung von Ersatzfreiheitsstrafen in Bremen von 1996 bis 2010
berechnet auf Basis der monatlichen Gefangenenbestandszahlen

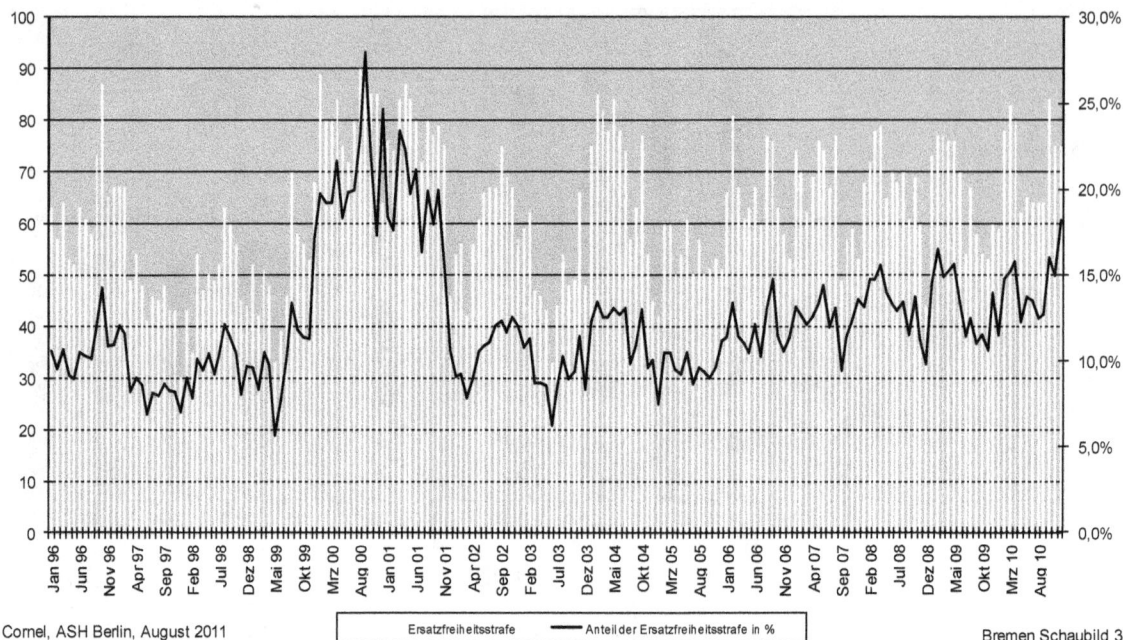

Cornel, ASH Berlin, August 2011 | Ersatzfreiheitsstrafe — Anteil der Ersatzfreiheitsstrafe in % | Bremen Schaubild 3a

Im Durchschnitt der letzten 15 Jahre waren auf 12,4 % der im Strafvollzug[98] beleg-ten Haftplätze Personen untergebracht, die eigentlich zu Geldstrafen verurteilt worden waren.

---

[98] Die Quote bezieht sich genau genommen auf alle Straf- und Jugendstrafgefangenen, wobei natür-lich Ersatzfreiheitsstrafen nur im Erwachsenenvollzug vollstreckt werden.

Die Entwicklung des Anteils der Vollstreckung von Ersatzfreiheitsstrafen in Bremen von 1996 bis 2010 berechnet auf Basis der monatlichen Gefangenenbestandszahlen

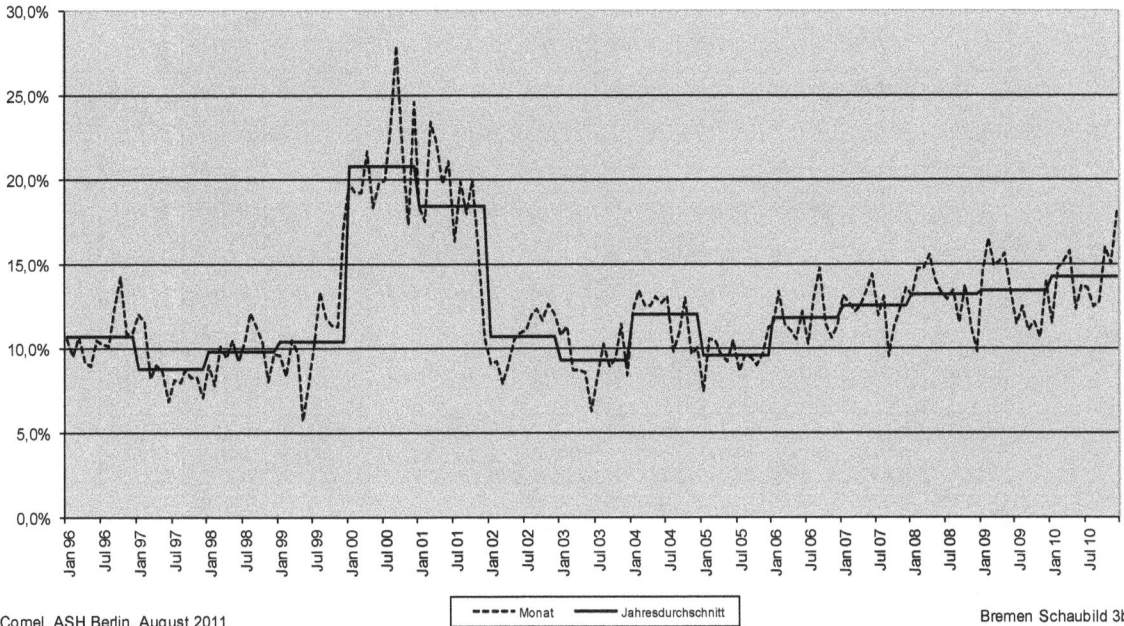

Comel, ASH Berlin, August 2011

┄┄┄ Monat ─── Jahresdurchschnitt

Bremen Schaubild 3b

Bremen hat eine lange Tradition der so genannten Weihnachtsamnestien, die den Anteil der vorzeitigen Entlassungen auf dem Gnadenweg meist im November auf bis zu 66,7 % (1997) im Verhältnis zu denen bei Erreichung des Strafendes entlassenen Gefangenen ansteigen ließen. Ansonsten sind Entlassungen auf dem Gnadenweg eher selten.

Die Entwicklung des Anteils der Aussetzungen im Wege der Gnade in Bremen von 1996 bis 2010 berechnet auf Basis der monatlichen Gefangenenbestandszahlen

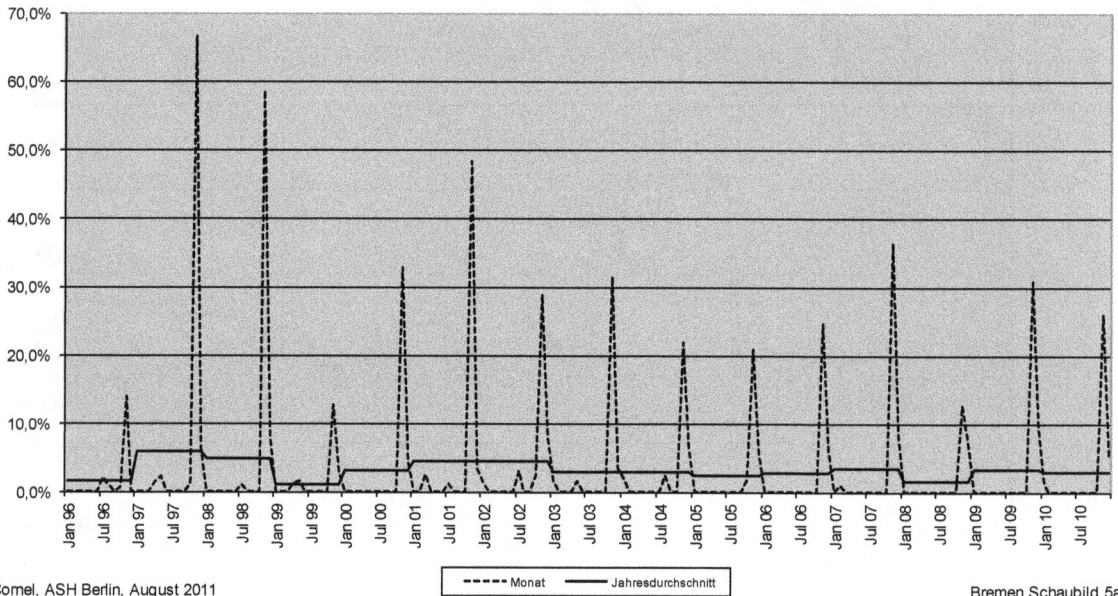

Cornel, ASH Berlin, August 2011   - - - - - Monat   —— Jahresdurchschnitt   Bremen Schaubild 5a

Hinsichtlich der Jahresdurchschnitte lässt sich kein klarer Trend erkennen – während es in den Neunziger Jahren noch starke Schwankungen zwischen 1,1 % und 5,8 % gab, pendelte die Quote in den letzten 10 Jahren meist um die 3 % mit 2 Ausreißern nach oben in den Jahren 2001 und 2002 mit jeweils 4,5 % und einem Ausreißer nach unten im Jahr 2008 mit 1,7 %. Man muss bedenken, dass die absoluten Zahlen in Bremen insgesamt verhältnismäßig klein sind – im Jahr 2010 wurden in Bremen insgesamt 24 Personen auf dem Gnadenweg entlassen.

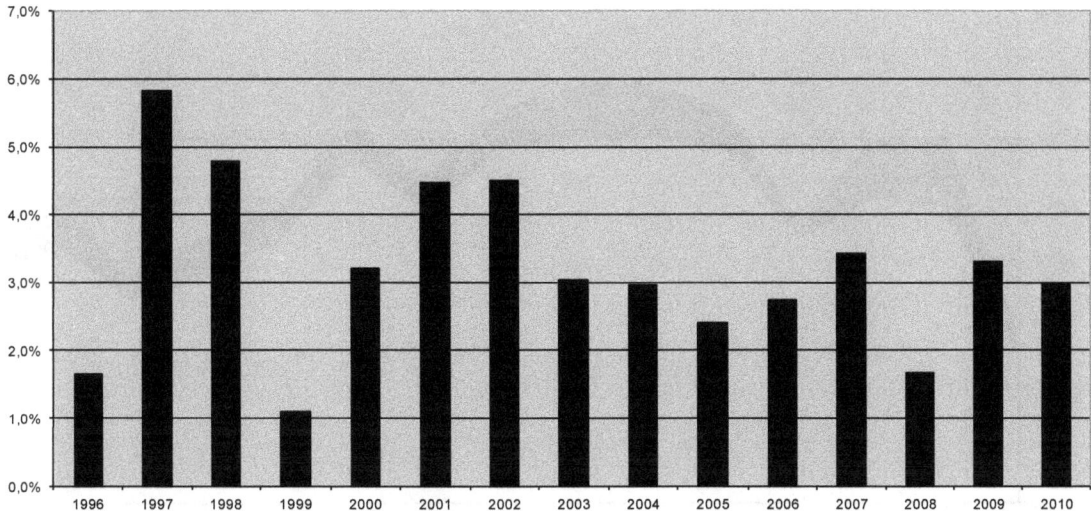

Comel, ASH Berlin, August 2011

Bremen Schaubild 5b

Addiert man die vorzeitigen Entlassungen durch die Strafvollstreckungskammern und auf dem Weg der Gnade, so zeigt sich für Bremen, dass im Durchschnitt der letzten 15 Jahre insgesamt auf vier Gefangene, die zum Strafende die Anstalt verlassen, einer vorzeitig entlassen wird – oder anders ausgedrückt etwa jeder fünfte Gefangene die Anstalt vorzeitig verlässt. Im Jahr 2010 war das sogar nur jeder sechste. Das Schaubild Bremen 6 weist deutlich einen Rückgang aus, wobei der Trend etwa vor fünf Jahren einsetzte.

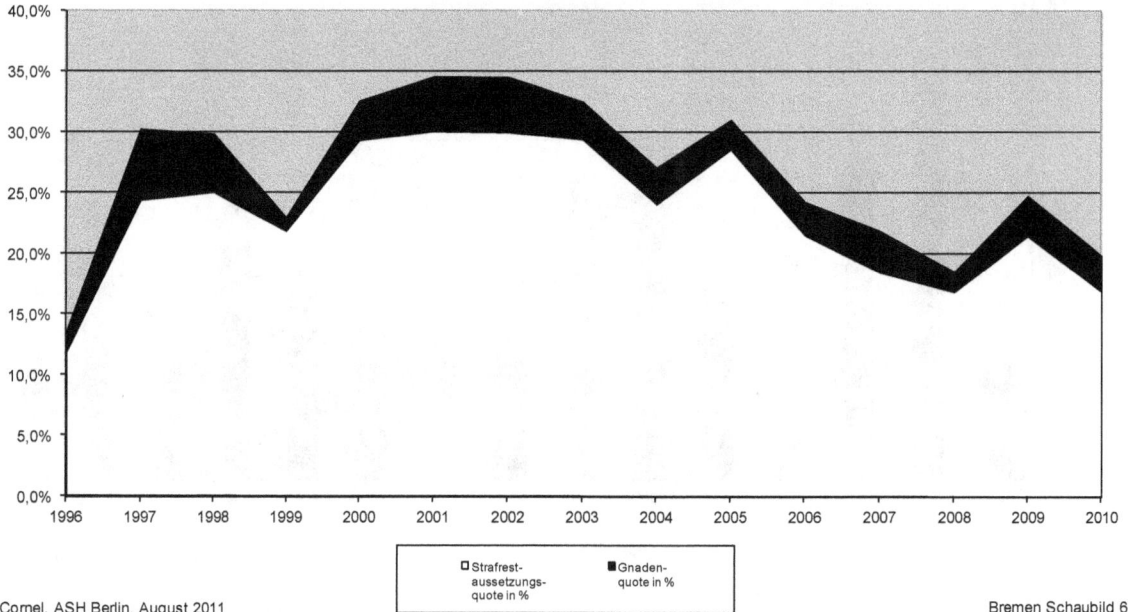

Cornel, ASH Berlin, August 2011   Bremen Schaubild 6

3.2.6 Hamburg

Vergleicht man die Belegungszahlen aus Untersuchungshaft, Freiheits- und Jugendstrafe Hamburgs von 1995 mit denen aus dem Jahr 2010 so stellt man einen Rückgang der Summe dieser Gefangenen um 30,8 % fest – der stärkste Rückgang unter allen Bundesländern. Im gleichen Zeitraum gab es im Bund ein Anstieg von 4,2 %. Nur Baden-Württemberg, Brandenburg, Berlin und Bremen verzeichneten ebenfalls einen deutlichen Rückgang.

Wie in allen Bundesländern war auch in Hamburg der Rückgang der Belegung in den Untersuchungshaftanstalten am deutlichsten, nämlich um 49,7 % gegenüber 1995 und um 34,1 % gegenüber dem Jahr 2000. Im November 2011 lag die Belegung im Hamburger Untersuchungshaftvollzug bei 358, hatte sich also gegenüber dem Vorjahresvergleichsmonat (388) nochmals um 7,7 % reduziert.

Die Entwicklung der Belegung der Justizvollzugsanstalten und insb. der Untersuchungshaftanstalten in Hamburg von 1999 bis 2010 auf Basis der monatlichen Gefangenenbestandszahlen

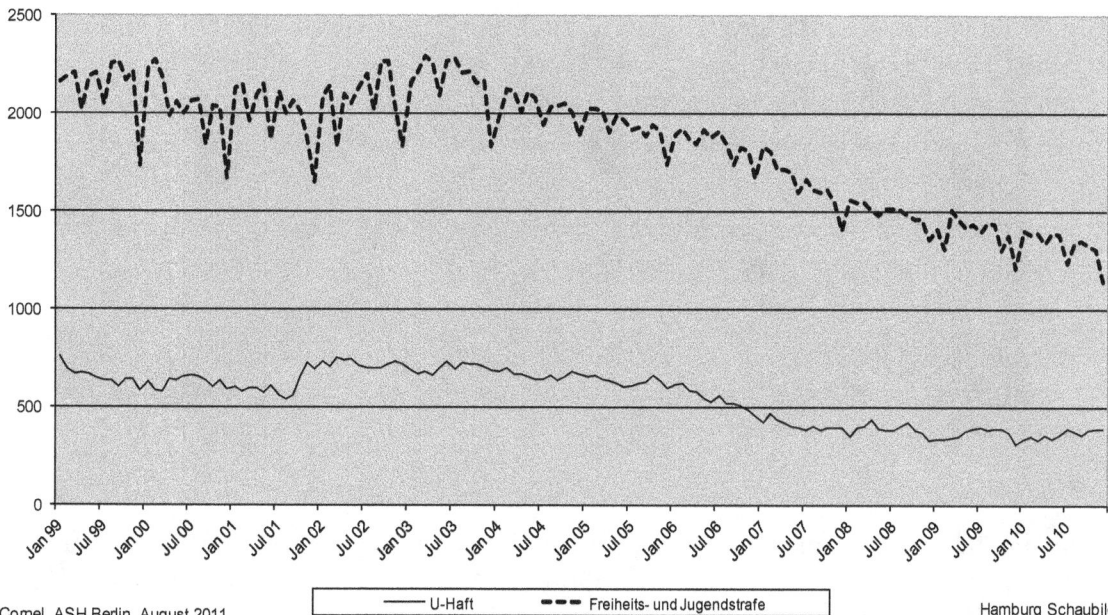

Comel, ASH Berlin, August 2011 — U-Haft — Freiheits- und Jugendstrafe — Hamburg Schaubild 2

Die Anzahl der erwachsenen Strafgefangenen ist in Hamburg zwischen 1995 und 2010 um 23,9 % zurückgegangen und seit dem Jahr 2000 sogar um 32,8 % auf 1063 Strafgefangene am 31.12.2010. Die Entwicklung der Hamburger Gefangenenzahl unterscheidet sich damit deutlich von der Entwicklung im Bund, wo es seit 1995 einen Anstieg um 31,7 % gab.

Am 30. November 2011 waren es 1207 Gefangene im Erwachsenenstrafvollzug, allerdings sind diese Daten wie bereits mehrfach vermerkt nicht direkt vergleichbar, weil sich im Dezember traditionell immer die niedrigste Belegung des Jahres findet. Gegenüber den Vorjahreszahlen im November (1222) war es eine geringfügige Reduzierung um 1,2 %.

Die Entwicklung der Anzahl der Strafgefangenen (Summe: Freiheitsstrafe und Jugendstrafe) in Hamburg von 1996 bis 2010 berechnet auf Basis der monatlichen Gefangenenbestandszahlen

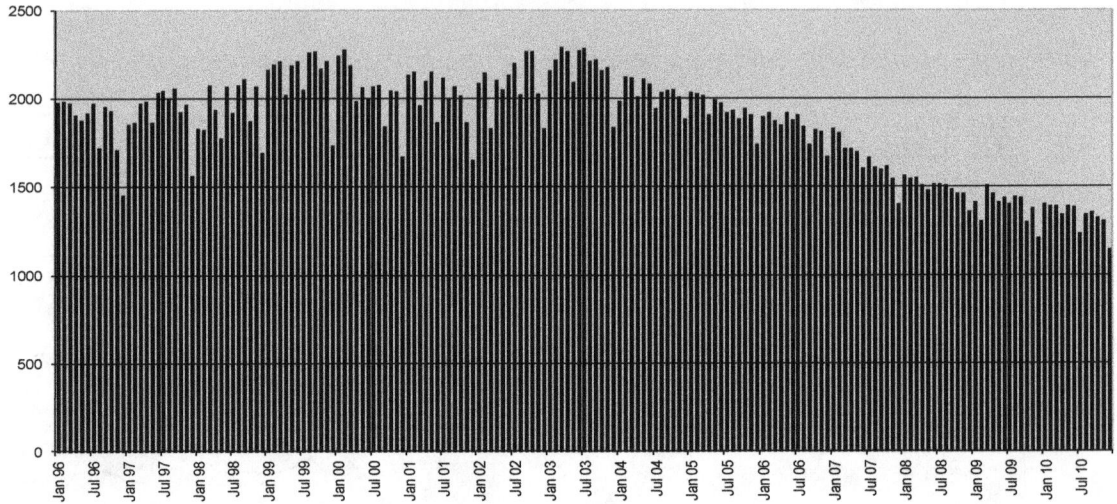

Cornel, ASH Berlin, August 2011

Hamburg Schaubild 1a

Für die Jahre 1996 bis 2000 stand mir nur die Summe aus Jugend- und Freiheitsstrafe zur Verfügung – deshalb zwei Grafiken, damit zumindest ab 2001 die Daten des Jugendstrafvollzugs und Erwachsenenvollzugs einzeln abgelesen werden können.

Die Entwicklung der Anzahl der Strafgefangenen (Freiheitsstrafe und Jugendstrafe einzeln) in Hamburg von 2001 bis 2010 berechnet auf Basis der monatlichen Gefangenenbestandszahlen

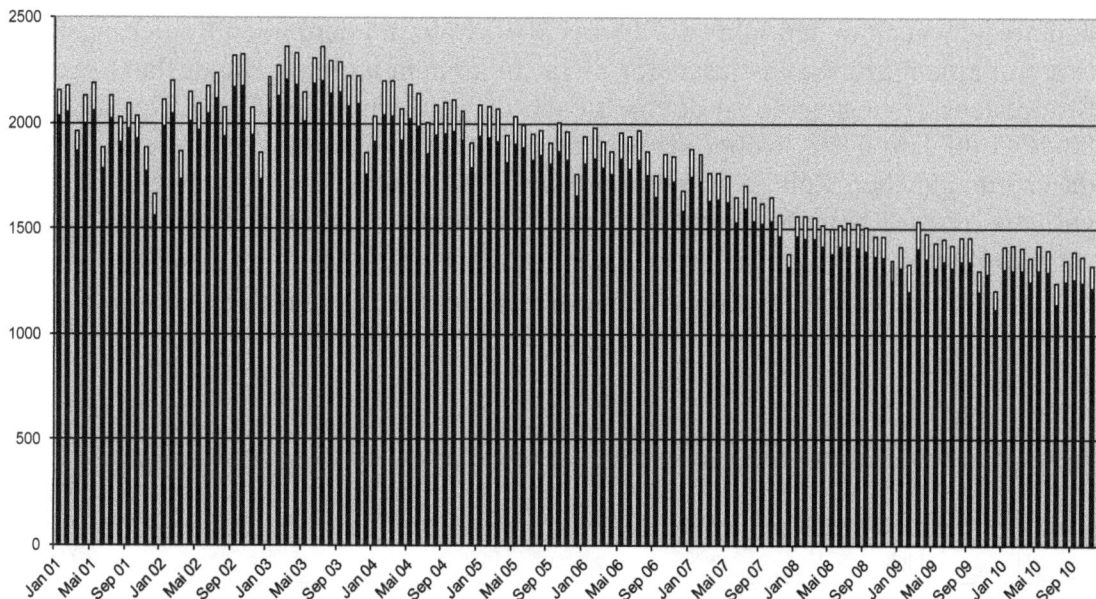

Die Entwicklung der Anzahl der Strafgefangenen (Freiheitsstrafe und Jugendstrafe einzeln) in Hamburg von 2001 bis 2010 berechnet auf Basis der monatlichen Gefangenenbestandszahlen

Cornel, ASH Berlin, August 2011

Hamburg Schaubild 1b

Die Anzahl der Jugendstrafgefangenen war 1995 besonders gering und stieg deshalb zwischen 1995 und 2010 um 97,4 %, verdoppelte sich also fast von 39 auf 77 Jugendstrafgefangene. Im Bund gab es in dieser Zeit einen Anstieg von 21,5 %. Gegenüber dem Jahr 2000 sank die Anzahl der Jugendstrafgefangenen um 9,4 %, also deutlich weniger als im Bund (18,7 %). Im November 2011, den letzten verfügbaren Belegungszahlen, betrug die Gefangenenanzahl im Jugendstrafvollzug 82 (davon eine weibliche Gefangene) – ein leichter Anstieg um 6,5 % gegenüber 77 im Vorjahresvergleichsmonat, der aber angesichts der geringen absoluten Anzahl im Bereich üblicher Schwankungen bleibt.

In Hamburg schwankte die Strafrestaussetzungsquote in den letzten 15 Jahren zwischen 13,0 % (April 2004) und 94,6 % (November 1997) bezogen auf einzelne Monate und lag im Durchschnitt bei 36,2 %, also deutlich über dem Bundesdurchschnitt. Allerdings gab es in Hamburg auch hinsichtlich der Jahresdurchschnittswerte Veränderungen wie in keinem anderen Land (Durchschnittswerte zwischen 62,9 % 1997 und 23,5 % im Jahr 2002) und gewünschte, im Zentrum der politischen Auseinandersetzung stehende kriminalpolitische Wechsel. In den Jahren vor der Gesetzesänderung vom 28. Januar 1998 betrug der Jahresdurchschnitt der Hamburger Strafrestaussetzungsquote 56,1 %, in den Jahren 1998 bis 2001 mit

41,5 % deutlich weniger (aber immer noch deutlich über dem Bundesdurchschnitt) und nach der Regierungsübernahme durch die Koalition der CDU mit FDP und der rechten so genannten Schill-Partei sank sie auf 29,4 %. Dieser niedrige Wert veränderte sich auch in den Jahren 2008 bis 2010 während der neuen Regierungskoalition mit einem grünen Justizsenator nicht. In keinem anderen Bundesland sank die Strafrestaussetzungsquote so deutlich nach der Änderung der §§ 57,57a StGB und 88 JGG im Jahr 1998, wobei schwer zu ermitteln bleibt, welche Rolle sie spielte, da es zur gleichen Zeit in Hamburg andere wichtige kriminalpolitische Diskurse gab, die letztlich beim Regierungswechsel im Oktober 2001 eine Rolle spielten.

Die Entwicklung der Strafrestaussetzungsquoten gem. StGB und JGG in Hamburg von 1996 bis 2010 berechnet auf Basis der monatlichen Gefangenenbestandszahlen

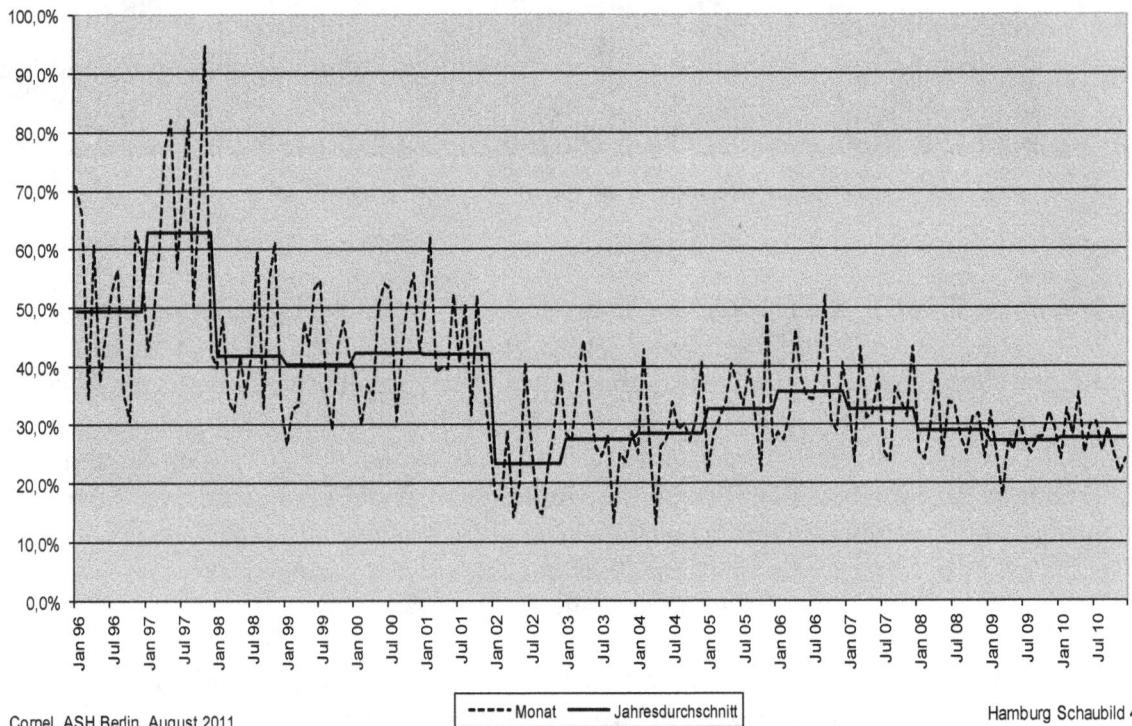

Cornel, ASH Berlin, August 2011   -----Monat ——Jahresdurchschnitt   Hamburg Schaubild 4

Das folgende Schaubild 7 mit dem Vergleich zu den Jahresdurchschnittswerten der Strafrestaussetzung zeigt die Effekte besonders deutlich. 1996 und 1997 lagen die Werte noch mit großem Abstand über denen des Bundes. Dann kam ein erster Einbruch auf Werte knapp über 40 %, die aber immer noch deutlich über dem Bundesdurchschnitt waren. Dann trat Roger Kusch sein Regierungsamt als Justizsenator an, die Quote rutschte sofort um fast 20 % ab und war nun erstmals (deutlich) unter dem Bundesdurchschnitt. Interessant ist sicherlich, dass die Jahresdurchschnittswerte dann unter dem gleichen Justizsenator sowie seinem Nachfolger von der gleichen Partei langsam wieder wuchsen und während der so genannten schwarz-grünen Koalition wieder leicht sanken, um sich dann zu stabilisieren.

Die Entwicklung der Strafrestaussetzungsquoten gem. StGB und JGG in Hamburg (jeweils Jahresdurchschnitt) im Vergleich zu den Strafrestaussetzungsquoten im Bundesdurchschnitt von 1996 bis 2010 berechnet auf Basis der monatlichen Gefangenenbestandszahlen

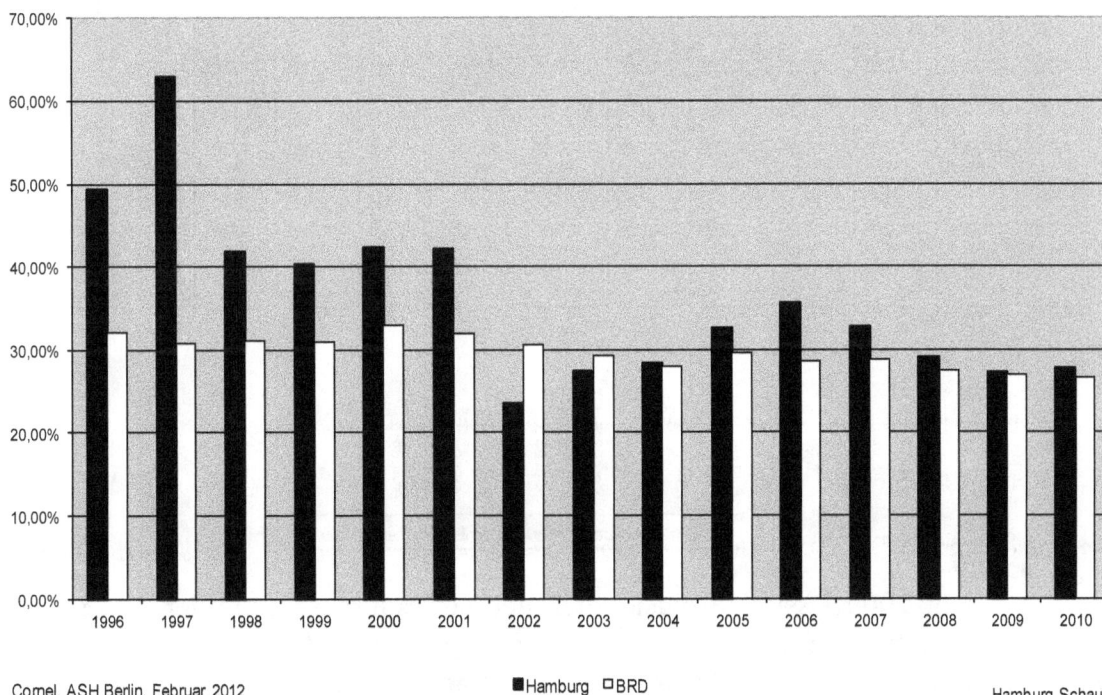

Cornel, ASH Berlin, Februar 2012   ■Hamburg □BRD   Hamburg Schaubild 7

Wie oben mehrfach ausgeführt, spielt die Anzahl der vollstreckten Ersatzfreiheitsstrafen beziehungsweise die zu diesem Zweck belegten Haftplätze eine wichtige Rolle für die Höhe der Strafrestaussetzungsquote. Die Schwankungen des Anteils der Haftplätze, auf denen Ersatzfreiheitsstrafen vollstreckt wurden, waren eher gering, nämlich bei den monatlichen Belegungszahlen 4,6 % im November 1996 und 9,8 % im Februar 2009. Im Jahresdurchschnitt waren es meist zwischen 5,6 % und 7,3 %, also recht konstant. Soweit sich die Jahresdurchschnittsquoten in den Jahren 2009 und 2010 auf mehr als 8 % erhöhten ist dies nicht auf viele Ersatzfreiheitsstrafen, sondern den sehr deutlichen Rückgang der sonstigen Freiheitsstrafenvollstreckungen als Bezugsgröße zurückzuführen. Im folgenden Schaubild 3a lässt sich das deutlich verfolgen.

**Die Entwicklung der Vollstreckung von Ersatzfreiheitsstrafen in Hamburg von 1996 bis 2010
berechnet auf Basis der monatlichen Gefangenenbestandszahlen**

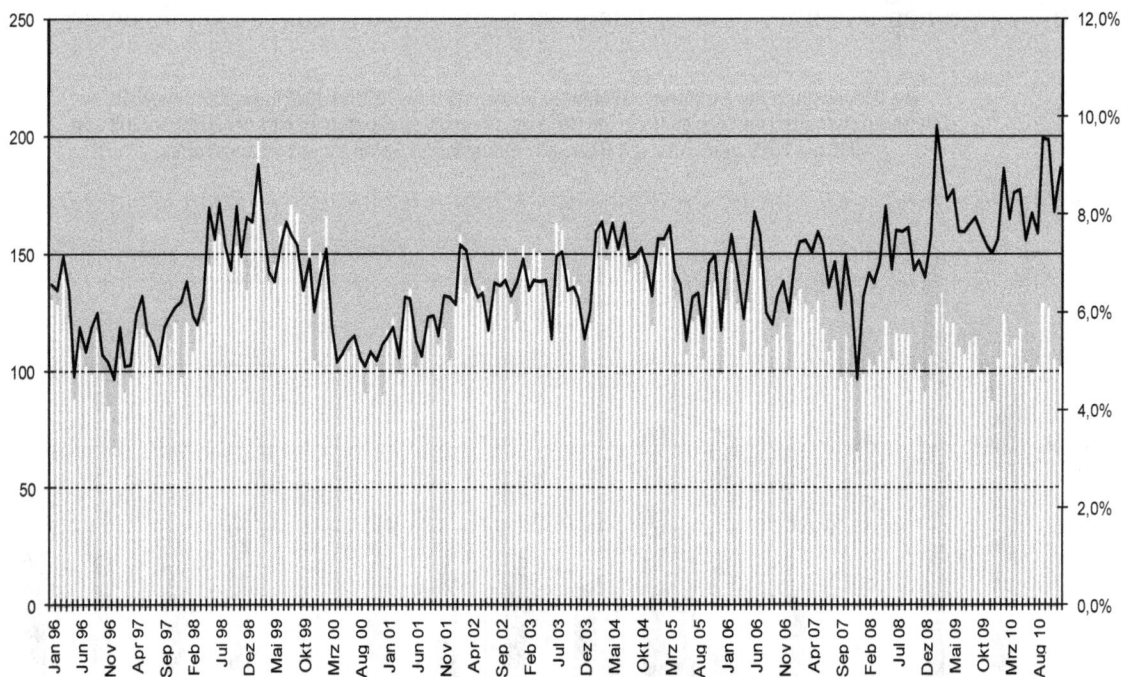

Cornel, ASH Berlin, August 2011

Ersatzfreiheitsstrafe ━━ Anteil der Ersatzfreiheitsstrafe in %

Hamburg Schaubild 3a

Seit dem Jahr 2000 lässt sich hinsichtlich der Jahresdurchschnitte der Anteile der Ersatzfreiheitsstrafer jedenfalls ein Anstieg verzeichnen. Gleichzeitig kann man feststellen, dass die Jahre 2004, 2009 und 2010 mit verhältnismäßig hohem Anteil von Personen, gegen die Ersatzfreiheitsstrafen vollstreckt wird, gleichzeitig Jahre sind mit niedrigen Strafrestaussetzungsquoten. In absoluten Zahlen wurden 2008 bis 2010 etwa ebenso viele Haftplätze zum Zwecke der Vollstreckung von Ersatzfreiheitsstrafen besetzt wie in den Jahren 1996 bis 1998.

84

Die Entwicklung des Anteils der Vollstreckung von Ersatzfreiheitsstrafen in Hamburg von 1996 bis 2010 berechnet auf Basis der monatlichen Gefangenenbestandszahlen

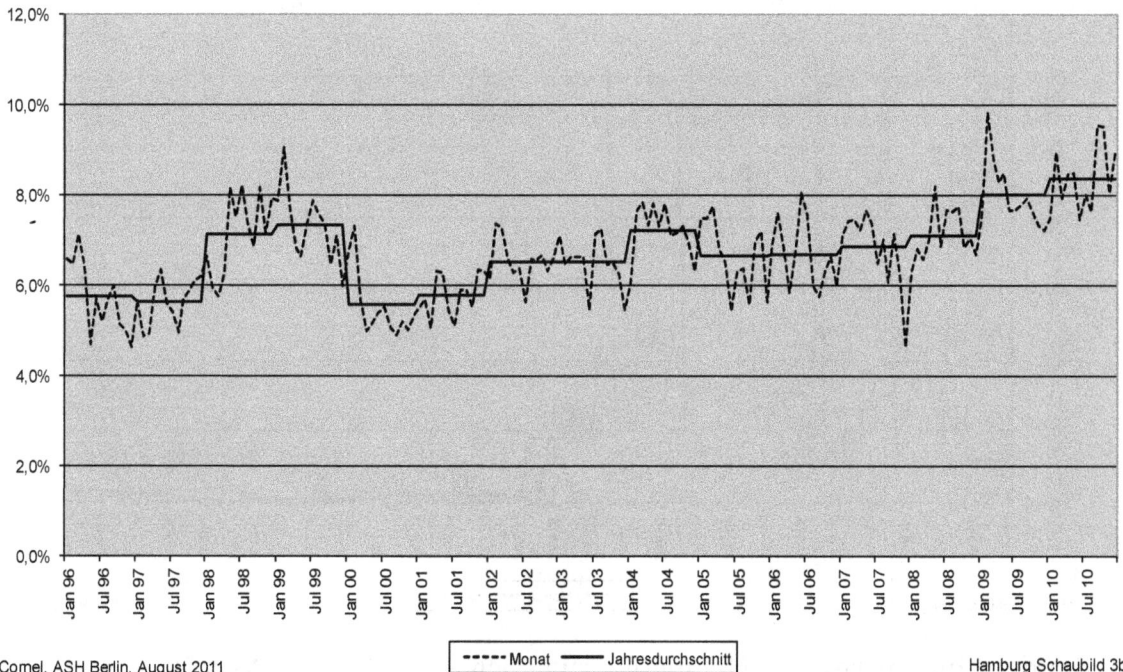

Cornel, ASH Berlin, August 2011   - - - - - Monat ——— Jahresdurchschnitt   Hamburg Schaubild 3b

Erhebliche Veränderungen hat es allerdings in der Gnadenpraxis gegeben. Lag die Gnadenquote im ersten Halbjahr 1996 noch bei 3,1 %, so lag sie in den Folgehalbjahren teilweise über 50 %. Im Jahresdurchschnitt kamen 1996 auf 100 Vollverbüßer 13,9 Gefangene, bei denen Strafreste auf dem Weg der Gnade ausgesetzt wurden. 1997 betrug diese Quote dann sogar 41,7 %, 1998 27,3 %, 1999 32,6 %, im Jahr 2000 33,4 % und 2001 40,9 %. Diese gewaltigen Sprünge konnten auf die Strafrestaussetzungen durch die Strafvollstreckungskammern nicht ohne Folgen bleiben, obwohl die direkten Wechselbeziehungen nicht rekonstruiert werden können.

Die Entwicklung des Anteils der Aussetzungen im Wege der Gnade in Hamburg von 1996 bis 2010 berechnet auf Basis der monatlichen Gefangenenbestandszahlen

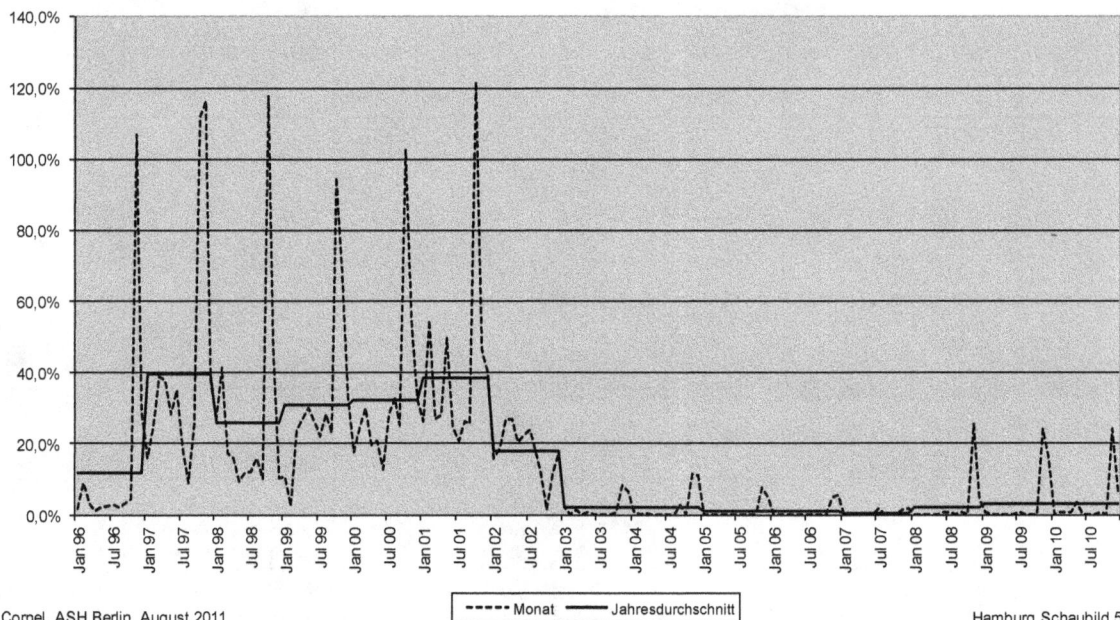

Cornel, ASH Berlin, August 2011   -----Monat   Jahresdurchschnitt   Hamburg Schaubild 5a

Bei den Gnadenerweisen Hamburgs zeigt sich – mit leichter Verzögerung, da die so genannte Weihnachtsamnestie beim Regierungswechsel 2001 schon weitestgehend umgesetzt war – zunächst die gleiche neue kriminalpolitische Richtung der Koalition von CDU, FDP und Schill-Partei. Im Gegensatz zu den Strafrestaussetzungen hat es aber ab 2008 eine Neuausrichtung insoweit gegeben, dass die so genannten Weihnachtsamnestien wieder eine Rolle spielen.

**Die Entwicklung des Anteils der Aussetzungen im Wege der Gnade in Hamburg von 1996 bis 2010
berechnet auf Basis der Jahresdurchschnitte der monatlichen Gefangenenbestandszahlen**

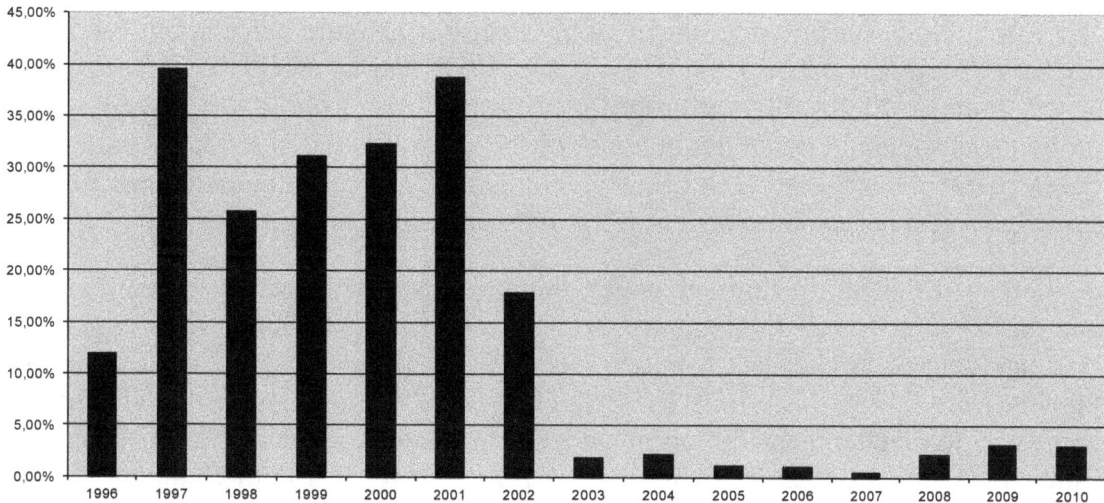

Cornel, ASH Berlin, August 2011

Hamburg Schaubild 5b

Der Großteil dieser Gnadenerweise bezog sich in den Jahren 1996 bis 2001 auf Ersatzfreiheitsstrafen. Da aber der Anteil der Belegung durch die so genannten Ersatzfreiheitsstrafen zwischen 1996 und 2001 nicht gesunken und die absolute Zahl sogar leicht gestiegen ist, muss es bei einer angenommenen Verkürzung der Vollstreckungszeiten durch die Strafrestaussetzungen auf dem Gnadenweg zu einer höheren Fluktuation gekommen sein, denn nichts spricht dafür, dass die verhängten Ersatzfreiheitsstrafen plötzlich alle länger wurden. Darauf verweisen auch die Auswertungen der absoluten Zahlen der Haftentlassungen. Nimmt man die Summe aller Entlassungen nach Vollverbüßungen und Strafrestaussetzungen, so stieg die Zahl zwischen 1996 und 2001 um 9,5 %, also überproportional. Dabei blieb die Zahl der Vollverbüßer etwa konstant, die Strafrestaussetzungen durch die Strafvollstreckungskammern gingen um knapp 20 % von 532 auf 436 zurück und die Entlassungen auf dem Gnadenweg wuchsen auf mehr als das Dreifache. In den Jahren 1998 und 1999 überstieg die Anzahl der Haftentlassungen nach Vollverbüßung oder Strafrestaussetzungen die Zahl der im Strafvollzug durchschnittlich belegten Haftplätze,[99] das heißt die Durchschnittsverweildauer lag unter einem Jahr.

---

[99] 1998 waren das 2062 Haftentlassungen bei einer Durchschnittsbelegung von 1936 Gefangenen und 1999 2181 Haftentlassungen bei einer Durchschnittsbelegung von 2139 Gefangenen.

Im Jahr 2001 war dieser Wert aber wieder auf 0,95[100] gesunken und hatte damit wieder das Niveau von 1996 und 1997 erreicht.

Der Effekt all dieser Entwicklungen ist aber zu schwach, um den starken Rückgang der Strafrestaussetzungen gemäß §§ 57, 57a StGB und 88 JGG[101] erklären zu können. Von daher bleibt für Hamburg nur die Annahme, dass die Streichung der Erprobungsklausel angesichts der bundesweit bis dahin einmalig hohen Aussetzungsquote zu einer Veränderung der Entscheidungspraxis geführt hat. Andere Einflüsse sind zumindest bisher nicht ersichtlich – aber auch nicht ausgeschlossen.

Addiert man die Strafrestaussetzungen durch die Strafvollstreckungskammern sowie im Weg der Gnade in Hamburg, so zeigt sich hinsichtlich der vorzeitigen Entlassungen ein deutlicher langfristiger Trend. Wurden im Jahr 1997 noch mehr Gefangene vorzeitig entlassen als bei Erreichung des Zeitpunktes des Strafendes, so war es in den letzten acht Jahren nur noch jeweils etwa jeder vierte. Dies lag zum Einen an der drastischen Reduzierung der Entlassungen auf dem Gnadenweg nach der Übernahme der Regierungsverantwortung durch die Koalition aus CDU, FDP und Schill-Partei mit dem Justizsenator Roger Kusch. Während der Regierungszeit von Roger Kusch betrug die Gnadenquote weniger als 1/20 des vorherigen Wertes. Wurden in den Jahren 1997 bis 2002 300 bis 410 Gefangene auf dem Gnadenweg entlassen, so waren es 2003 bis 2006 nur noch 15 – 40 Gefangene.[102] Zum Zweiten ging aber ab dem Jahr 2002 auch die Strafrestaussetzungsquote nochmals deutlich zurück, die schon 1998 gegenüber den Vorjahren deutlich reduziert war. Es war erklärte Politik des Hamburger Senats und der sie tragenden Parteien, den Strafvollzug repressiver zu gestalten, die Haftplätze des offenen Vollzugs stark zu reduzieren (Schließung des Moritz-Liepmann-Hauses im Februar 2005) und weniger Gnadenerweise zu erlassen. Hier wird man – zumindest für die Jahre 2002 bis 2006 oder Anfang 2008 – von einer Kriminalpolitik erhöhter Punitivität durch den Ham-

---

[100] 1905 Haftentlassungen bei einer Durchschnittsbelegung von 2006

[101] Betrachtet man die Anzahl der Strafrestaussetzungen getrennt, so kann eigentlich von einem signifikanten Rückgang bei den positiven Entscheidungen gem. § 88 JGG nicht gesprochen werden. In absoluten Zahlen sind diese sogar nach der Gesetzesänderung angestiegen. Da man sich dabei aber auf sehr kleine Werte beziehen muss und die Anzahl der Vollverbüßer nicht getrennt für die nach Erwachsenenstrafrecht und Jugendstrafrecht Verurteilten ausgewiesen wird, soll dieser Weg nicht weiter verfolgt werden. Die Strafrestaussetzungen durch Strafvollstreckungskammern werden daher nur gemeinsam betrachtet.

[102] Robert Kusch war vom 31.10.2001 bis 27.3.2006 Justizsenator. Im Jahr 2002 gingen die Zahlen bereits deutlich zurück, die Gnadenquote war aber immer noch etwa halb so hoch wie im Jahr zuvor. Erst 2003 sank sie dann nochmals um 90 %. Unter Kuschs Nachfolger Lüdemann (CDU) sank die Gnadenquote zunächst nochmals auf 0,4 % (absolut 7 Gnadenerweise für ganz Hamburg), um dann unter dessen Nachfolger Steffen auf etwa 3 % anzusteigen.

burger Senat sprechen können, der freilich nicht allein die kriminalpolitischen Entwicklungen des Landes bestimmt. Allerdings gibt es durchaus die Erfahrung, dass eine Verringerung des Anteils der Unterbringungen im offenen Vollzug zu verminderten Chancen der Erprobung und damit weniger Strafrestaussetzungen führt, womit indirekt durchaus auch Entscheidungen der Strafvollstreckungskammern beeinflusst werden können. Dies war hier konkret in Bezug auf Hamburg nicht zu untersuchen und muss deshalb offen bleiben.

Die Entwicklung der Strafrestaussetzungsquoten gem. StGB und JGG sowie im Wege der Gnade in Hamburg von 1996 bis 2010 berechnet auf Basis der Jahresdurchschnitte der monatlichen Gefangenenbestandszahlen

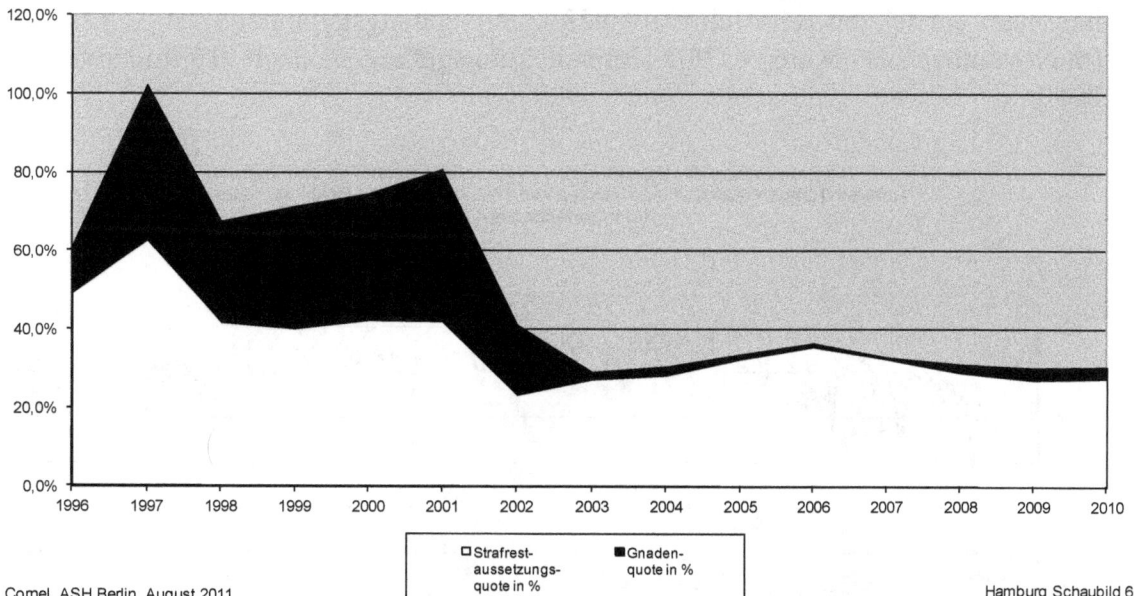

Cornel, ASH Berlin, August 2011   ☐ Strafrest-aussetzungs-quote in %   ■ Gnaden-quote in %   Hamburg Schaubild 6

Zusammenfassend kann man feststellen, dass in Hamburg noch in den neunziger Jahren deutlich mehr Gefangene vorzeitig entlassen wurden als im Bundesdurchschnitt, und dass die Summe der Strafrestaussetzungsquote gemäß StGB und JGG und des Anteils der auf dem Gnadenweg entlassenen Personen in Hamburg in den letzten Jahren regelmäßig um etwa 3 % unter dem Bundesdurchschnitt liegt. Diese Entwicklung muss hinsichtlich der Punitivität aber auch vor dem Hintergrund der Tatsache gesehen werden, dass seit Mitte 2003 die Gesamtbelegungszahlen Hamburgs beständig nach unten gehen. Gab es im Juni 2003 noch eine Gesamtzahl der Gefangenen von 3139, so waren es im Juni 2010 nur noch 1805, im November 2010 1749, Dezember 2010 1566 und im November 2011 1694. Die Hintergründe dieser Entwicklung (unter anderem sicher auch demografische) können hier nicht erforscht und erörtert werden – für eine erhöhte Straflust sprechen sie nicht.

3.2.7 Hessen

Vergleicht man die Belegungszahlen aus Untersuchungshaft, Freiheits- und Jugendstrafe Hessens von 31.12.1995 mit denen vom 31.12.2010, so stellt man einen Zuwachs von 10,1 % der Summe dieser Gefangenen fest – deutlich mehr als der bundesweiten Anstieg von 4,2 %. Nur in Bayern, Mecklenburg-Vorpommern, Niedersachsen, Sachsen-Anhalt und Thüringen wuchs die Belegung der Gefängnisse in dieser Zeit stärker.

Einen deutlichen Rückgang der Belegung gab es in den Untersuchungshaftanstalten Hessens, nämlich um 46,3 % innerhalb der letzten 15 Jahre und um 35,9 % innerhalb der letzten zehn Jahre auf 923 Untersuchungsgefangene am 31.12.2010. Im November 2011 waren es 902 Untersuchungsgefangene nach 918 im November 2010.

Die Entwicklung der Belegung des Justizvollzugsanstalten und insb. der Untersuchungshaftanstalten in Hessen von 1996 bis 2010 auf Basis der monatlichen Gefangenenbestandszahlen

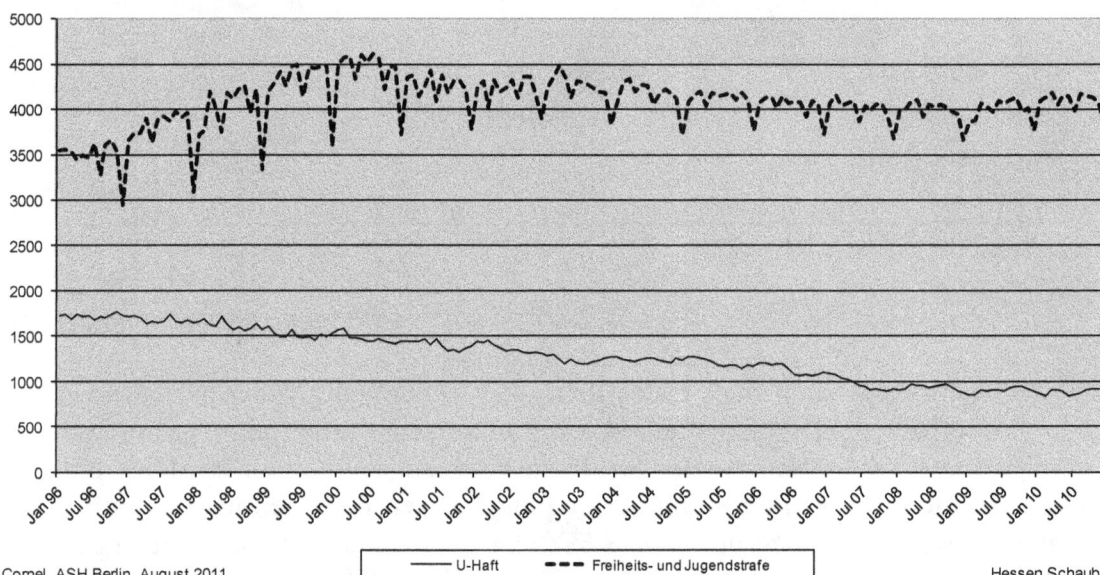

Cornel, ASH Berlin, August 2011   ——— U-Haft   ▄ ▄ ▄ Freiheits- und Jugendstrafe   Hessen Schaubild 2

Die Anzahl der erwachsenen Strafgefangenen in Hessen stieg von 1995 bis 2010 um 50,4 % und in den letzten zehn Jahren um 4,9 % auf 3438 Strafgefangene im Dezember 2010. Am 30. November 2011 waren es 3714 Gefangene, allerdings sind diese Daten, wie schon einige Male erklärt, nicht direkt vergleichbar, weil sich im Dezember traditionell immer die niedrigste Belegung des Jahres findet. Gegenüber den Vorjahreszahlen im November (3714) blieb die Anzahl unverändert.

Die Anzahl der Jugendstrafgefangenen stieg zwischen 1995 und 2010 um 28,8 % auf 358 im Dezember 2010 an, hatte allerdings im Jahr 2000 einen Wert von 448 erreicht und sank seither um 20,1 %. Im November 2011 waren es 342 Jugendstrafgefangene (davon sieben weiblich) – 23 oder 6,3 % weniger als im Vergleichsmonat im Jahr zuvor.

Die Entwicklung der Anzahl der Strafgefangenen (Summe: Freiheitsstrafe und Jugendstrafe) in Hessen von 1996 bis 2010 berechnet auf Basis der monatlichen Gefangenenbestandszahlen

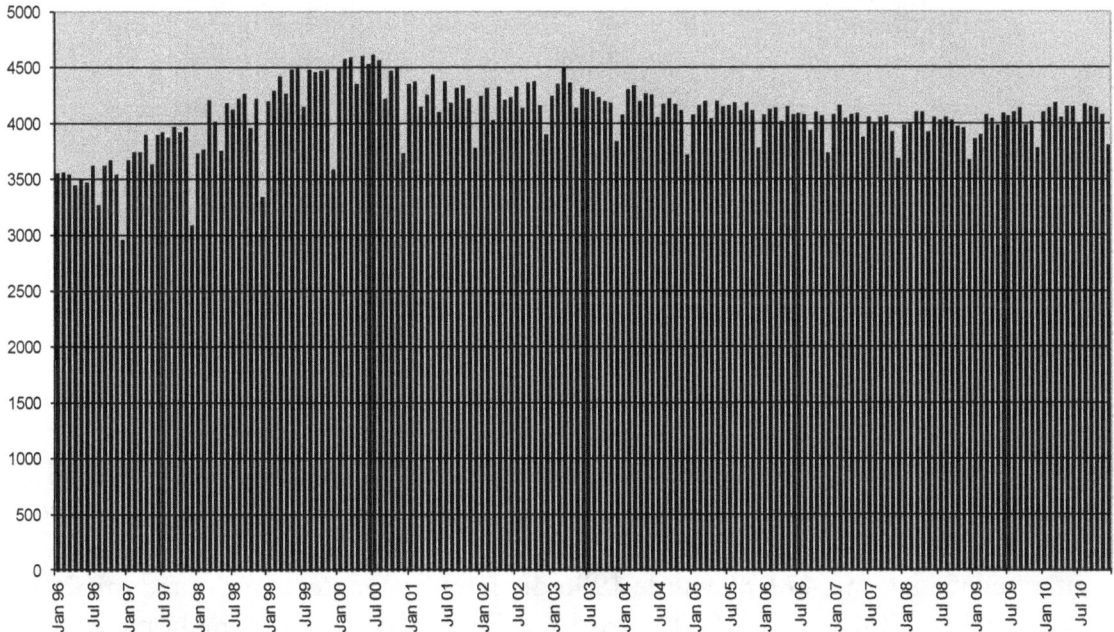

Hessen Schaubild 1a

Für die Jahre 1996 bis 2000 stand mir nur die Summe aus Jugend- und Freiheitsstrafe zur Verfügung – deshalb zwei Grafiken, damit zumindest ab 2001 die Daten des Jugendstrafvollzugs und Erwachsenenvollzugs einzeln abgelesen werden können.

Die Entwicklung der Anzahl der Strafgefangenen (Freiheitsstrafe und Jugendstrafe einzeln) in Hessen von 2001 bis 2010 berechnet auf Basis der monatlichen Gefangenenbestandszahlen

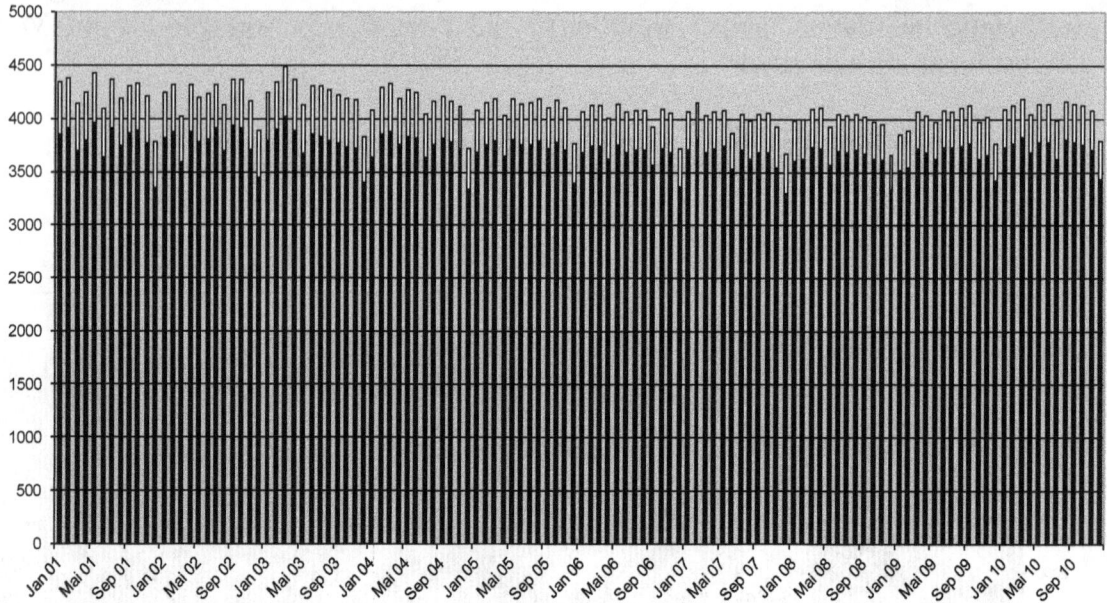

Cornel, ASH Berlin, August 2011   Hessen Schaubild 1b

Die monatlichen Strafrestaussetzungsquoten Hessens schwankten zwischen 13,2 % im Februar 2004 und 63,3 % im Dezember 2000. Über die 15 Jahre von 1996 bis zum Jahr 2010 betrug die Durchschnittsquote 37,5 %, wobei ein deutlicher Trend zu erkennen ist: mit 47,0 % wurde 1996 die höchste Quote erreicht und mit 29,8 % in den Jahren 2009 und 2010 die niedrigste Quote. Dabei gab es nicht nur ein langsames stetiges Absinken, sondern nach dem Jahr 2003 einen Absturz um 10 % auf ein Niveau, das nicht mehr verlassen wurde. Der Rückgang der Strafrestaussetzungen setzte im Übrigen bereits vor der Gesetzesänderung von 1998 ein und im Jahr 2000 wurde mit 46,0 % der zweithöchste Wert in diesen 15 Jahren überhaupt erreicht.

Die Entwicklung der Strafrestaussetzungsquoten gem. StGB und JGG in Hessen von 1996 bis 2010 berechnet auf Basis der monatlichen Gefangenenbestandszahlen

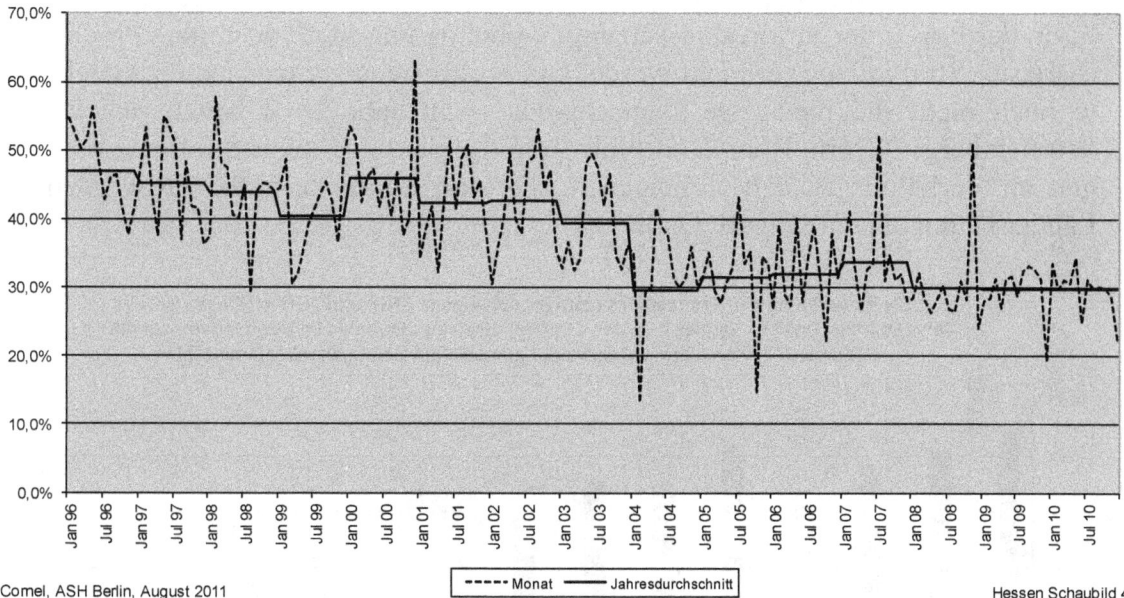

Cornel, ASH Berlin, August 2011   ----- Monat —— Jahresdurchschnitt   Hessen Schaubild 4

Vergleicht man die Strafrestaussetzungsquoten Hessens mit dem Bundesdurchschnitt, so zeigt sich, dass in den Jahren 1996 bis 2003 der Anteil vorzeitiger Entlassungen durch die Strafvollstreckungskammern in Hessen regelmäßig um mindestens 10 % höher lag und dass sich seither die hessische Quote bis auf 3 % dem Bundesdurchschnitt angenähert hat.

Auch wenn man populistische Äußerungen zur Kriminalpolitik von Politikern nicht mit den realen Entwicklungen im Strafvollzug und erst recht nicht mit Entscheidungen von Strafvollstreckungskammern gleichsetzen sollte, so liegt hier ein Zusammenhang nicht nur nahe, sondern drängt sich geradezu auf.[103] Im April 1999 wurde Roland Koch hessischer Ministerpräsident, der schon im Wahlkampf erklärte, er wolle den härtesten Strafvollzug in Deutschland schaffen.[104] Zwischen 1998 und dem Jahr 2001 ging beispielsweise die Anzahl der Hafturlaube von etwa 3000 auf etwa 1000, also auf ein Drittel zurück. Seit 2003 konnte Roland Koch dann mit

---

[103] Selbstverständlich meint das nicht, dass in Hessen direkt Einfluss auf Entscheidungen der Strafvollstreckungskammern genommen wurde oder dass StrafvollstreckungsrichterInnen sich von kriminalpolitischen Vorgaben der Exekutive hätten beeinflussen lassen. Über die Einschränkung der Möglichkeiten der Erprobung im Offenen Vollzug und Strafvollstreckungspläne, die sich auf die Zuständigkeiten der Strafvollstreckungsgerichte zum Zeitpunkt einer möglichen vorzeitigen Entlassung auswirken, gibt es aber durchaus Einflussmöglichkeiten.

[104] Vgl. Der Spiegel 53/1998, S. 34 und Focus 17/2001 vom 23.4.2001.

absoluter Mehrheit regieren. Im Februar 2003 bestätigte Justizminister Christian Wagner, dass es ihm um den "härtesten Justizvollzug in Deutschland" gehe.[105] Hier war also eine erhöhte Punitivität politisch gewünscht und zeigte sich auch langfristig in der Praxis der Strafrestaussetzung, wobei dahingestellt sein mag, ob das Ziel (härtester Strafvollzug) erreicht wurde. Die Strafrestaussetzungsquote ist auch heute noch nicht die niedrigste Deutschlands – im Jahr 2010 hatten nur Baden-Württemberg, Bayern, Rheinland-Pfalz und das Saarland mehr Strafrestaussetzungen im Verhältnis zu den Gefangenen, die zum Strafende entlassen wurden. 11 Länder hatten eine niedrigere Quote.

Die Entwicklung der Strafrestaussetzungsquoten gem. StGB und JGG in Hessen (jeweils Jahresdurchschnitt) im Vergleich zu den Strafrestaussetzungsquoten im Bundesdurchschnitt von 1996 bis 2010 berechnet auf Basis der monatlichen Gefangenenbestandszahlen

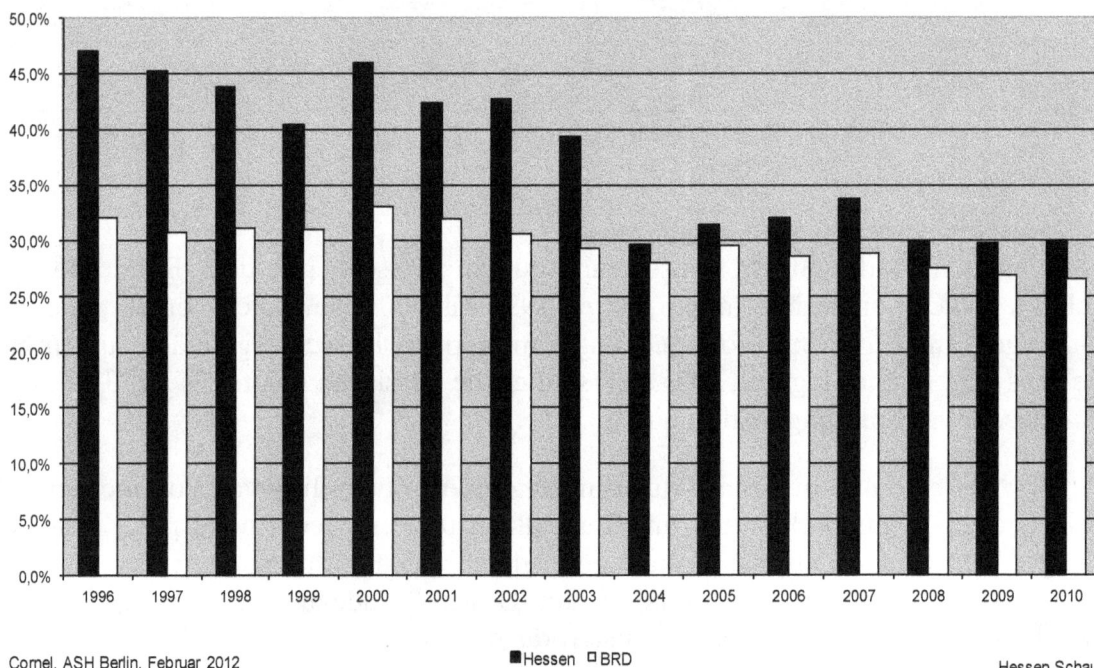

Cornel, ASH Berlin, Februar 2012   ■ Hessen □ BRD   Hessen Schaubild 7

Wie bereits mehrfach ausgeführt, spielt die Anzahl der vollstreckten Ersatzfreiheitsstrafen beziehungsweise der zu diesem Zweck belegten Haftplätze eine wichtige Rolle für die Höhe der Strafrestaussetzungsquote. In Hessen ist der Anteil der so belegten Plätze einerseits recht stabil, folgt aber andererseits einem beständigen Trend nach oben. Im Durchschnitt der letzten 15 Jahre waren stichtagsbezogenen an den jeweiligen Monatsletzten 6,1 % der Strafgefangenen, solche, die eigentlich

---

[105] Vgl. Die Welt vom 25.2.2003.

zu Geldstrafe verurteilt worden waren, gegen die nun aber eine Ersatzfreiheitsstrafe vollstreckt wurde. In den Jahren 1996 bis 2003 lag die Quote jeweils unter diesem Durchschnitt und auch unterhalb eines Jahresdurchschnittes von 250. Seit 2004 liegt die Quote regelmäßig über diesem Durchschnitt und absolut im Jahresdurchschnitt bei einer Belegung von über 250 so genannten Ersatzfreiheitsstrafern. Die höchste Quote mit 7,8 % und auch der höchste Jahresdurchschnitt mit 319 Gefangenen wurden im Jahr 2010 erreicht. Im November 2011 waren es 340 Ersatzfreiheitsstrafer. Der leichte Anstieg der Belegung mit Ersatzfreiheitsstrafern, die regelmäßig erst zum Strafende entlassen werden, kann – unabhängig von der kriminalpolitischen Zielsetzung – einen Teil der Verminderung der Strafrestaussetzungsquote erklären.

Die Entwicklung der Vollstreckung von Ersatzfreiheitsstrafen in Hessen von 1996 bis 2010
berechnet auf Basis der monatlichen Gefangenenbestandszahlen

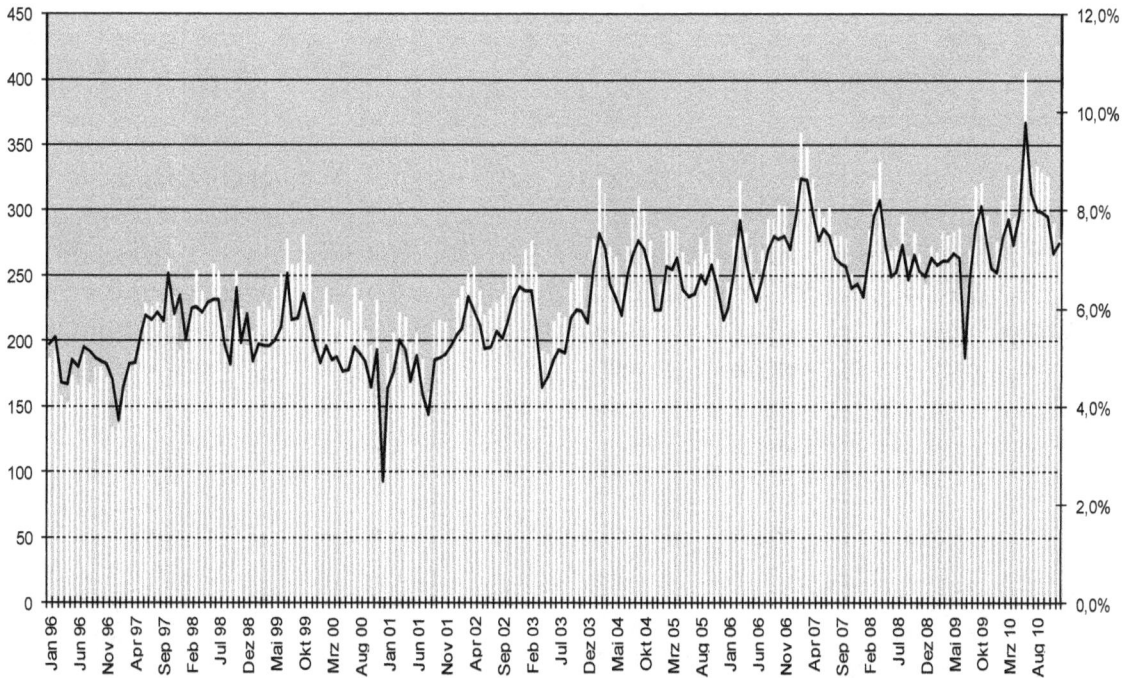

Cornel, ASH Berlin, August 2011   Ersatzfreiheitsstrafe ——Anteil der Ersatzfreiheitsstrafe in %   Hessen Schaubild 3a

Die Entwicklung des Anteils der Vollstreckung von Ersatzfreiheitsstrafen in Hessen von 1996 bis 2010 berechnet auf Basis der monatlichen Gefangenenbestandszahlen

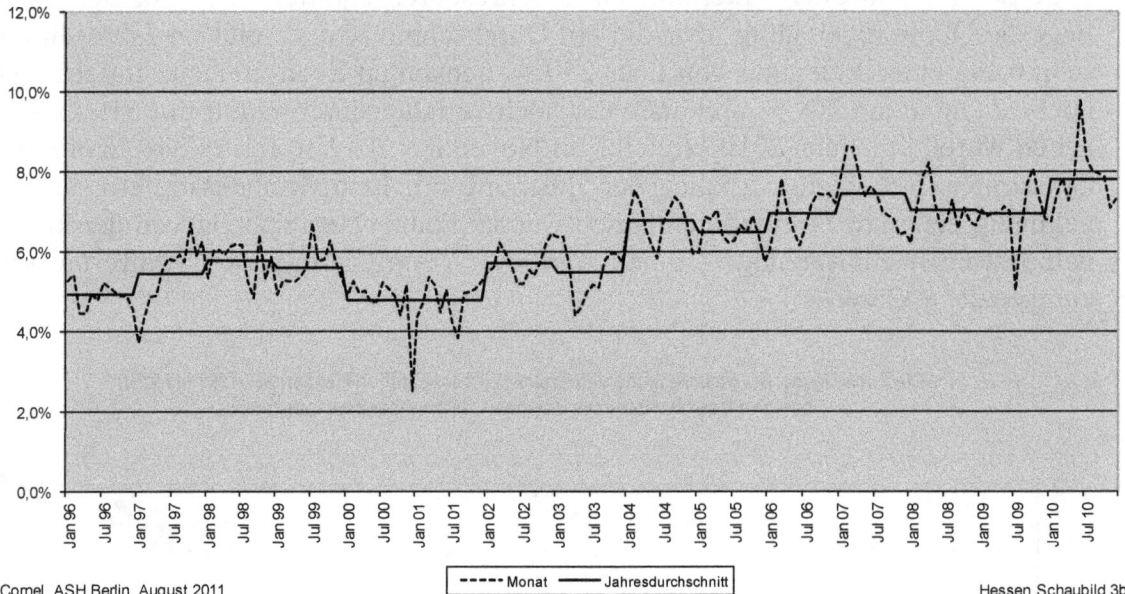

Cornel, ASH Berlin, August 2011   ----- Monat ——— Jahresdurchschnitt   Hessen Schaubild 3b

Auch Hessen kennt seit langer Zeit die so genannten Weihnachtsamnestien, das heißt Strafrestaussetzungen auf dem Weg der Gnade kurz vor dem Jahresende. Je nach deren Umfang führte dies meist zu Jahresdurchschnittsquoten zwischen 2 % und 4 %. In den Jahren 2007, 2009 und 2010 wurden in Hessen besonders viele Gefangene vor Weihnachten vorzeitig entlassen, so dass die Jahresgnadenquote auf 6,0 %, 5,5 % bzw. 6,9 % hoch schnellte.

Die Entwicklung des Anteils der Aussetzungen im Wege der Gnade in Hessen von 1996 bis 2010 berechnet auf Basis der monatlichen Gefangenenbestandszahlen

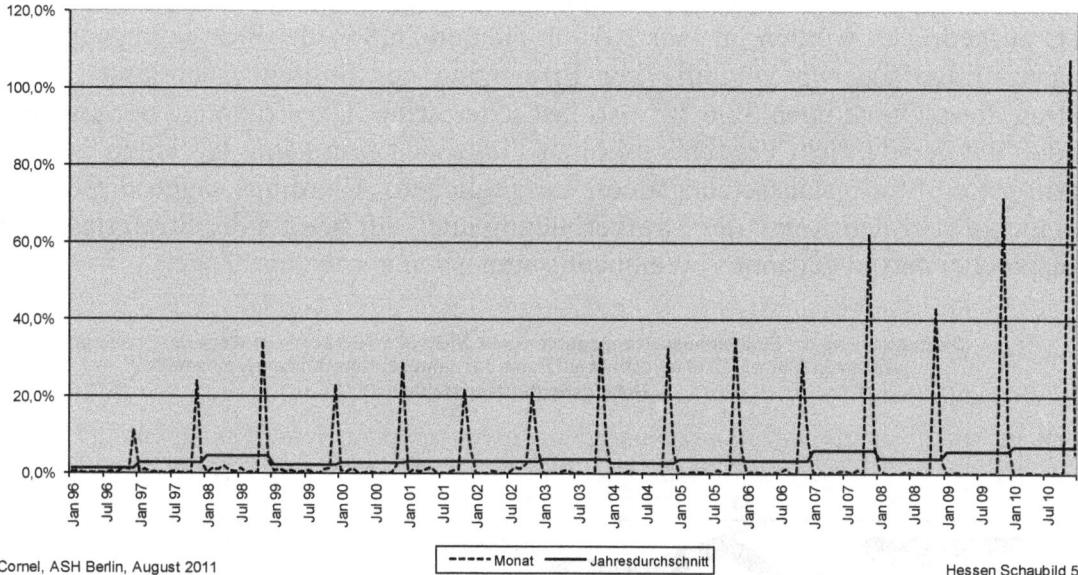

Cornel, ASH Berlin, August 2011

- - - - - Monat ——— Jahresdurchschnitt

Hessen Schaubild 5a

Die Entwicklung des Anteils der Aussetzungen im Wege der Gnade in Hessen von 1996 bis 2010 berechnet auf Basis der Jahresdurchschnitte der monatlichen Gefangenenbestandszahlen

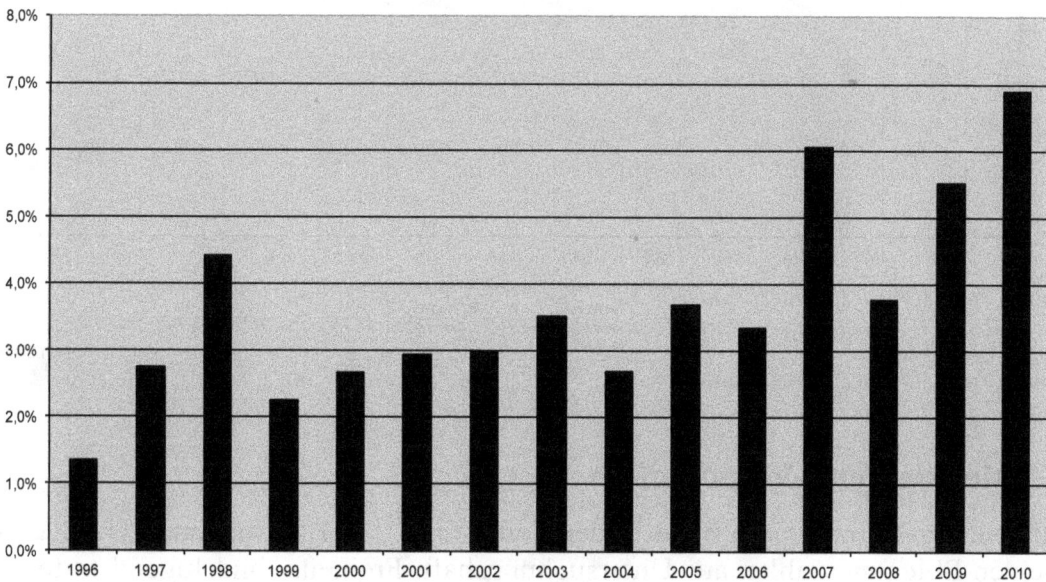

Cornel, ASH Berlin, August 2011

Hessen Schaubild 5b

Addiert man die vorzeitigen Entlassungen durch die Strafvollstreckungskammern und auf dem Weg der Gnade, so zeigt sich für Hessen, dass auf drei Gefangene, die zum Strafende entlassen wurden, etwa ein vorzeitig entlassener kommt – oder anders ausgedrückt, wurden im Jahr 2010 in Hessen 26,8 % der Strafgefangenen und Jugendstrafgefangenen vorzeitig vor Erreichung des Strafendes entlassen. 1996 betrug diese Quote noch 32,6 %, also fast jeder dritte. Die Erhöhung der Gnadenquote, die gerade nicht Ergebnis erhöhter Punitivität sein kann, hat einen Teil der verringerten Strafrestaussetzungsquote ausgeglichen. Allerdings sagen diese Quoten nichts über den Anteil der Strafverbüßung aus – oft beträgt der Straferlass zum Beispiel bei den so genannten Weihnachtsamnestien nur wenige Tage.

Die Entwicklung der Strafrestaussetzungsquoten gem. StGB und JGG sowie im Wege der Gnade in Hessen von 1996 bis 2010 berechnet auf Basis der Jahresdurchschnitte der monatlichen Gefangenenbestandszahlen

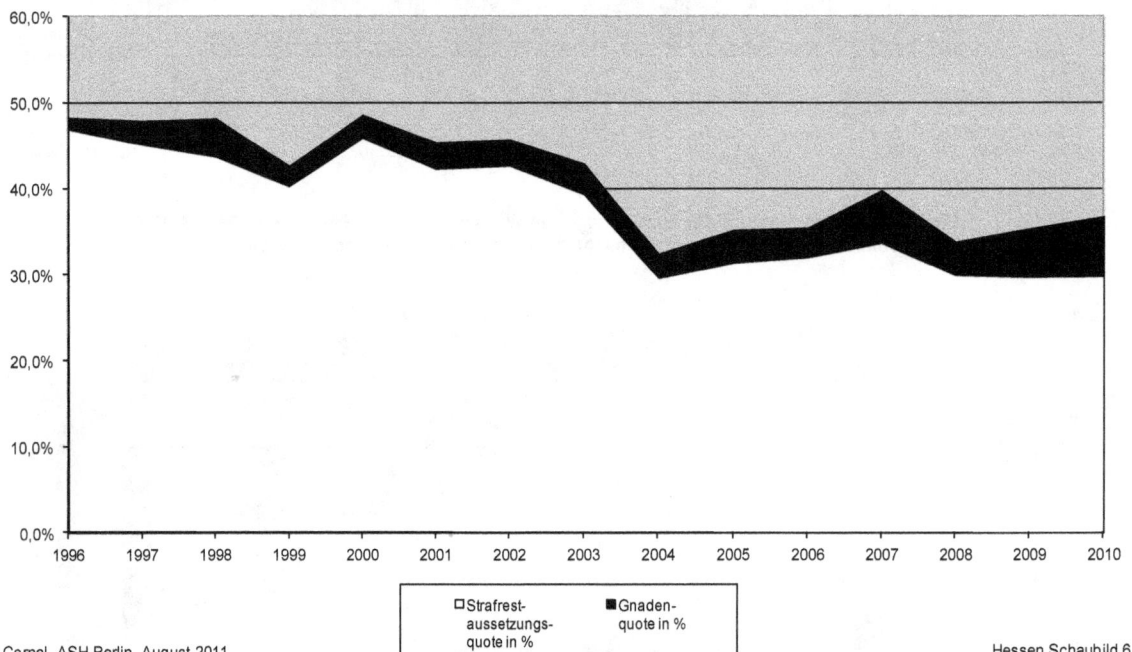

Cornel, ASH Berlin, August 2011   Hessen Schaubild 6

3.2.8 Mecklenburg-Vorpommern

Mecklenburg-Vorpommern hatte in der Zeit vom 31.12.1995 bis zum 31.12.2010 in seinen Belegungszahlen aus Untersuchungshaft, Freiheits- und Jugendstrafe ein überdurchschnittliches Wachstum von 14,5 % auf 1255 Gefangene. Im Bundesdurchschnitt betrug der Anstieg nur 4,2 %. Nur in Bayern, Niedersachsen, Sachsen-Anhalt und Thüringen stiegen die Belegungszahlen noch deutlicher an.

In den Untersuchungshaftanstalten Mecklenburg-Vorpommerns gab es jedoch einen deutlichen, überdurchschnittlichen Rückgang der Belegung um 53,6 % gegenüber 1995 und sogar 58,3 % gegenüber dem Jahr 2000. Am 31. Dezember 2010 gab es in Mecklenburg-Vorpommern 170 Untersuchungsgefangenen. Am 30. November 2011 war die Belegung auf 168 gesunken – im Vergleichsmonat des Vorjahres gab es 188 Untersuchungsgefangene.

Alle monatlichen Gefangenenbestandszahlen Mecklenburg-Vorpommerns lagen mir erst ab 2001 bis Dezember 2010 vor, deshalb zeigt die Grafik auch nur diesen Zehnjahresraum.

Die Entwicklung der Belegung des Justizvollzugsanstalten und insb. der Untersuchungshaftanstalten in Mecklenburg-Vorpommern von 2001 bis 2010 auf Basis der monatlichen Gefangenenbestandszahlen

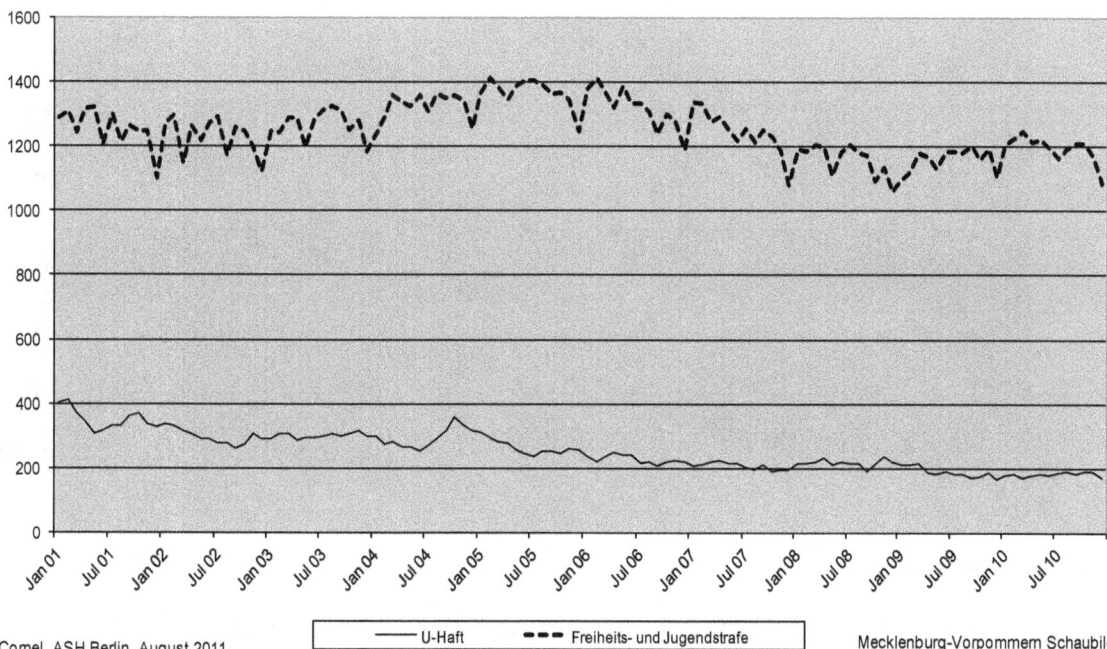

Comel, ASH Berlin, August 2011   ——— U-Haft   ▬ ▬ ▬ Freiheits- und Jugendstrafe   Mecklenburg-Vorpommern Schaubild 2

Die Anzahl der erwachsenen Strafgefangenen ist in Mecklenburg-Vorpommern zwischen 1995 und 2010 um 75,4 % angestiegen und seit dem Jahr 2000 um 12,5 % auf nun 907 Gefangene am 31.12.2010. Am 30. November 2011 waren es 958 Gefangene, gegen die eine Freieheitsstrafe vollstreckt wurde – davon 30 Frauen. Gegenüber den Vorjahreszahlen im November (1010) stellt dies einen Rückgang um 5,1 % dar.

Ähnlich wie in allen neuen Bundesländern ging die Anzahl der Jugendstrafgefangenen in Mecklenburg-Vorpommern deutlich zurück. Vom 31.12.1995 bis zum 31.12.2010 betrug der Rückgang 16,4 %, gegenüber dem 31.12.2000 sogar 43,5 % auf 178 Jugendstrafgefangenen. Am 30.11.2011 waren es 185 Jugendstrafgefangene (davon sieben weiblich) – ein Anstieg um 13,5 % gegenüber dem November 2010.

Die Entwicklung der Anzahl der Strafgefangenen (Freiheitsstrafe und Jugendstrafe einzeln) in Mecklenburg-Vorpommern von 2001 bis 2010 berechnet auf Basis der monatlichen Gefangenenbestandszahlen

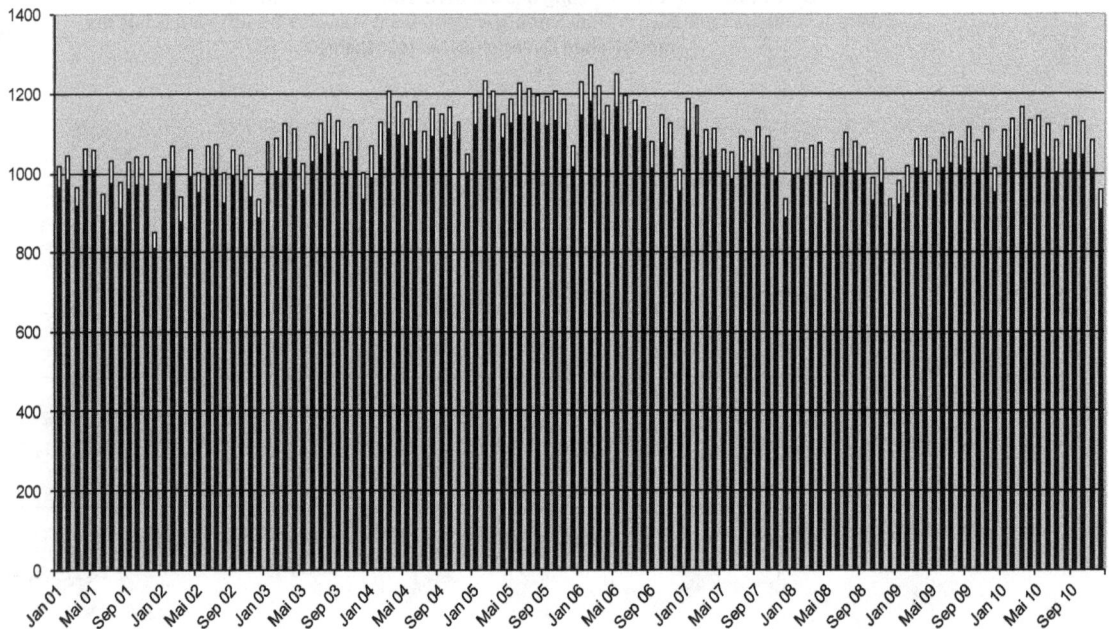

Cornel, ASH Berlin, August 2011   Mecklenburg-Vorpommern Schaubild 1b

Die monatlichen Strafrestaussetzungsquoten Mecklenburg-Vorpommerns schwankten zwischen dem Januar 2001 und 31. Dezember 2010 abgesehen von einem Ausreißer im Dezember 2004 (72,9 %) sowie im Oktober 2010 (14,2 %) zwischen 20 % und 60 %, wobei in den letzten fünf Jahren die 40 % Marke nur noch selten erreicht wurde. Betrachtet man sich die Jahresdurchschnittszahlen der Strafrestaussetzung in Mecklenburg-Vorpommern, so ist ein klarer Trend unverkennbar: Lagen die Durchschnittswerte 2001 noch bei 49,4 % und 2002 bei 43,4 %, so bewegten sie sich in den folgenden fünf Jahren nahe um die 30 %-Marke, um 2009 auf 28,7 % und im Jahr 2010 auf 24,3 % zu sinken. Mit der Gesetzesänderung von 1998 kann das wenig zu tun haben, denn das drastische Absinken begann erst drei bis vier Jahre später.

Deutlich wird der besondere Trend in Mecklenburg-Vorpommern auch im Vergleich zur Entwicklung im Bundesdurchschnitt. Lagen die Jahresdurchschnittsquoten Mecklenburg-Vorpommerns in den Jahren 2001 und 2002 um mehr als 10 % über dem Bundesdurchschnitt, so näherten sie sich in den Jahren 2003 bis 2009 diesem weitestgehend an, um schließlich im Jahr 2010 sogar unter den Bundesdurchschnitt zu sinken (vgl. Schaubild Mecklenburg-Vorpommern 7).

Die Entwicklung der Strafrestaussetzungsquoten gem. StGB und JGG in Mecklenburg-Vorpommern von 2001 bis 2010 berechnet auf Basis der monatlichen Gefangenenbestandszahlen

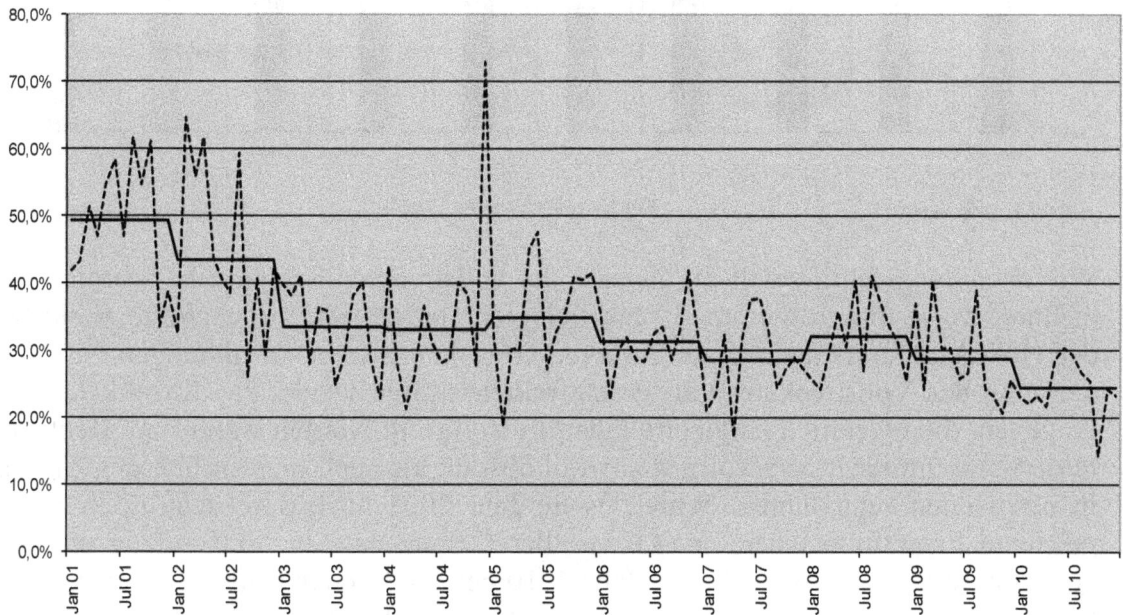

Cornel, ASH Berlin, August 2011   - - - - - Monat   ——— Jahresdurchschnitt   Mecklenburg-Vorpommern Schaubild 4

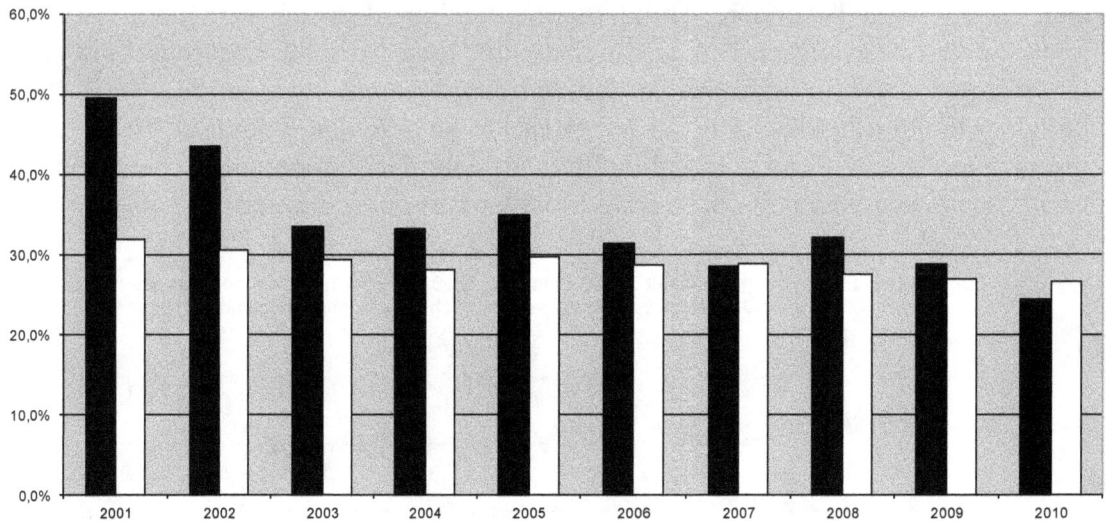

Cornel, ASH Berlin, August 2011   ■ Mecklenburg-Vorpommern   □ BRD   Mecklenburg-Vorpommern Schaubild 7

Wie oben ausgeführt, spielt die Anzahl der vollstreckten Ersatzfreiheitsstrafen beziehungsweise die zu diesem Zweck belegten Haftplätze eine wichtige Rolle bei der Höhe der Strafrestaussetzungsquote. Trotz intensivster Bemühungen zur Vermeidung der Vollstreckung von Ersatzfreiheitsstrafen wuchs die Anzahl der Gefangenen, die eigentlich zu einer Geldstrafe verurteilt worden waren, im Mecklenburg-Vorpommerner Strafvollzug sowohl absolut als auch hinsichtlich des Anteils in den letzten zehn Jahren. Waren es im Jahr 2001 noch durchschnittlich 58 so genannte Ersatzfreiheitsstrafer (4,6 % aller Gefangenen im Strafvollzug und Jugendstrafvollzug), so waren es im Jahr 2010 bereits 80 oder 6,7 %. Dieser Anstieg hat durch die hohe Fluktuation die Anzahl der Entlassungen zum Zeitpunkt des Strafendes deutlich erhöht und damit per Definition die Strafrestaussetzungsquote verringert.

Die Entwicklung der Vollstreckung von Ersatzfreiheitsstrafen in Mecklenburg-Vorpommern von 2001 bis 2010 berechnet auf Basis der monatlichen Gefangenenbestandszahlen

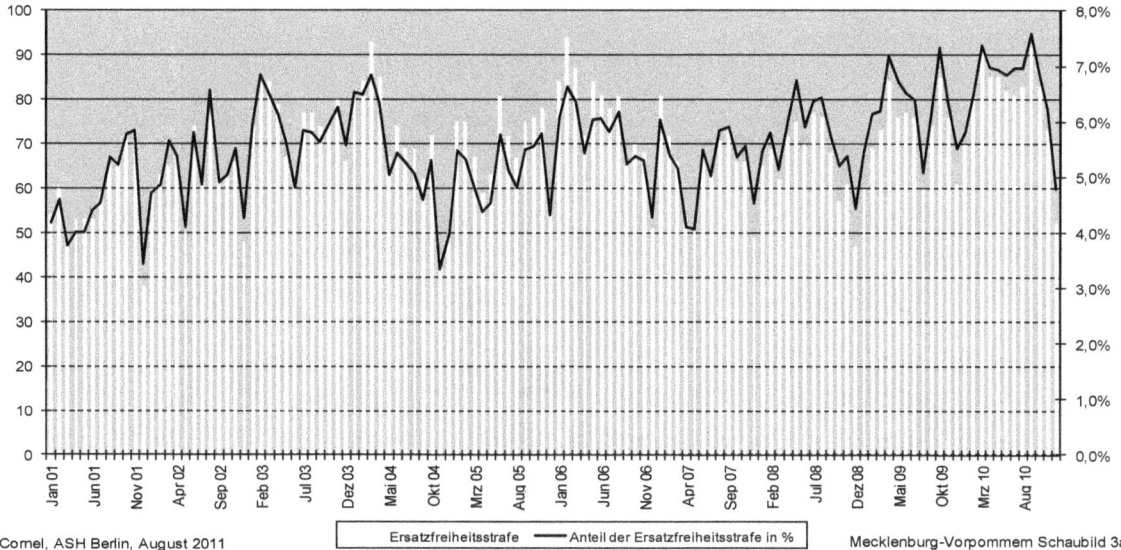

Cornel, ASH Berlin, August 2011

Ersatzfreiheitsstrafe ——— Anteil der Ersatzfreiheitsstrafe in %

Mecklenburg-Vorpommern Schaubild 3a

Die Entwicklung des Anteils der Vollstreckung von Ersatzfreiheitsstrafen in Mecklenburg-Vorpommern von 2001 bis 2010 berechnet auf Basis der monatlichen Gefangenenbestandszahlen

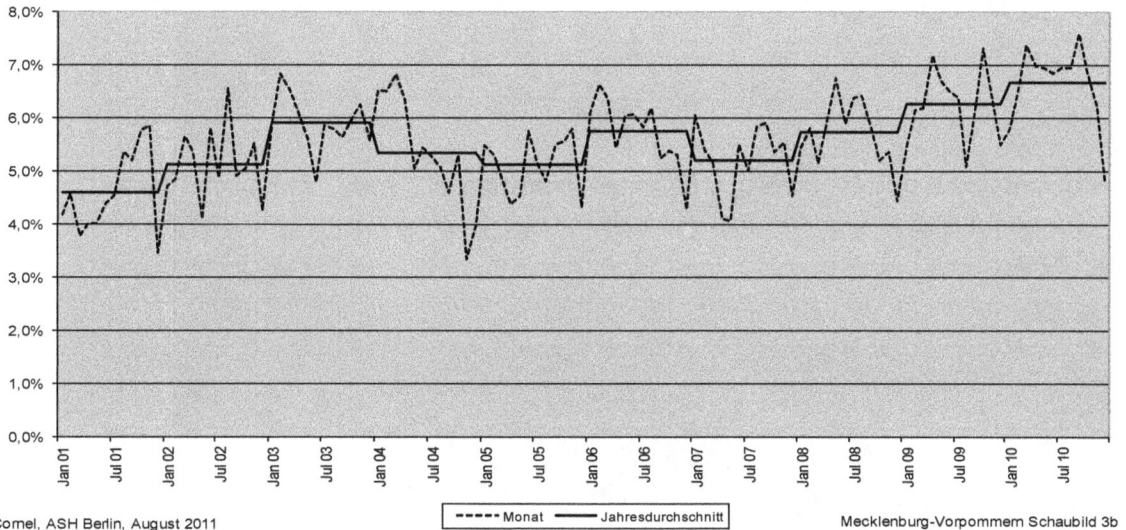

Cornel, ASH Berlin, August 2011

- - - - - Monat ——— Jahresdurchschnitt

Mecklenburg-Vorpommern Schaubild 3b

Die Bedeutung der Haftentlassungen auf dem Gnadenweg hat sich in Mecklenburg-Vorpommern in den letzten Jahren, vor allem seit 2003 deutlich verringert. Zwar gibt es weiterhin die so genannten Weihnachtsamnestien, diese erreichen

103

aber in den letzten Jahren einen geringeren Anteil der Gefangenen und zudem werden in den anderen Monaten kaum noch Gefangene gnadenweise entlassen, was in den Jahren 2001 und 2002 noch eine große Rolle spielte (vgl. Schaubild Mecklenburg-Vorpommern 5a).

Die Entwicklung des Anteils der Aussetzungen im Wege der Gnade in Mecklenburg-Vorpommern von 2001 bis 2010 berechnet auf Basis der monatlichen Gefangenenbestandszahlen

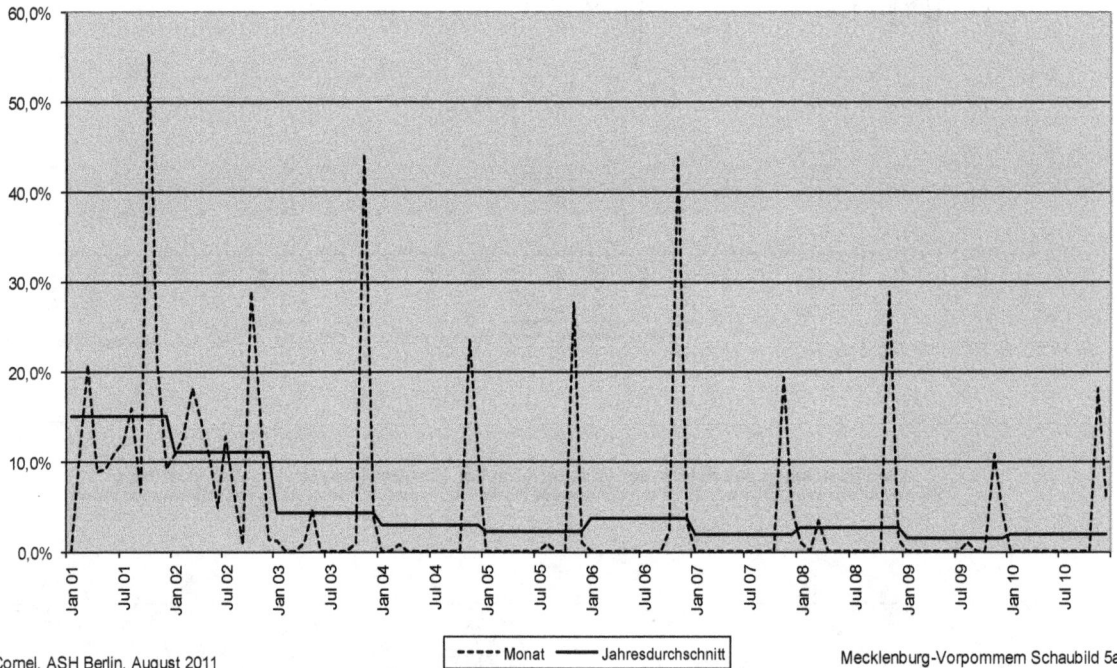

Cornel, ASH Berlin, August 2011   ----- Monat ——— Jahresdurchschnitt   Mecklenburg-Vorpommern Schaubild 5a

Besonders deutlich wird der Effekt, wenn man die Jahresdurchschnitte der Entlassungen auf dem Gnadenweg betrachtet (vgl. Schaubild Mecklenburg-Vorpommern 5b).

Die Entwicklung des Anteils der Aussetzungen im Wege der Gnade in Mecklenburg-Vorpommern von 2001 bis 2010 berechnet auf Basis der Jahresdurchschnitte der monatlichen Gefangenenbestandszahlen

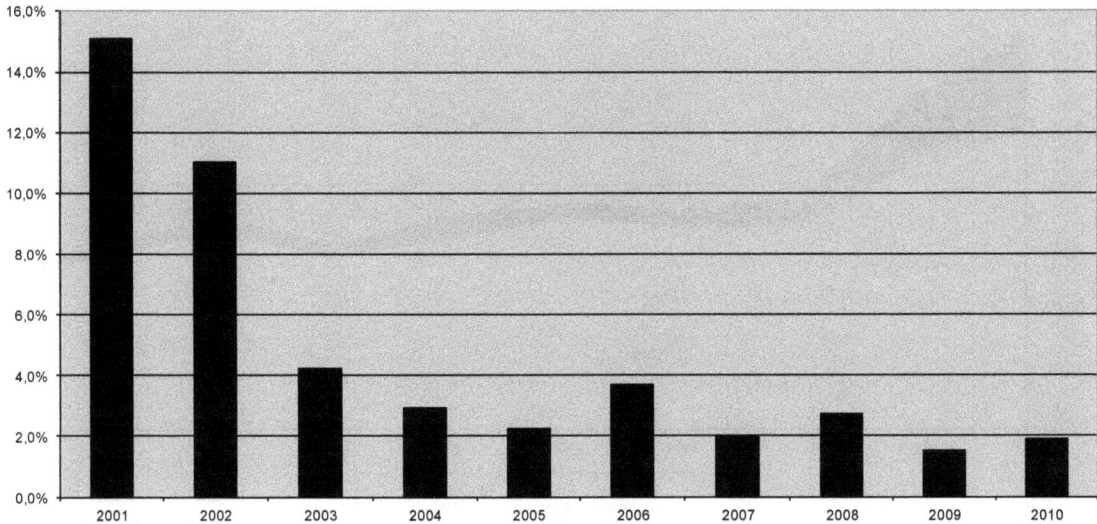

Cornel, ASH Berlin, August 2011

Mecklenburg-Vorpommern Schaubild 5b

Addiert man die vorzeitigen Entlassungen durch die Strafvollstreckungskammern und auf dem Weg der Gnade, so zeigt sich für Mecklenburg-Vorpommern ein starker Rückgang von 64,5 % im Jahr 2001 auf 26,2 % im Jahr 2010. Auf vier Gefangene, die zum Strafende entlassen werden, wird einer vorzeitig entlassen oder – anders ausgedrückt – wurden im Jahr 2010 von fünf Gefangenen nur einer vorzeitig entlassen. 1995 waren es noch zwei von fünf. Allerdings sagen diese Quoten nichts über den Anteil der Strafverbüßung aus – oft beträgt der Straferlass zum Beispiel bei den so genannten Weihnachtsamnestien nur wenige Tage.

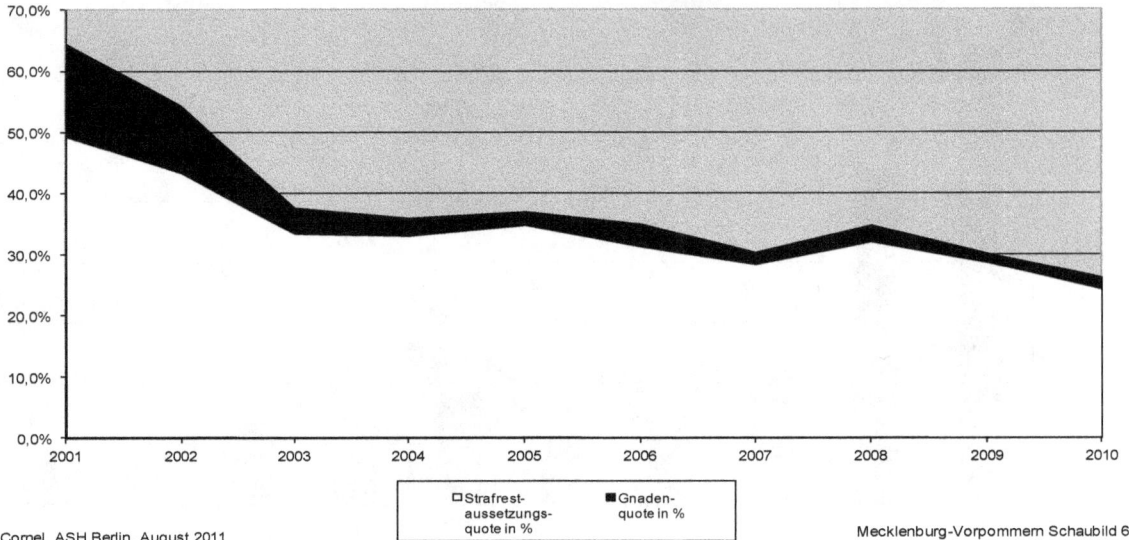

Die Entwicklung der Strafrestaussetzungsquoten gem. StGB und JGG sowie im Wege der Gnade in Mecklenburg-Vorpommern von 2001 bis 2010 berechnet auf Basis der Jahresdurchschnitte der monatlichen Gefangenenbestandszahlen

Legende:
☐ Strafrestaussetzungsquote in %
■ Gnadenquote in %

Cornel, ASH Berlin, August 2011

Mecklenburg-Vorpommern Schaubild 6

3.2.9 Niedersachsen

Niedersachsen hatte in der Zeit vom 31.12.1995 bis zum 31.12.2010 ein über-durchschnittliches Wachstum der Belegungszahlen in Untersuchungshaft, Frei-heits- und Jugendstrafe von 14,9 % auf 4849 Gefangene. Nur in Bayern, Sachsen Anhalt und Thüringen stiegen die Belegungszahlen noch deutlicher an.

In den Untersuchungshaftanstalten Niedersachsens gab es im Verhältnis zum Bun-desdurchschnitt einen leicht unterdurchschnittlichen Rückgang der Belegung um 42,2 % gegenüber 1995 und 38,2 % gegenüber dem Jahr 2000. Am 31. Dezember 2010 gab es in Niedersachsen 769 Untersuchungsgefangene. Am 30. November 2011 war die Belegung nochmals auf nun 688 Untersuchungsgefangenen gesunken – im Vergleichsmonat des Vorjahres waren es 759 Untersuchungsgefangene. Da mir für die Jahre 1996 bis 1998 nicht alle monatlichen Gefangenenbestandszahlen Niedersachsens vorliegen, zeigt die folgende Grafik für die Untersuchungshaft nur die Entwicklung vom Januar 1999 bis zum Dezember 2010.

Die Entwicklung der Belegung der Justizvollzugsanstalten und insb. der Untersuchungshaftanstalten in Niedersachsen von 1999 bis 2010 auf Basis der monatlichen Gefangenenbestandszahlen

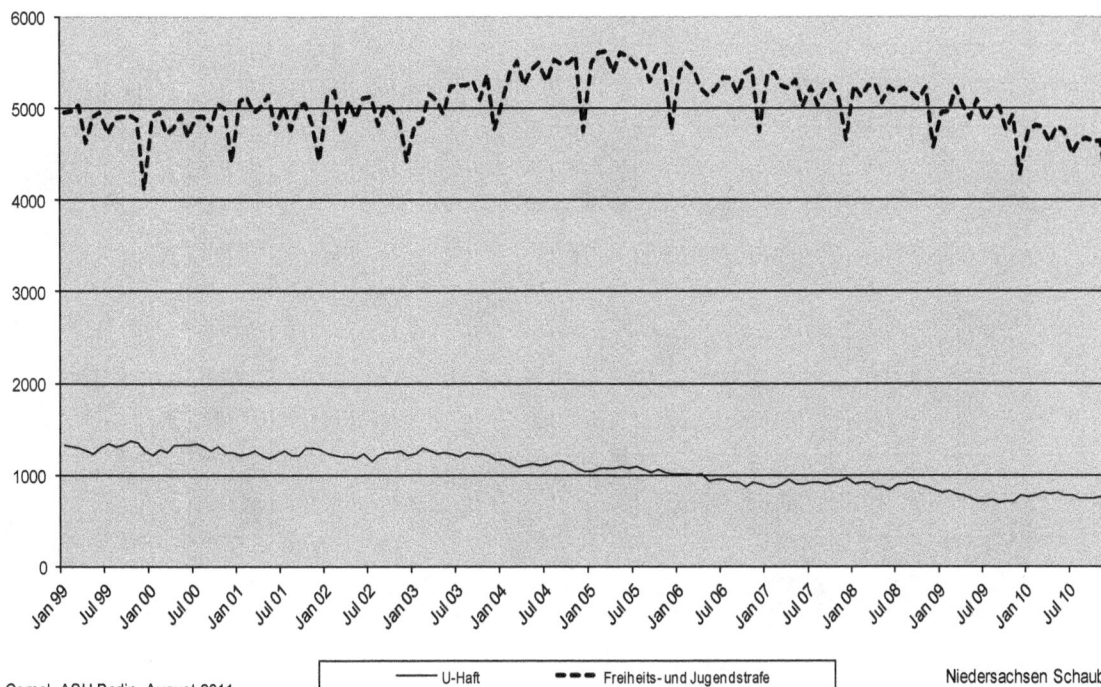

Comel, ASH Berlin, August 2011

U-Haft ▬▬▬ Freiheits- und Jugendstrafe

Niedersachsen Schaubild 2

Die Anzahl der erwachsenen Strafgefangenen ist in Niedersachsen zwischen 1995 und 2010 um 43,7 % angestiegen. Allerdings gab es seit dem 31. Dezember des Jahres 2000, also in den letzten zehn Jahren, einen Rückgang um 6,7 % auf nunmehr 3497 Strafgefangene. Am 30. November 2011 waren es 3923 Gefangene, gegen die eine Freiheitsstrafe vollstreckt wurde – davon 194 Frauen. Gegenüber den Vorjahreszahlen im November 2010 stellt das einen Rückgang um 2,7 % dar.

Die Anzahl der Jugendstrafgefangenen hat sich in Niedersachsen zwischen dem 31.12.1995 und dem 31.12.2010 um insgesamt 27,3 % erhöht. Allerdings sanken die Belegungszahlen im Jugendstrafvollzug gegenüber dem Jahr 2000 (Stichtag 31.12.2000: 660) um 11,7 % auf nun 583 Jugendstrafgefangene. Am 30. November 2011 waren insgesamt 552 Personen im Jugendstrafvollzug – 16 davon weiblich. Gegenüber dem November 2010 (620) stellt dies einen weiteren Rückgang um 11 % dar.

Die Entwicklung der Anzahl der Strafgefangenen (Summe: Freiheitsstrafe und Jugendstrafe) in Niedersachsen von 1996 bis 2010 berechnet auf Basis der monatlichen Gefangenenbestandszahlen

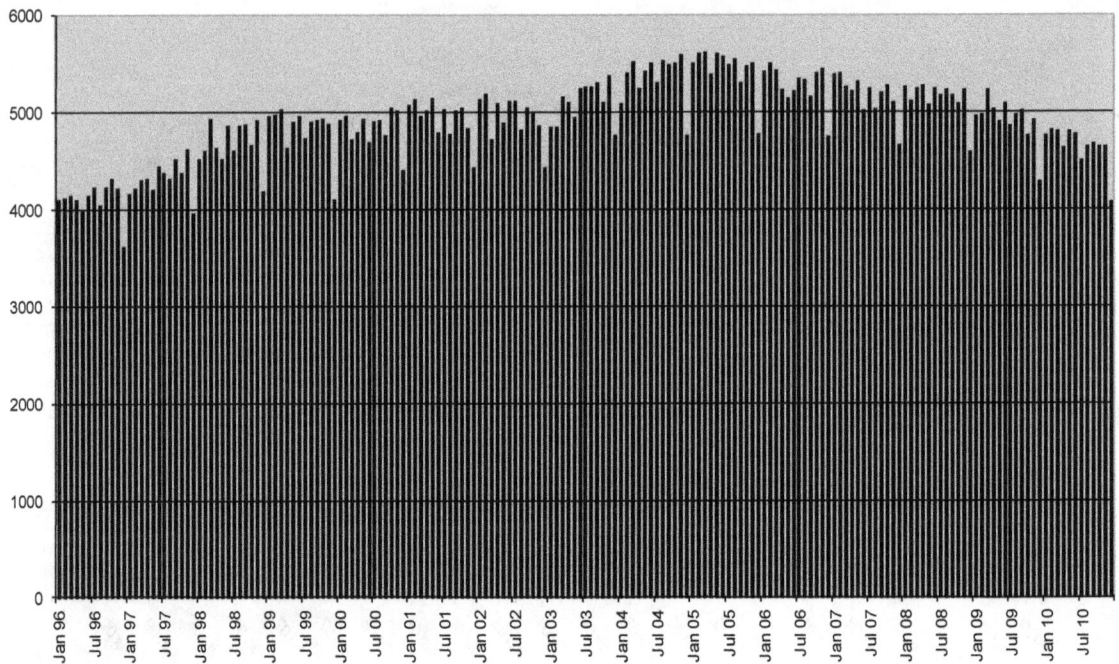

Cornel, ASH Berlin, August 2011

Niedersachsen Schaubild 1a

Da mir eine Aufschlüsselung zwischen den Erwachsenen und Jugendstrafgefangenen erst ab 2001 vorliegt, zeigt das Schaubild 1a die Summe ab 1996 und das Schaubild 1b die Belegungszahlen getrennt nach Jugendstrafvollzug und Erwachsenenvollzug.

Die Entwicklung der Anzahl der Strafgefangenen (Freiheitsstrafe und Jugendstrafe einzeln) in Niedersachsen von 2001 bis 2010 berechnet auf Basis der monatlichen Gefangenenbestandszahlen

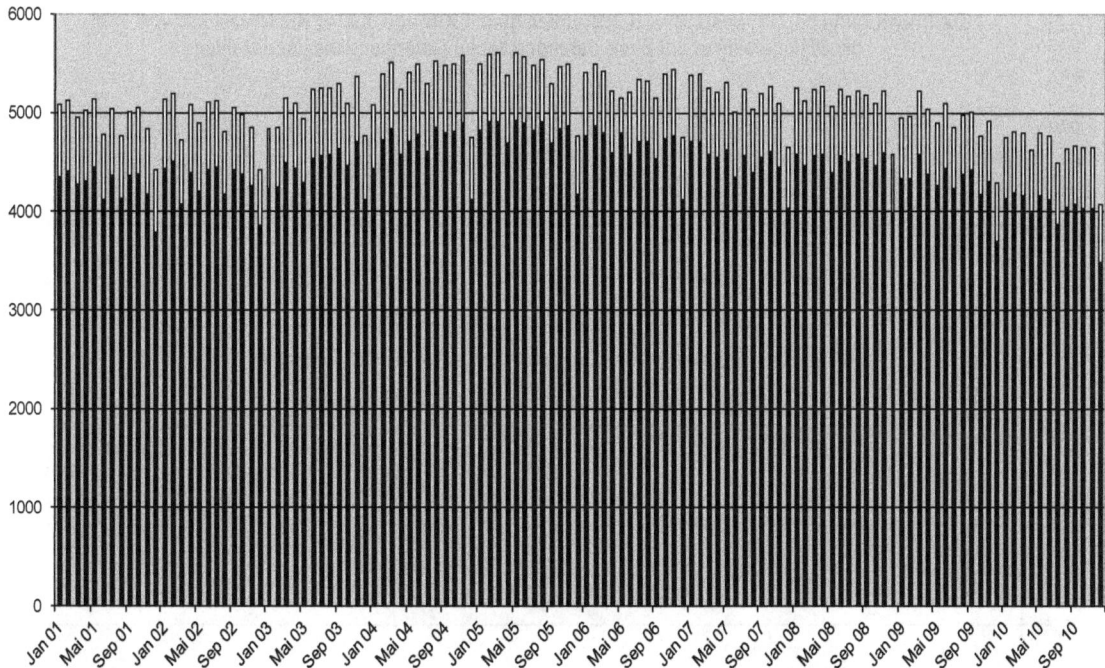

Comel, ASH Berlin, August 2011

Niedersachsen Schaubild 1b

Die monatlichen Strafrestaussetzungsquoten Niedersachsens schwankten in den letzten 15 Jahren abgesehen von zwei Ausreißern im März und Juli 2000 (48,3 % bzw. 46,2 %) zwischen 20 % und 40 %. Betrachtet man sich die Jahresdurchschnittszahlen der Strafrestaussetzungen in Niedersachsen, so sind interessante Entwicklungen, aber kein eindeutiger Trend festzustellen. Interessant ist zunächst das leichte Absinken der Strafrestaussetzungsquote in den Jahren bis zur Änderung des Strafgesetzbuches im Jahr 1998. Entgegen den Erwartungen stieg der Anteil der Strafrestaussetzungen in den Folgejahren bis zum Jahr 2000 auf den höchsten erreichten Wert (33,8 %) und übertraf damit erstmals den Bundesdurchschnitt. In den Folgejahren sanken die Jahresdurchschnittswerte dann langsam bis auf 25,6 %, um zuletzt wieder auf 27,1 % zu steigen.

Die Jahresdurchschnitte der Strafrestaussetzungsquoten Niedersachsens liegen meist in der Nähe des Bundesdurchschnitts. Neben dem oben schon erwähnten Jahr

2000 übertraf die niedersächsische Quote nur in den Jahren 2009 und 2010 den Bundesdurchschnitt leicht.

Die Entwicklung der Strafrestaussetzungsquoten gem. StGB und JGG in Niedersachsen von 1996 bis 2010 berechnet auf Basis der monatlichen Gefangenenbestandszahlen

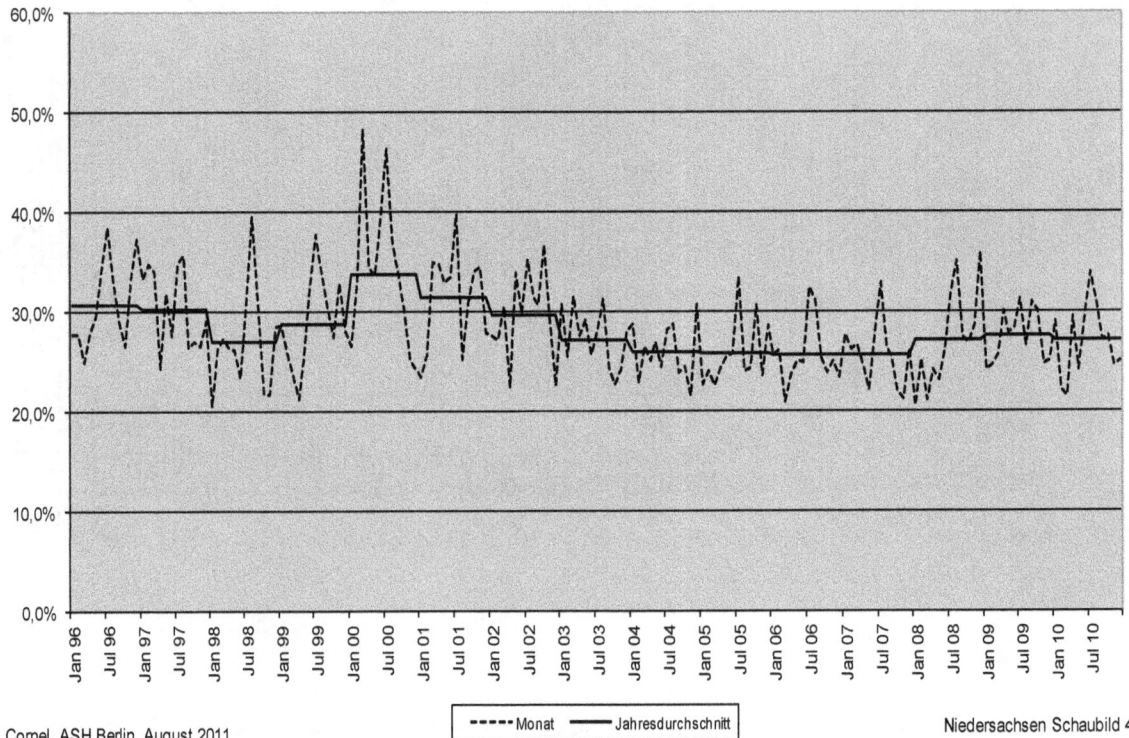

Cornel, ASH Berlin, August 2011   ------ Monat —— Jahresdurchschnitt   Niedersachsen Schaubild 4

Die Entwicklung der Strafrestaussetzungsquoten gem. StGB und JGG in Niedersachsen (jeweils
Jahresdurchschnitt) im Vergleich zu den Quoten im Bundesdurchschnitt von 1996 bis 2010
berechnet auf Basis der monatlichen Gefangenenbestandszahlen

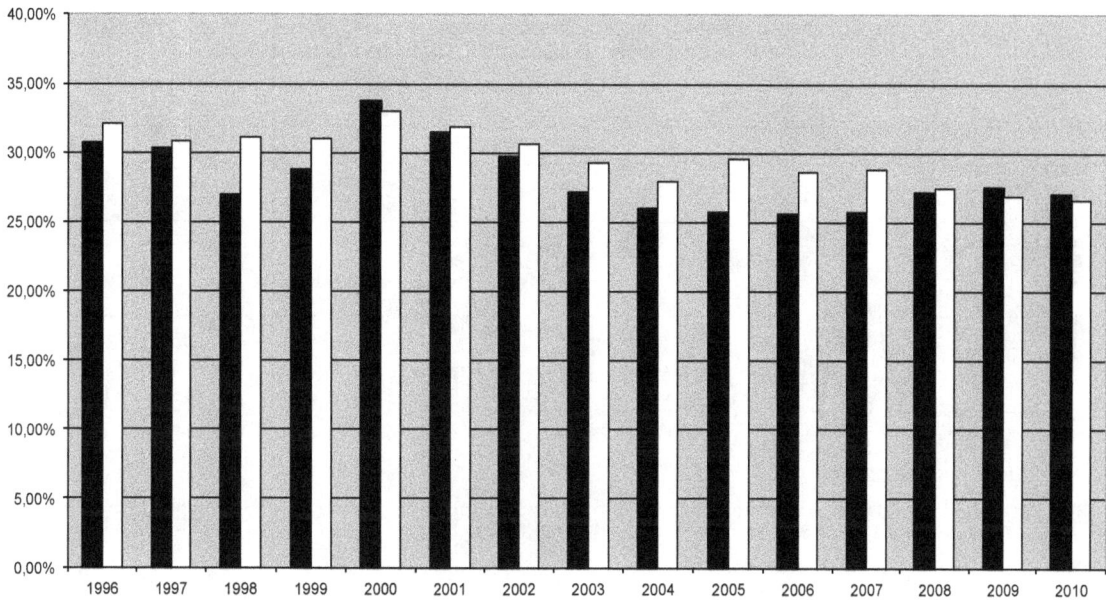

Cornel, ASH Berlin, Februar 2012   ■ Niedersachsen   □ BRD   Niedersachsen Schaubild 7

Wie oben ausgeführt, spielt die Anzahl der vollstreckten Ersatzfreiheitsstrafen beziehungsweise die zu diesem Zweck belegten Haftplätze eine wichtige Rolle bei der Höhe der Strafrestaussetzungsquote. Die Anzahl der Gefangenen, die eigentlich zu einer Geldstrafe verurteilt worden waren, schwankte in den letzten 15 Jahren zwischen 180 und 521 stichtagsbezogenen am jeweiligen Monatsletzten beziehungsweise zwischen 4,3 % und 9,7 %. Auf den Schaubildern 3a und 3b lässt sich deutlich erkennen, dass nach einem Anstieg und Sinken in der zweiten Hälfte der Neunzigerjahre auch in den drei ersten Jahren des neuen Jahrzehnts zunächst ein schneller Anstieg zu verzeichnen war, seither die absoluten Zahlen und der Anteil der Ersatzfreiheitsstrafer aber langsam sinkt auf zuletzt 6 % im Jahresdurchschnitt 2010, ein Wert, der immer noch über dem Anteil von 1996 (5,1 %) liegt. Die Jahre mit verhältnismäßig hoher Strafrestaussetzungsquote im Jahresdurchschnitt (1996, 2000, 2001 und 2010) sind zugleich solche mit einem geringen Anteil von Haftplätzen im Jahresdurchschnitt, auf denen Ersatzfreiheitsstrafen vollstreckt wurden. In den Jahren 1998 und 2004 bis 2007 hingegen war die durchschnittliche Strafrestaussetzungsquote niedrig und der Anteil der Haftplätze, der mit Ersatzfreiheitsstrafern belegt war hoch. Auf die Interdependenz, die sich hier wieder bestätigt, aufgrund der hohen Fluktuation nach kurzen Ersatzfreiheitsstrafenvollstreckungen,

111

die regelmäßig nicht zur Bewährung ausgesetzt werden, wurde bereits mehrfach hingewiesen.

**Die Entwicklung der Vollstreckung von Ersatzfreiheitsstrafen in Niedersachsen von 1996 bis 2010
berechnet auf Basis der monatlichen Gefangenenbestandszahlen**

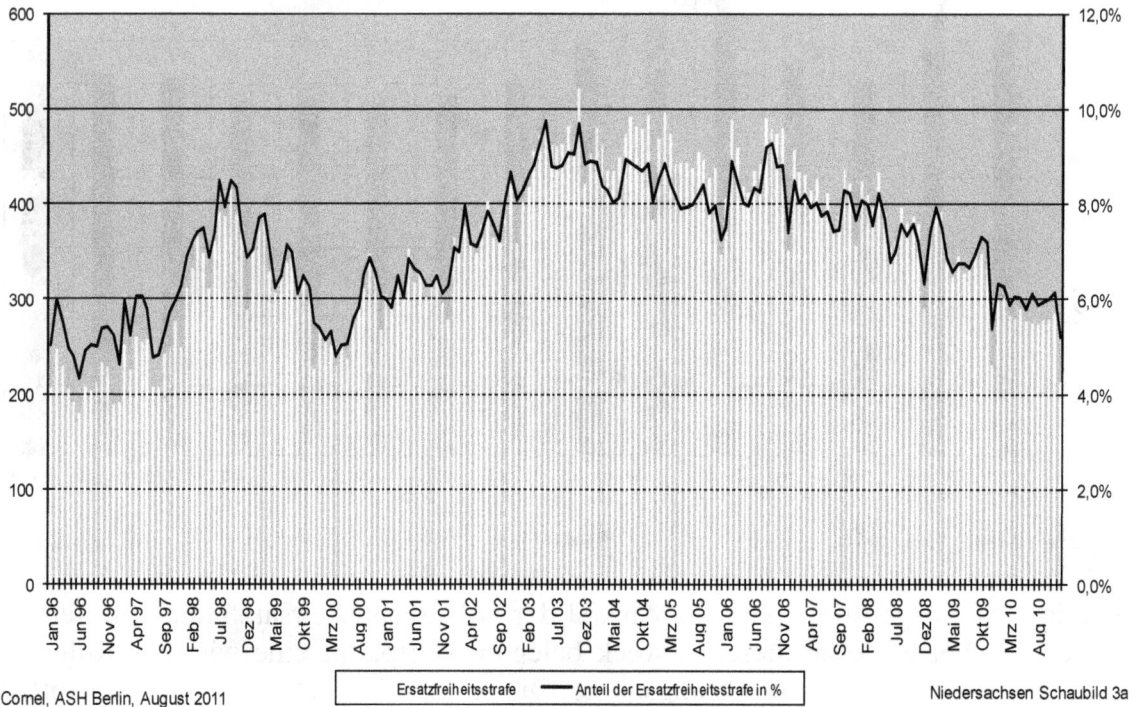

Cornel, ASH Berlin, August 2011   Ersatzfreiheitsstrafe   —— Anteil der Ersatzfreiheitsstrafe in %   Niedersachsen Schaubild 3a

112

Die Entwicklung des Anteils der Vollstreckung von Ersatzfreiheitsstrafen in Niedersachsen von 1996 bis 2010 berechnet auf Basis der monatlichen Gefangenenbestandszahlen

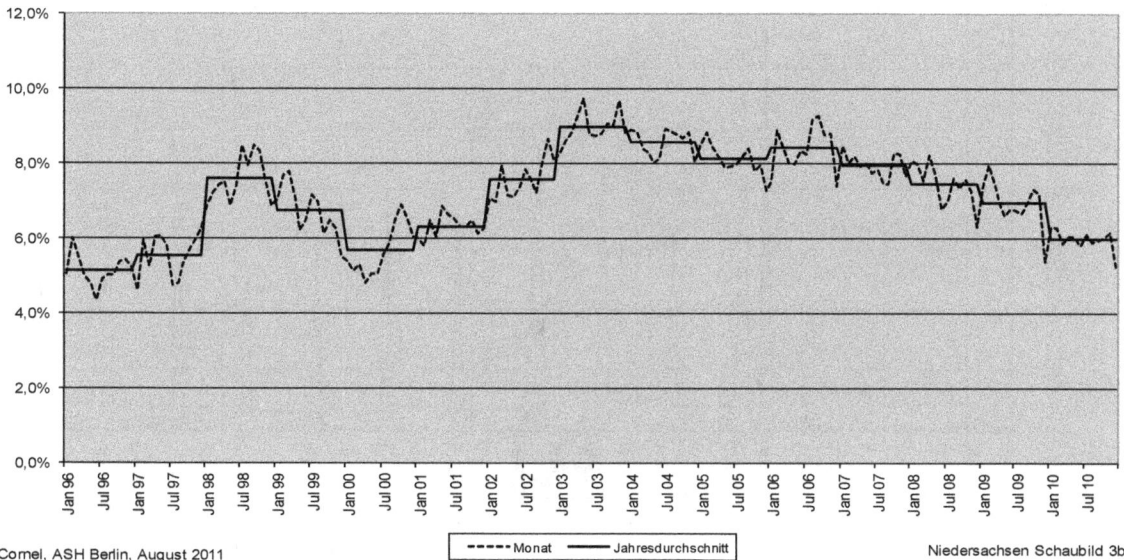

Cornel, ASH Berlin, August 2011   - - - - Monat   —— Jahresdurchschnitt   Niedersachsen Schaubild 3b

Seit 1999 gibt es auch in Niedersachsen die so genannten Weihnachtsamnestien und damit Spielen Haftentlassungen auf dem Gnadenweg seither eine deutlich größere Rolle als zuvor. Während in den Jahren 1996 – 1998 durchschnittlich weniger als ein halbes Prozent auf dem Gnadenweg entlassen wurden, liegt die Quote nach dem Jahr 1999, in welchem sowohl im Juli als auch im November jeweils ein Drittel aller Haftentlassungen auf dem Gnadenweg erfolgte, nun aufgrund dieser so genannten Weihnachtsamnestien meist zwischen 1 % und 2 %.

Die Entwicklung des Anteils der Aussetzungen im Wege der Gnade in Niedersachsen von 1996 bis 2010 berechnet auf Basis der monatlichen Gefangenenbestandszahlen

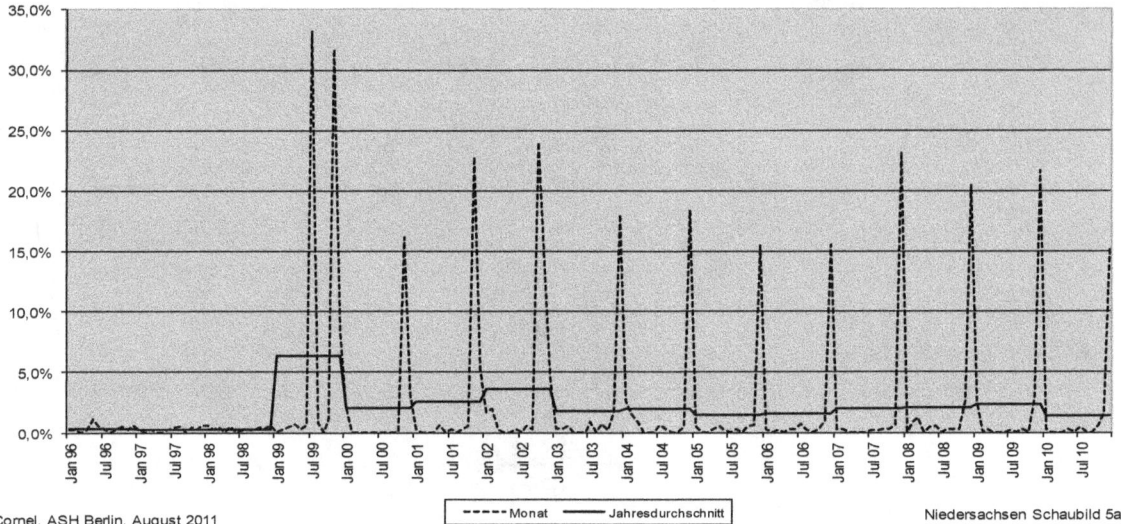

Cornel, ASH Berlin, August 2011

Niedersachsen Schaubild 5a

Die Entwicklung des Anteils der Aussetzungen im Wege der Gnade in Niedersachsen von 1996 bis 2010 berechnet auf Basis der Jahresdurchschnitte der monatlichen Gefangenenbestandszahlen

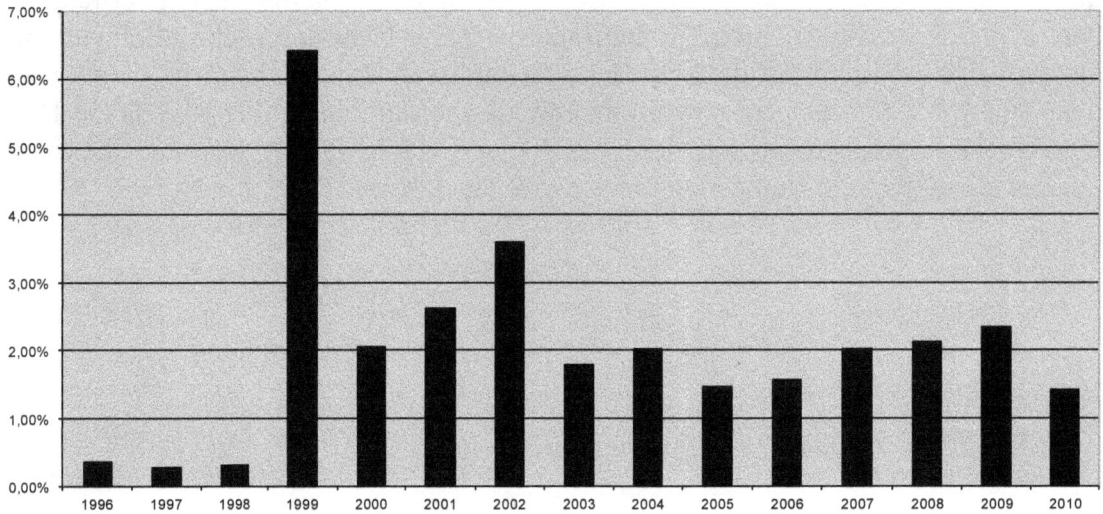

Cornel, ASH Berlin, August 2011

Niedersachsen Schaubild 5b

Addiert man die vorzeitigen Entlassungen durch die Strafvollstreckungskammern und auf dem Weg der Gnade, so zeigt sich für Niedersachsen ein leichtes Absinken des Anteils der Strafrestaussetzungen gegenüber dem Vergleichsjahr 1996 von 31,1 % auf 28,5 %, wobei darauf hingewiesen sei, dass diese Summe der Strafrest-

114

aussetzungen bezogen auf die Entlassungen, die zum Strafende erfolgten, 1999 und im Jahr 2000 mehr als 35 % betrug.

Der Anteil der bedingten Strafrestaussetzungen durch die Strafvollstreckungskammern oder auf dem Gnadenweg an allen Entlassungen betrug in Niedersachen 2010 22,2 %.

Die Entwicklung der Strafrestaussetzungsquoten gem. StGB und JGG sowie im Wege der Gnade in Niedersachsen von 1996 bis 2010 berechnet auf Basis der Jahresdurchschnitte der monatlichen Gefangenenbestandszahlen

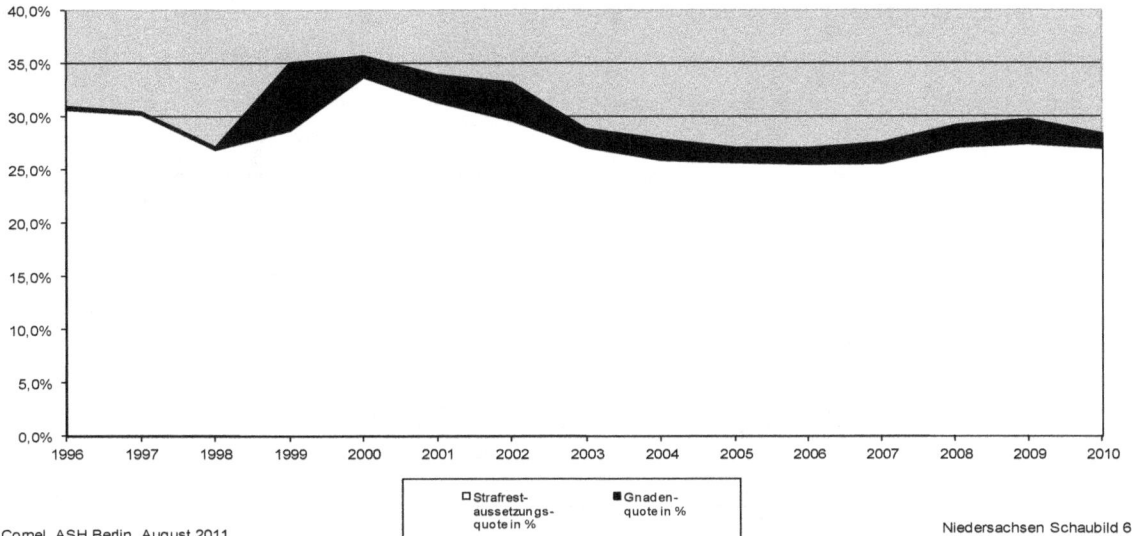

Comel, ASH Berlin, August 2011

☐ Strafrest-
aussetzungs-
quote in %

■ Gnaden-
quote in %

Niedersachsen Schaubild 6

3.2.10 Nordrhein-Westfalen

In Nordrhein-Westfalen stiegen die Belegungszahlen aus Untersuchungshaft, Freiheits- und Jugendstrafe zwischen dem 31.12.1995 und dem 31.12.2010 um 6,1 % auf 13.982 Gefangene. Nordrhein-Westfalen lag damit leicht über dem Bundesdurchschnitt von 4,2 %.

Überdurchschnittlich sank in Nordrhein-Westfalen die Anzahl der Untersuchungsgefangenen, nämlich um 45,6 % gegenüber dem Jahr 2000 und um 51,2 % gegenüber dem 31.12.1995. Am 31. Dezember 2010 gab es in Nordrhein-Westfalen 2124 Untersuchungsgefangene. Am 30. November 2011 war diese Anzahl mit 2389 auch gegenüber dem Vergleichsmonat des Vorjahres (2228) wieder leicht gestiegen.

Die Entwicklung der Belegung der Justizvollzugsanstalten und insb. der
Untersuchungshaftanstalten in Nordrhein-Westfalen von 1996 bis 2010 auf Basis der monatlichen
Gefangenenbestandszahlen

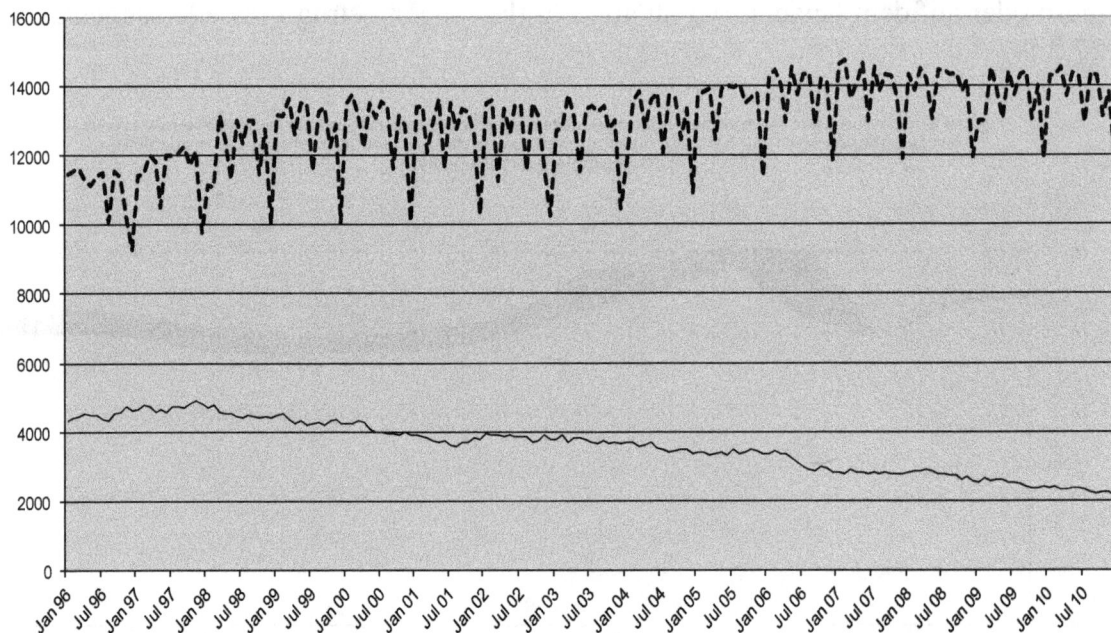

Cornel, ASH Berlin, August 2011 — U-Haft — ▪▪▪ Freiheits- und Jugendstrafe — Nordrhein-Westfalen Schaubild 2

Die Anzahl der erwachsenen Strafgefangenen ist in Nordrhein-Westfalen zwischen 1995 und 2010 (jeweils Stichtag 31.12.) um 35,9 % auf 10.562 angestiegen. In den zehn Jahren seit dem 31. Dezember 2000 stieg die Anzahl um 18,9 % – beide Quoten lagen über dem Bundesdurchschnitt. Nur in Bayern und dem Saarland gab es in den letzten zehn Jahren einen vergleichbaren Anstieg. Am 30. November 2011 waren in Nordrhein-Westfalen 12.258 erwachsene Strafgefangene inhaftiert, davon 719 Frauen. Im Vergleichsmonat des Jahres 2010 waren es noch 12.383 Strafgefangene, darunter 772 Frauen, gewesen.

Die Anzahl der Jugendstrafgefangenen ist zwischen dem 31.12.1995 und dem 31. Dezember 2010 um 21,9 % auf 1296 gestiegen. Nordrhein-Westfalen ist das einzige Bundesland in dem die Anzahl der Jugendstrafgefangenen auch gegenüber dem 31. Dezember 2000 weiter angestiegen ist, nämlich nochmals um 6,8 %. Am 30.11.2011 waren es 1456 Jugendstrafgefangene (darunter 51 weibliche) gegenüber 1468 Jugendstrafgefangenen (darunter 64 weiblich) im Vergleichsmonat des Vorjahres.

Die Entwicklung der Anzahl der Strafgefangenen (Summe: Freiheitsstrafe und Jugendstrafe) in Nordrhein-Westfalen von 1996 bis 2010 berechnet auf Basis der monatlichen Gefangenenbestandszahlen

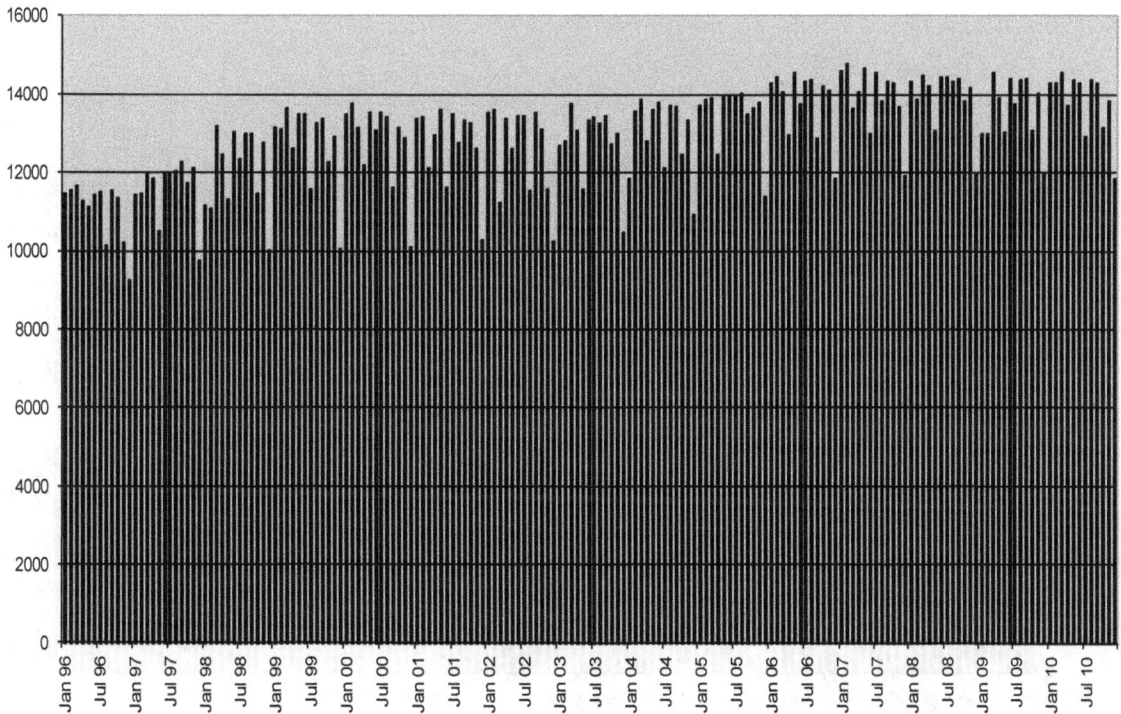

Comel, ASH Berlin, August 2011   Nordrhein-Westfalen Schaubild 1a

Da mir alle monatlichen Gefangenenbestandszahlen Nordrhein-Westfalens erst ab 2001 vorlagen, erfolgt die gesonderte Ausweisung der Jugendstrafgefangenen in einer zweiten Grafik.

Die Entwicklung der Anzahl der Strafgefangenen (Freiheitsstrafe und Jugendstrafe einzeln) in Nordrhein-Westfalen von 2001 bis 2010 berechnet auf Basis der monatlichen Gefangenenbestandszahlen

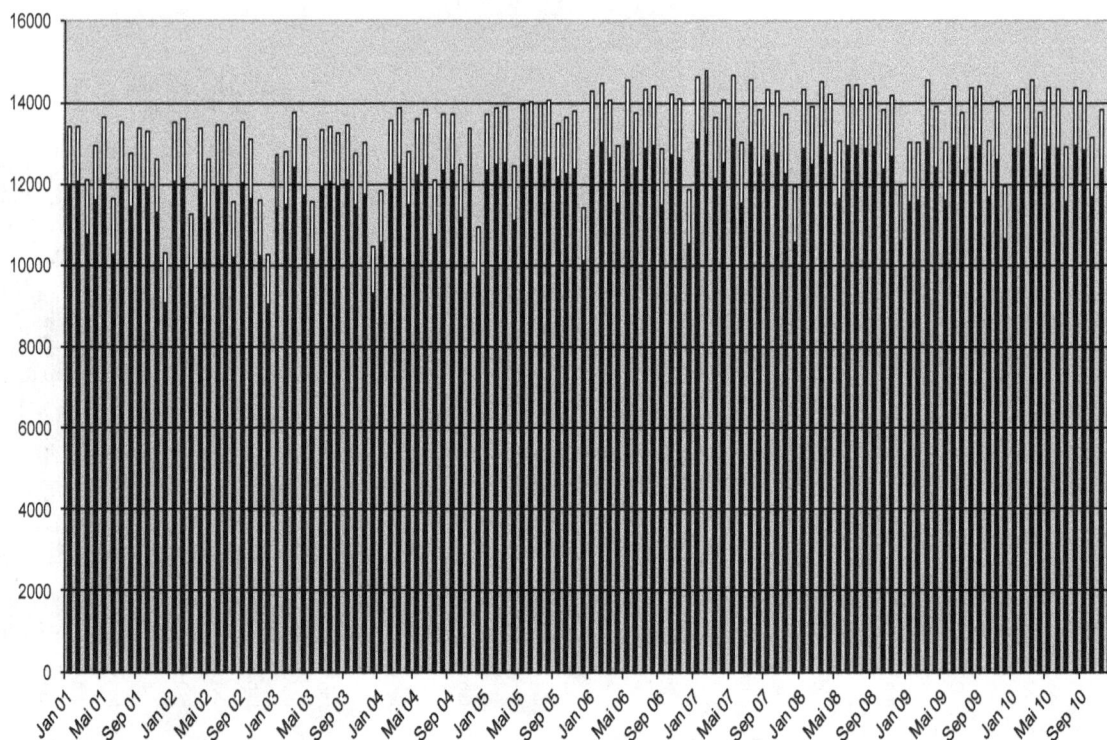

Cornel, ASH Berlin, August 2011

Nordrhein-Westfalen Schaubild 1b

Die monatlichen Strafrestaussetzungsquoten Nordrhein-Westfalens schwankten zwischen Januar 1996 und Dezember 2010 zwischen dem Höchstwert 39,3 % im August 1996 und der niedrigsten Quote von 16,9 % im Oktober 2007. Betrachtet man sich die Jahresdurchschnittszahlen der Strafrestaussetzungsquoten in Nordrhein-Westfalen so sanken diese kontinuierlich von 36,5 % im Jahr 1996 bis zu 23,2 % im Jahr 2010, wobei die Werte seit 2005 etwa auf gleichem Niveau blieben. Ein Zusammenhang mit der Gesetzesänderung von 1998 ist nicht auszuschließen, liegt als Erklärung aber nicht nahe, weil ein erstes drastisches Absinken der Quote sich bereits vor der Gesetzesänderung einstellte, und ein zweites erst vier bis sechs Jahre später.

Die besonders starke Verringerung der Strafrestaussetzungsquote in Nordrhein-Westfalen wird auch im Vergleich zum Bundesdurchschnitt deutlich. Lag die Strafrestaussetzungsquote Nordrhein-Westfalens im Jahr 1996 noch über der des Bundes, so hat sich dieses Verhältnis nun umgedreht, was umso bemerkenswerter ist, weil Nordrhein-Westfalen mit seinen vielen Haftentlassungen die Bundesquote ganz maßgeblich bestimmt.

Die Entwicklung der Strafrestaussetzungsquoten gem. StGB und JGG in Nordrhein-Westfalen von 1996 bis 2010 berechnet auf Basis der monatlichen Gefangenenbestandszahlen

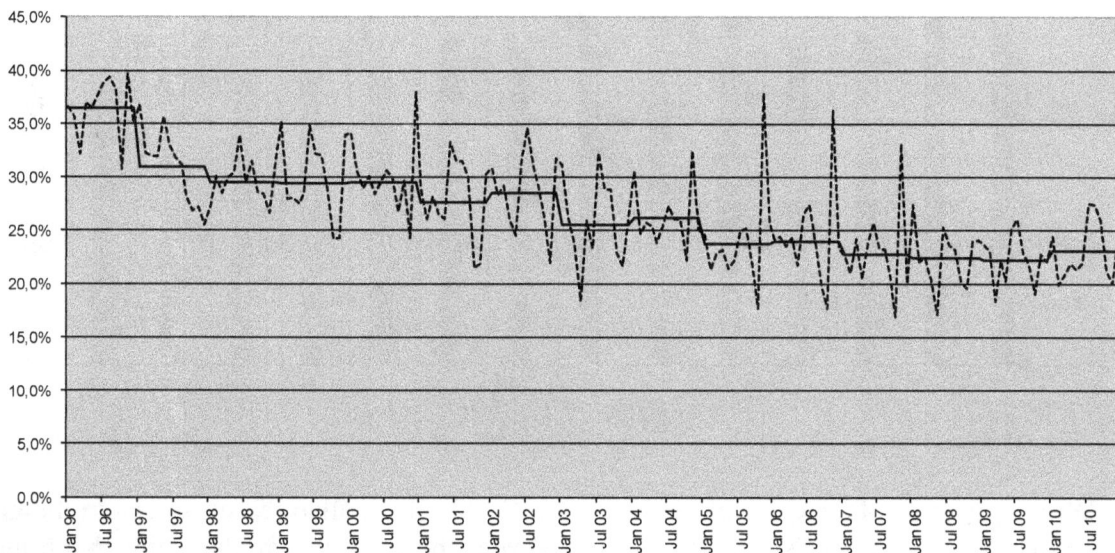

Comel, ASH Berlin, August 2011   ----- Monat   —— Jahresdurchschnitt   Nordrhein-Westfalen Schaubild 4

Die Entwicklung der Strafrestaussetzungsquoten gem. StGB und JGG in Nordrhein-Westfalen (jeweils Jahresdurchschnitt) im Vergleich zu den Quoten im Bundesdurchschnitt von 1996 bis 2010 berechnet auf Basis der monatlichen Gefangenenbestandszahlen

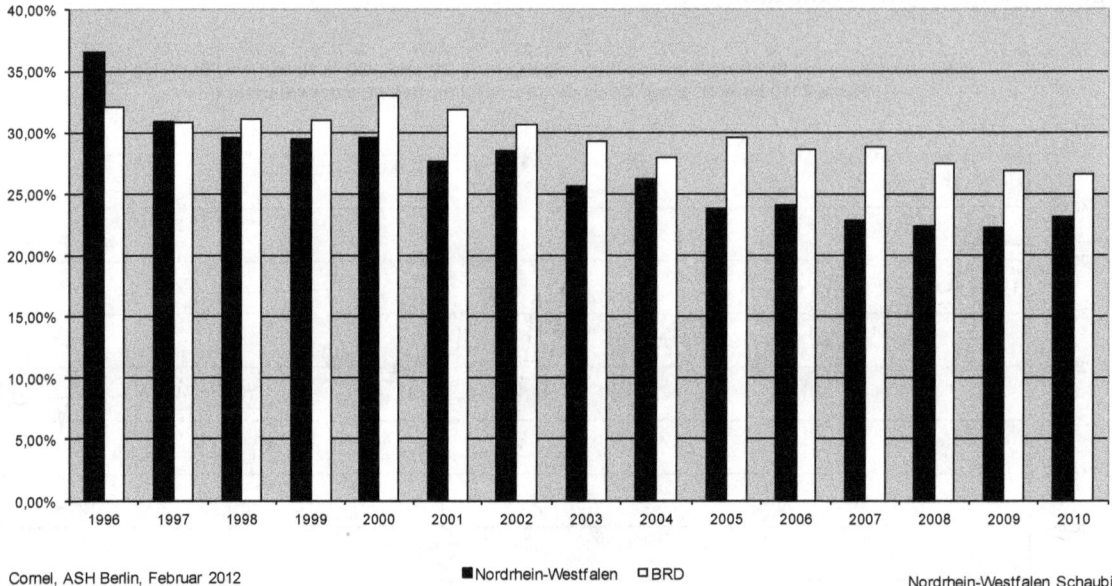

Cornel, ASH Berlin, Februar 2012   ■ Nordrhein-Westfalen   □ BRD   Nordrhein-Westfalen Schaubild 7

Wie bereits mehrfach erwähnt, spielen die Anzahl der vollstreckten Ersatzfreiheitsstrafen Beziehungsweise die zu diesem Zweck belegten Haftplätze eine wichtige
Rolle bei der Höhe der Strafrestaussetzungsquote. In NRW schwankte der Anteil
der so belegten Haftplätze in den letzten 15 Jahren im jeweiligen Jahresdurchschnitt zwischen 5,6 % und 7,5 %, meist zwischen 6 und 7 %. Zuletzt war diese
Quote im Jahr 2010 ebenso hoch wie im Jahr 1996. Am 30.11.2011 verbüßten 867
Gefangene, die eigentlich zu einer Geldstrafe verurteilt worden waren, eine Ersatzfreiheitsstrafe in Nordrhein-Westfalen. Aufgrund der verhältnismäßig geringen
Schwankungen ist der Einfluss auf die Höhe der Strafrestaussetzungsquote nicht
besonders hoch einzuschätzen.

Die Entwicklung der Vollstreckung von Ersatzfreiheitsstrafen in Nordrhein-Westfalen von 1996 bis 2010 berechnet auf Basis der monatlichen Gefangenenbestandszahlen

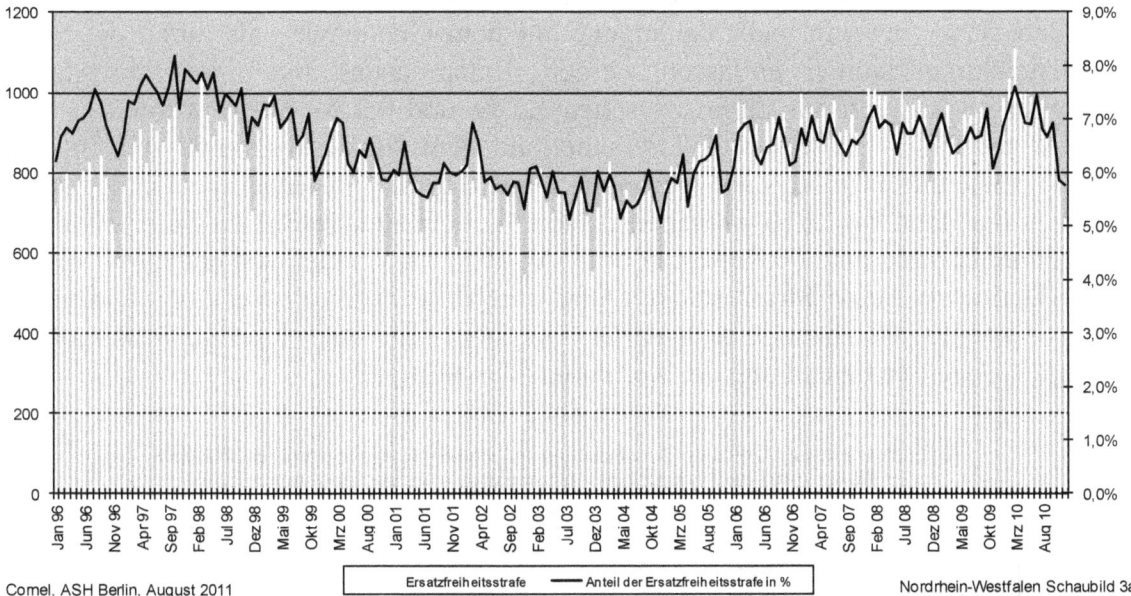

Cornel, ASH Berlin, August 2011

Ersatzfreiheitsstrafe ——— Anteil der Ersatzfreiheitsstrafe in %

Nordrhein-Westfalen Schaubild 3a

Die Entwicklung des Anteils der Vollstreckung von Ersatzfreiheitsstrafen in Nordrhein-Westfalen von 1996 bis 2010 berechnet auf Basis der monatlichen Gefangenenbestandszahlen

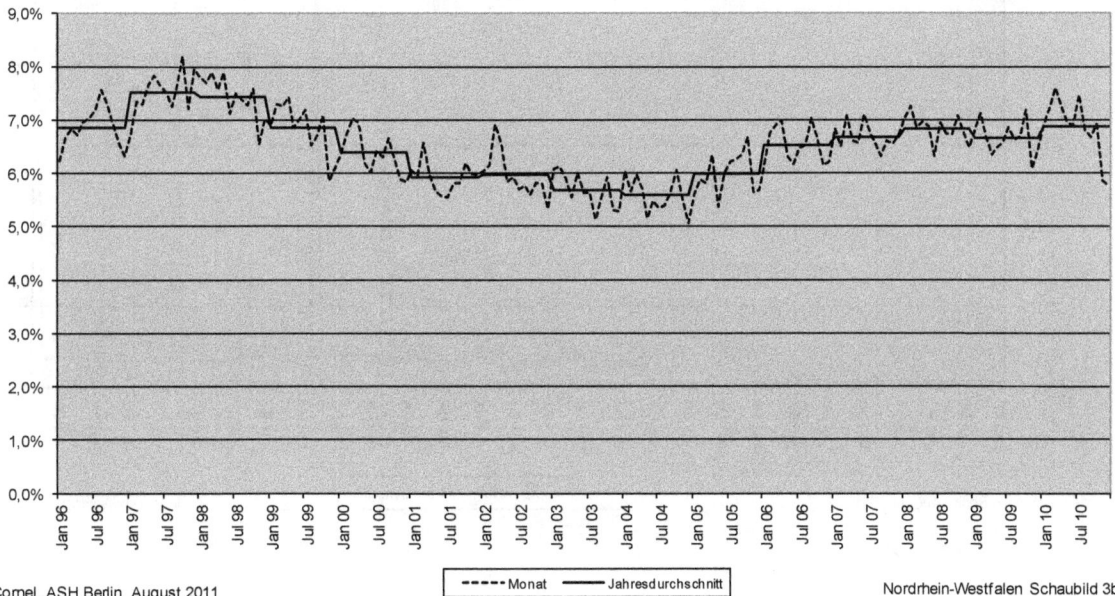

Cornel, ASH Berlin, August 2011

----- Monat ——— Jahresdurchschnitt

Nordrhein-Westfalen Schaubild 3b

121

Die Bedeutung der Haftentlassungen auf dem Gnadenweg ist in Nordrhein-Westfalen seit dem Jahr 2004 deutlich gewachsen, da seit diesem Jahr so genannte Weihnachtsamnestien durchgeführt werden, die regelmäßig im November dazu führen, dass vorzeitig mehr Gefangene auf dem Gnadenweg als durch die Strafvollstreckungskammer entlassen werden. Entsprechend blieb die Jahresdurchschnittsgnadenquote bis dahin zwischen 1,1 % und 0,3 %. Meist wurden in ganz NRW pro Jahr weniger als 100 Personen auf dem Gnadenweg entlassen. Im Jahr 2004 stieg diese Quote dann sprunghaft auf 6,5 % und im Folgejahr sogar auf 8,0 % um dann bis 2010 zwischen diesen Werten zu schwanken. Seither werden regelmäßig mehr als 700 Personen in NRW auf dem Gnadenweg entlassen, für die per Definition keine Strafrestaussetzung durch die Strafvollstreckungskammer in Frage kommt. Oft handelt es sich dabei allerdings nur um vorzeitige Entlassungen wenige Tage vor Erreichung des Zeitpunkts des Strafendes.

Die Entwicklung des Anteils der Aussetzungen im Wege der Gnade in Nordrhein-Westfalen von 1996 bis 2010 berechnet auf Basis der monatlichen Gefangenenbestandszahlen

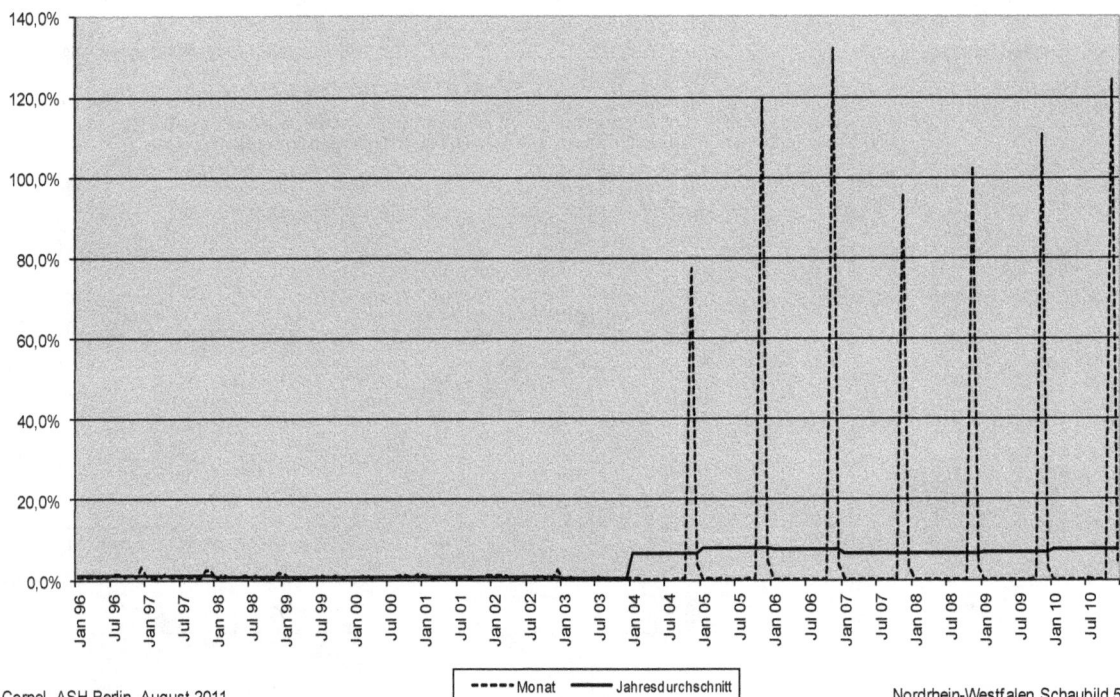

Cornel, ASH Berlin, August 2011

------Monat   ——Jahresdurchschnitt

Nordrhein-Westfalen Schaubild 5a

Die Entwicklung des Anteils der Aussetzungen im Wege der Gnade in Nordrhein-Westfalen von 1996 bis 2010 berechnet auf Basis der Jahresdurchschnitte der monatlichen Gefangenenbestandszahlen

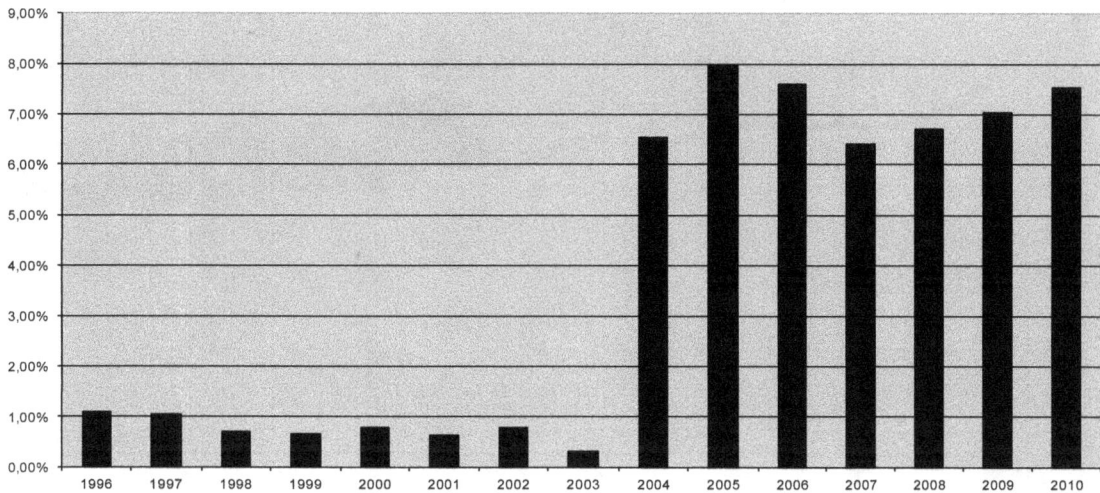

Comel, ASH Berlin, August 2011

Nordrhein-Westfalen Schaubild 5b

Addiert man die vorzeitigen Entlassungen durch die Strafvollstreckungskammern und auf dem Weg der Gnade für Nordrhein-Westfalen, so zeigt sich, dass die gestiegene Anzahl der Gnadenerweise das Absinken der Strafrestaussetzungsquote durch die Strafvollstreckungskammern zu einem Teil ausgleicht, so dass weiterhin gut 30 bedingte Entlassungen auf 100 Entlassungen zum Strafende kommen.

Der Anteil der bedingten Strafrestaussetzungen durch die Strafvollstreckungskammern oder auf dem Gnadenweg an allen Entlassungen betrug in NRW 2010 also 23,5 %.

Die Entwicklung der Strafrestaussetzungsquoten gem. StGB und JGG sowie im Wege der Gnade in Nordrhein-Westfalen von 1996 bis 2010 berechnet auf Basis der Jahresdurchschnitte der monatlichen Gefangenenbestandszahlen

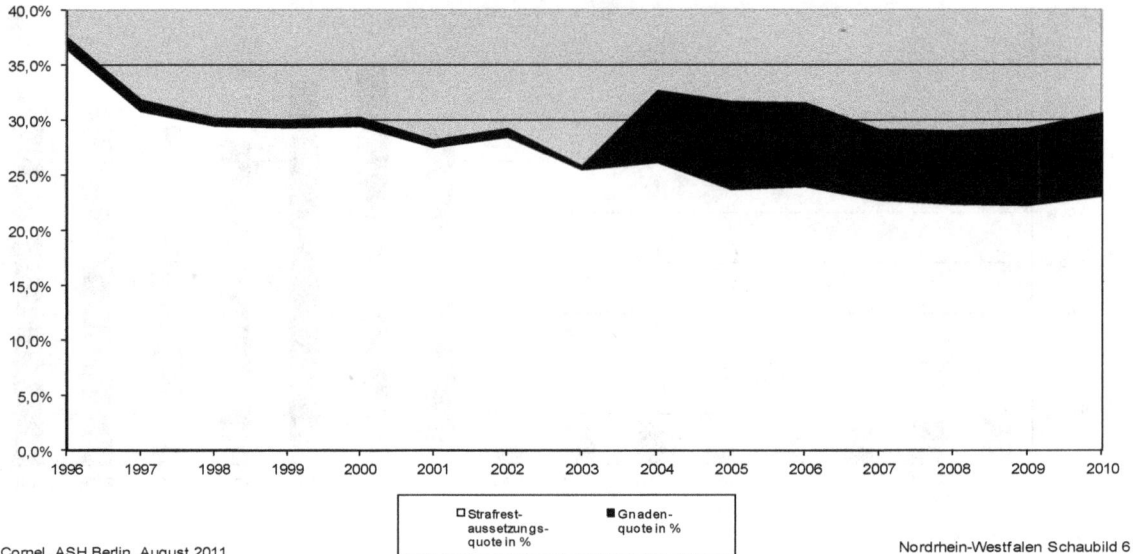

Die Entwicklung der Strafrestaussetzungsquoten gem. StGB und JGG sowie im Wege der Gnade in Nordrhein-Westfalen von 1996 bis 2010 berechnet auf Basis der Jahresdurchschnitte der monatlichen Gefangenenbestandszahlen

Cornel, ASH Berlin, August 2011

Nordrhein-Westfalen Schaubild 6

3.2.11 Rheinland-Pfalz

Rheinland-Pfalz hatte in der Zeit vom 31.12.1995 bis zum 31.12.2010 in seinen Belegungszahlen aus Untersuchungshaft, Freiheits- und Jugendstrafe ein leicht überdurchschnittliches Wachstum von 9,5 % auf 3032 Gefangene. Im Bundesdurchschnitt betrug der Anstieg 4,2 %. In Sachsen Anhalt und Thüringen war der Anstieg deutlich höher und in Niedersachsen, Mecklenburg-Vorpommern und Bayern etwas höher.

In den Untersuchungshaftanstalten in Rheinland-Pfalz gab es einen deutlichen Rückgang der Belegung um 50,3 % gegenüber 1995 und 44,3 % gegenüber dem Jahr 2000. Am 31.12.2010 gab es in Rheinland-Pfalz insgesamt 445 Untersuchungsgefangene. Am 30. November 2011, um die aktuellsten Zahlen zu nennen, war die Belegung auf 348 gesunken – im Vergleichsmonat des Vorjahres gab es in Rheinland-Pfalz noch 479 Untersuchungsgefangene.

Die detaillierten monatlichen Gefangenenbestandszahlen lagen mir nur für die Jahre 2001 – 2010 vor[106], deshalb beziehen sich die Grafiken auch nur auf diesen Zeitraum.

Die Entwicklung der Belegung des Justizvollzugsanstalten und insb. der Untersuchungshaftanstalten in Rheinland-Pfalz von 2001 bis 2010 auf Basis der monatlichen Gefangenenbestandszahlen

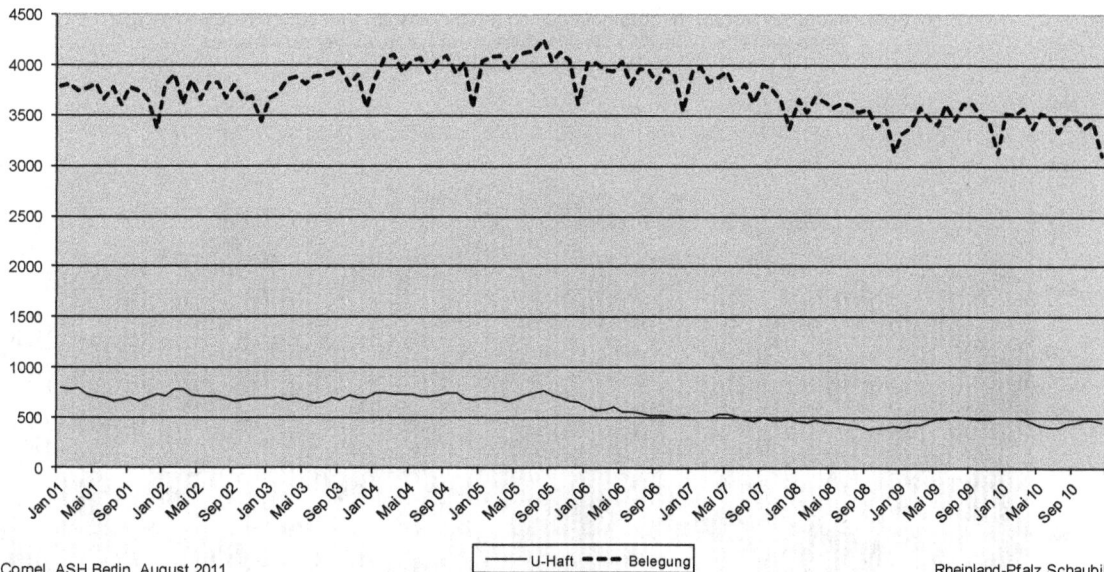

Cornel, ASH Berlin, August 2011   U-Haft ▪▪▪ Belegung   Rheinland-Pfalz Schaubild 2

Die Anzahl der erwachsenen Strafgefangenen ist in Rheinland-Pfalz zwischen 1995 und 2010 um 34,8 %, also leicht überdurchschnittlich, auf 2230 Gefangene angestiegen. Dieses Wachstum ist vor allem auf die Jahre 1996 bis 2000 zurückzuführen. In den zehn Jahren seit dem 31.12.2000 bis Ende 2010 stieg die Gefangenenzahl im erwachsenen Strafvollzug nur noch um 3,6 %, was leicht unter dem Bundesdurchschnitt liegt. Am 30. November 2011 waren es in Rheinland-Pfalz 2417 Gefangene, gegen die eine Freiheitsstrafe vollstreckt wurde – davon 154 Frauen. Gegenüber den Vorjahreszahlen aus dem November (2485, davon 138 weiblich) stellt das einen leichten Rückgang dar.

Die Anzahl der Jugendstrafgefangenen stieg in Rheinland-Pfalz zwischen dem 31.12.1995 und dem ein 31.12.2010 um 63,0 % auf 357 Jugendstrafgefangene an.

---

[106] Selbst diese Daten lagen dem Landesjustizministerium nicht mehr vollständig vor. Das Bundesministerium der Justiz sowie das Bundesarchiv haben mich bei der Erlangung insbesondere der Gefangenenbestandszahlen aus den Jahren 2001 und 2002 unterstützt, wofür ich mich an dieser Stelle hiermit bedanke möchte.

Nur in Hamburg war der Anstieg noch höher und im Bundesdurchschnitt stieg die Anzahl der Jugendstrafgefangenen um 21,5 %. In den letzten zehn Jahren sank die Anzahl der Jugendstrafgefangenen um 5,8 %, wobei dies deutlich weniger als im Bundesdurchschnitt ist. Am 30.11.2011 gab es 351 Jugendstrafgefangene (davon neun weiblich) – ein Rückgang um 4,8 % gegenüber dem Vergleichsmonat des Vorjahres.

Die Entwicklung der Anzahl der Strafgefangenen (Freiheitsstrafe und Jugendstrafe einzeln) in Rheinland-Pfalz von 2001 bis 2010 berechnet auf Basis der monatlichen Gefangenenbestandszahlen

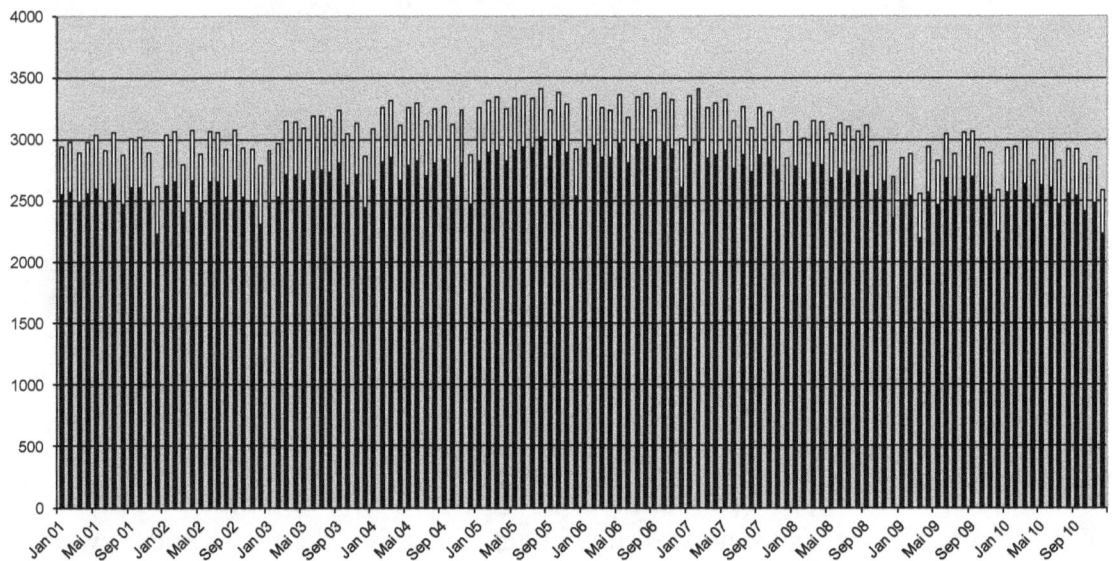

Cornel, ASH Berlin, August 2011

Rheinland-Pfalz Schaubild 1b

Die monatlichen Strafrestaussetzungsquoten in Rheinland-Pfalz schwankten zwischen dem Januar 2001 und dem 31. Dezember 2010 zwischen 80,4 % und 22 %. Betrachtet man sich die Jahresdurchschnittszahlen der Strafrestaussetzung in Rheinland-Pfalz so ist ein klarer Trend unverkennbar. Betrug diese Quote im Jahr 2001 noch 61,8 %, so sank sie in den Folgejahren kontinuierlich auf nun 32,5 %.

Die Entwicklung der Strafrestaussetzungsquoten gem. StGB und JGG in Rheinland-Pfalz von 2001 bis 2010 berechnet auf Basis der monatlichen Gefangenenbestandszahlen

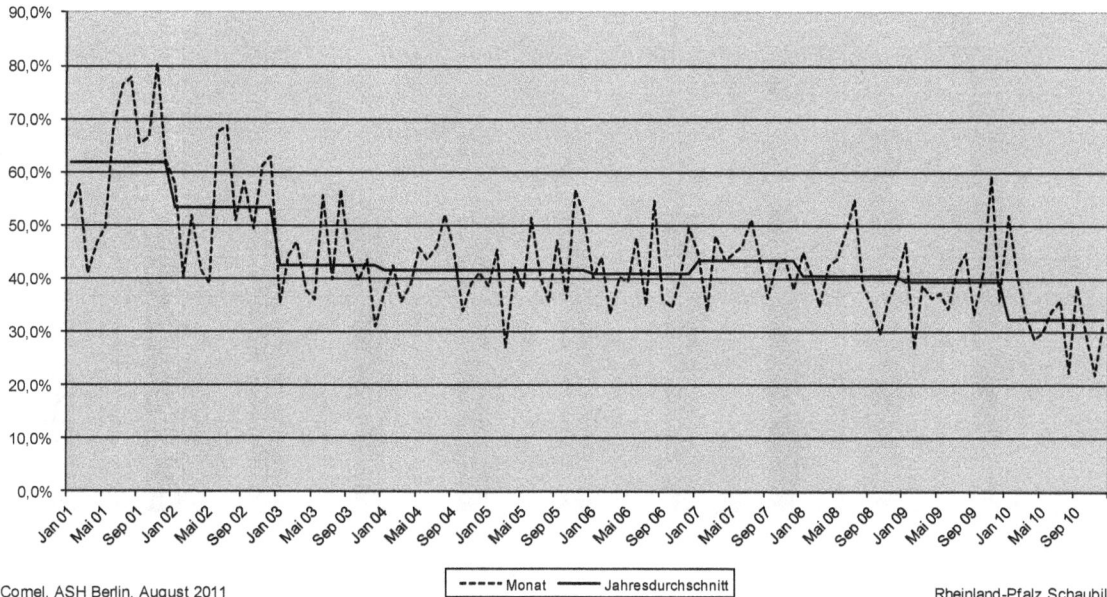

Comel, ASH Berlin, August 2011   - - - - Monat —— Jahresdurchschnitt   Rheinland-Pfalz Schaubild 4

Damit liegt Rheinland-Pfalz zwar immer noch deutlich über dem Bundesdurchschnitt, die folgende Grafik macht aber deutlich, wie sich der Abstand verringert hat.

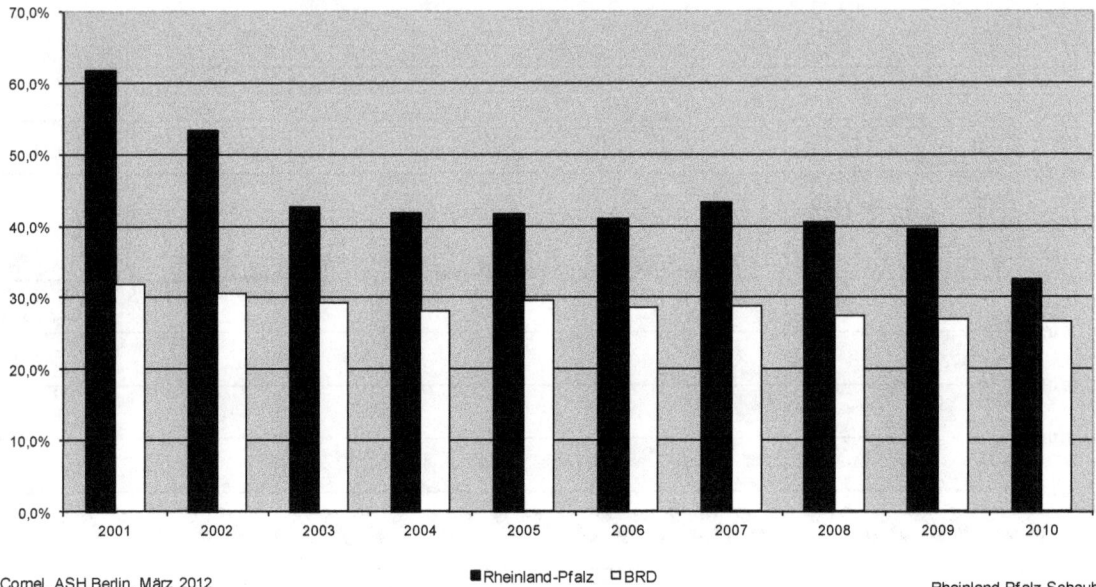

Cornel, ASH Berlin, März 2012   ■Rheinland-Pfalz □BRD   Rheinland-Pfalz Schaubild 7

Wie schon verschiedentlich ausgeführt, spielt die Anzahl der vollstreckten Ersatzfreiheitsstrafen beziehungsweise die zu diesem Zweck belegten Haftplätze eine
wichtige Rolle bei der Höhe der Strafrestaussetzungsquote. Sind viele Haftplätze
mit den so genannten Ersatzfreiheitsstrafern belegt, die üblicherweise nicht vorzeitig bedingt durch die Strafvollstreckungskammern entlassen werden, so führt dies
automatisch zu einer niedrigeren Strafrestaussetzungsquote. In Rheinland-Pfalz ist
der Anteil der Haftplätze, auf denen Ersatzfreiheitsstrafen vollstreckt werden, seit
2001 kontinuierlich von 3,6 % auf 5,7 % im Jahr 2010 angestiegen. Dies hat den
Anteil von Gefangenen, die zum Strafende entlassen werden deutlich erhöht, zumal
Ersatzfreiheitsstrafen im Verhältnis zu den anderen Freiheitsstrafen kurz sind und
dies zu einer hohen Fluktuation und damit vielen Haftentlassungen führt. Am 30.
November 2011 waren insgesamt 130 Plätze so belegt.

Die Entwicklung der Vollstreckung von Ersatzfreiheitsstrafen in Rheinland-Pfalz von 2001 bis 2010 berechnet auf Basis der monatlichen Gefangenenbestandszahlen

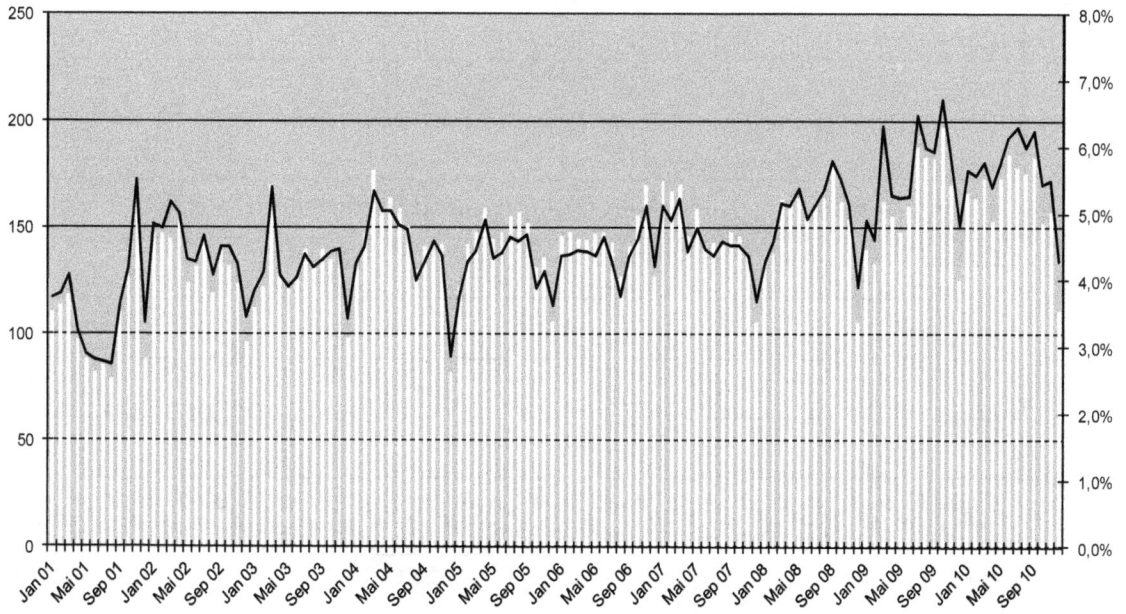

Comel, ASH Berlin, August 2011

Ersatzfreiheitsstrafe ——— Anteil der Ersatzfreiheitsstrafe in %

Rheinland-Pfalz Schaubild 3a

Die Entwicklung des Anteils der Vollstreckung von Ersatzfreiheitsstrafen in Rheinland-Pfalz von 2001 bis 2010 berechnet auf Basis der monatlichen Gefangenenbestandszahlen

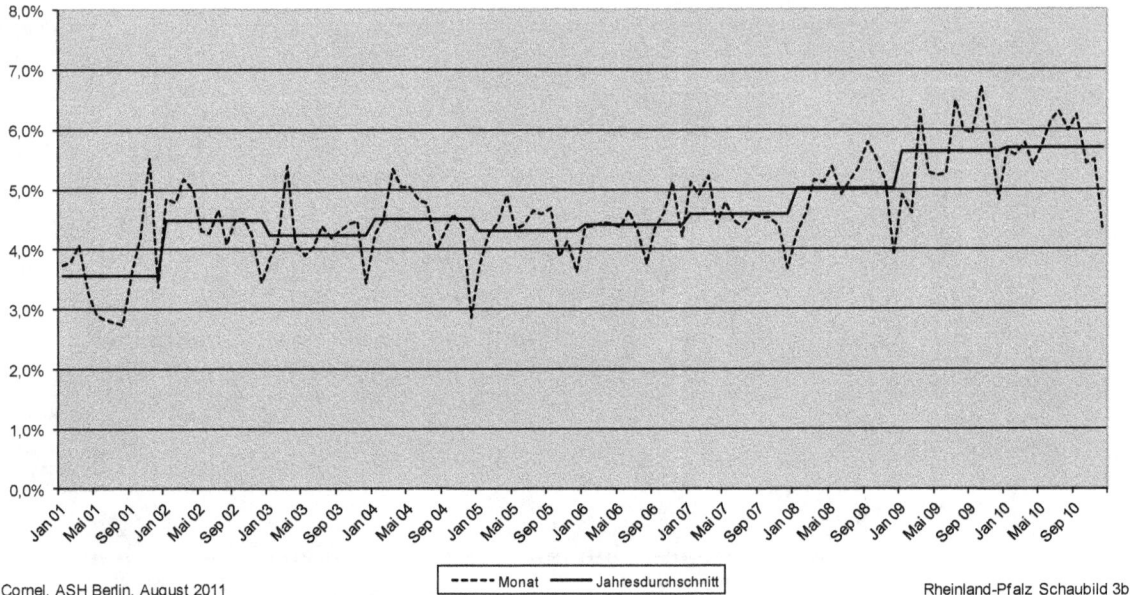

Cornel, ASH Berlin, August 2011

- - - - Monat ——— Jahresdurchschnitt

Rheinland-Pfalz Schaubild 3b

Die Bedeutung der Haftentlassungen auf dem Gnadenweg für die Strafrestentlassungsquote wurde bereits mehrfach erörtert. Auch in Rheinland-Pfalz sind die so genannten Weihnachtsamnestien üblich. In den Monaten zwischen diesen Gnadenerweisen zum Jahresende kommt es meist zu keinen oder nur sehr wenigen Haftentlassungen auf dem Gnadenweg – innerhalb der letzten zehn Jahre lassen sich die Monate mit mehr als vier solchen Haftentlassungen an einer Hand aufzählen.

Die Entwicklung des Anteils der Aussetzungen im Wege der Gnade in Rheinland-Pfalz von 2001 bis 2010 berechnet auf Basis der monatlichen Gefangenenbestandszahlen

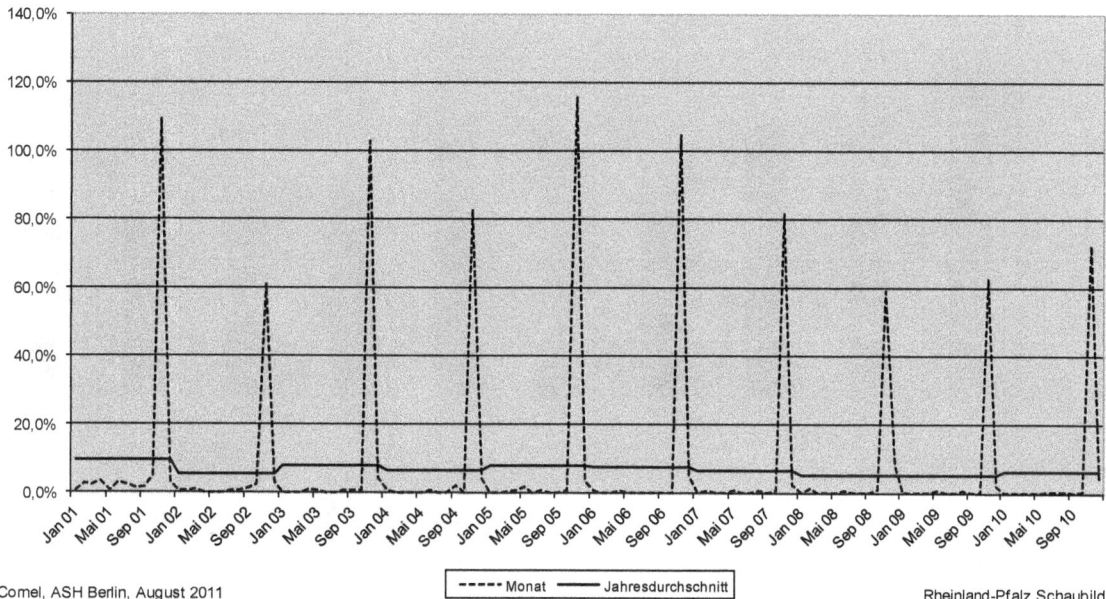

Comel, ASH Berlin, August 2011   ----- Monat ——— Jahresdurchschnitt   Rheinland-Pfalz Schaubild 5a

Abgesehen von einer besonders hohen Gnadenwegquote im Jahr 2001, schwankten diese in den Jahren bis 2010 zwischen 5,1 % und 7,9 %. Sie können die drastische Reduzierung der Strafrestaussetzungsquote damit nicht erklären, führen aber immerhin dazu, dass der Anteil der bedingt vorzeitig Entlassenen im Verhältnis zu den Gefangenen, die ihre Strafen bis zum Strafende verbüßten, in den meisten Jahren des ersten Jahrzehnts des 21. Jahrhunderts fast 50 % betrug und auch im Jahr 2010 mit 38,1 % nur knapp unter die 40 %-Marke rutschte.

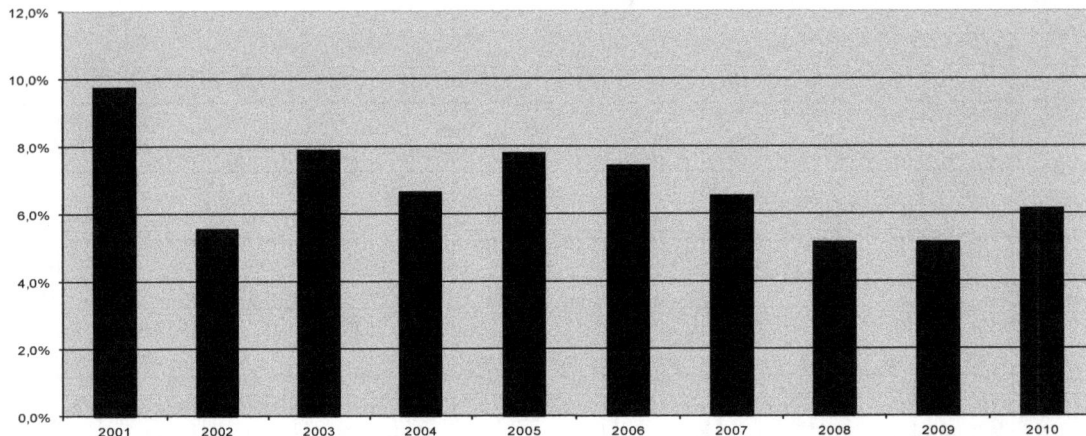

Die Entwicklung des Anteils der Aussetzungen im Wege der Gnade in Rheinland-Pfalz von 2001 bis 2010 berechnet auf Basis der der Jahresdurchschnitte monatlichen Gefangenenbestandszahlen

Comel, ASH Berlin, August 2011   Rheinland-Pfalz Schaubild 5b

Insgesamt wurden in Rheinland-Pfalz im Jahr 2010 27,6 % der Gefangenen vorzeitig bedingt entlassen.

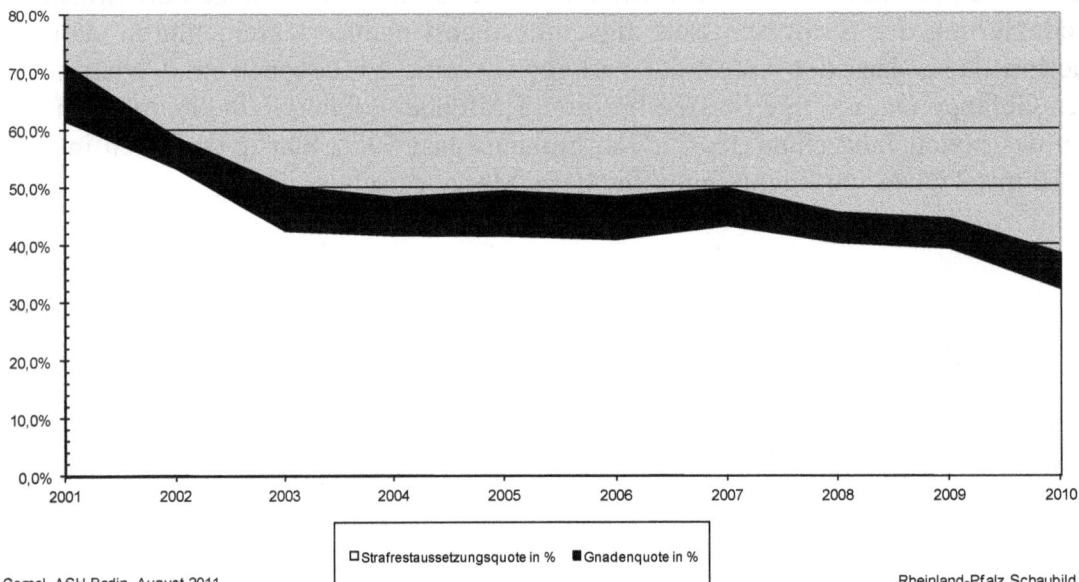

Die Entwicklung der Strafrestaussetzungsquoten gem. StGB und JGG sowie im Wege der Gnade in Rheinland-Pfalz von 2001 bis 2010 berechnet auf Basis der Jahresdurchschnitte der monatlichen Gefangenenbestandszahlen

☐ Strafrestaussetzungsquote in %   ■ Gnadenquote in %

Comel, ASH Berlin, August 2011   Rheinland-Pfalz Schaubild 6

132

3.2.12 Saarland

Das Saarland hatte in der Zeit vom 31.12.1995 bis zum 31.12.2010 in seinen Belegungszahlen aus Untersuchungshaft, Freiheits- und Jugendstrafe ein Wachstum von 4,3 % auf 674 Gefangene und lag damit fast exakt im Bundesdurchschnitt von 4,2 %.

In den Untersuchungshaftanstalten Saarlands sank die Anzahl der Gefangenen auf 112 und damit um 51,5 %. Am 30. November 2011, dem Stichtag der letzten Meldung des Gefangenenbestands, betrug die Anzahl der Untersuchungsgefangenen 128 – zehn mehr als im Vergleichsmonat des Vorjahres.

Für das Saarland lagen zuverlässige Gesamtbelegungszahlen für alle hier untersuchten Jahrgänge nicht vor – die genannten Daten unterschieden sich zudem vor 2003 von denen, die an das Statistische Bundesamt gemeldet wurden. Häufig ergab bereits die Summe der Untersuchungsgefangenen, Jugendstrafgefangenen und Gefangenen im Freiheitsstrafenvollzug mehr als die ausgewiesenen Gesamtbelegungszahlen. Diese Daten wurden deshalb nicht verwendet, zumal ansonsten möglicherweise Doppelerfassungen hinsichtlich der in Rheinland-Pfalz einsitzenden Frauen aus dem Saarland vorliegen würden.

Mit großer Unterstützung der Mitarbeiter des Justizministeriums und einzelner Vollzugsanstalten konnten viele Daten rekonstruiert werden – teilweise nur jahresweise statt monatsweise und für die Jahre vor 2003 hinsichtlich der Austritte leider nicht mehr, soweit sie nicht in den Daten des Statistischen Bundesamtes erfasst waren. Leider war die Erfassung der Austritte hinsichtlich der vorgegebenen Kategorien nicht immer einheitlich, was zu kleineren Abweichungen beziehungsweise Unstimmigkeiten mit den Daten des Statistischen Bundesamtes führte.

Die Justizvollzugsanstalten Ottweiler und Neunkirchen wiesen 2003 – 2007 alle Austritte pro Jahr aus und konnten diese Daten nicht einzelnen Monaten zuweisen. Die Jahreszahlen wurden so behandelt als wären sie gleichmäßig über die 12 Monate verteilt (ohne Bruchzahlen), soweit nicht aus der Bundesstatistik die konkreten Monatszahlen bekannt waren. Das galt beispielsweise für fast alle Entlassungen auf dem Weg der Gnade, die regelmäßig zum größten Teil im November erfolgen und sich nicht über das Jahr verteilen. Die Abweichungen werden gering sein und in den Jahresdurchschnittszahlen ist der Effekt völlig beseitigt.

Im Jahr 2004 wurden allerdings unverständlicherweise in den Monaten März, August und November mehr Strafrestaussetzungen und Entlassungen auf dem Gnadenweg ausgewiesen, als alle drei in Frage kommenden Anstalten einzeln benannten. Ich habe mich auf die Bundesstatistik verlassen und insoweit nur die Zahlen der JVA Saarbrücken entsprechend den Nachweisen in den restlichen Monaten genannt. 2005, 2006 und 2007 trat dieses Problem auch bei den Entlassungen auf dem Gnadenweg auf: Die Statistik des Statistischen Bundesamtes wies im November mehr Entlassungen auf dem Gnadenweg aus, als alle drei Anstalten zusammen im ganzen Jahr. Die Diskrepanz konnte auch durch umfangreiche Recherche nicht aufgeklärt werden, jedoch beeinflusst sie die saarländischen Quoten nur im niedrigen Prozentbereich und die Bundeszahlen um wenige Zehntel Promille.

Die Entwicklung der Belegung der Justizvollzugsanstalten und insb. der Untersuchungshaftanstalten im Saarland von 1996 bis 2010 auf Basis der monatlichen Gefangenenbestandszahlen und Angaben einzelner JVAs

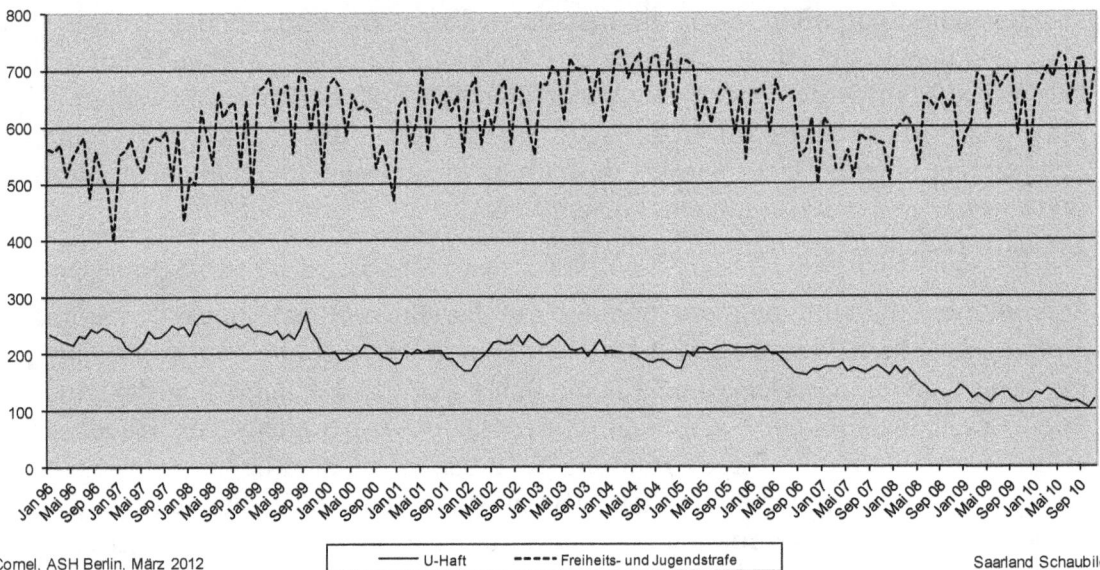

Cornel, ASH Berlin, März 2012 — U-Haft ----- Freiheits- und Jugendstrafe Saarland Schaubild 2

Die Anzahl der erwachsenen Strafgefangenen ist im Saarland zwischen 1995 und 2010 (jeweils am 31. Dezember) um 32,8 % auf nun 486 angestiegen (seit dem 31.12.2000 um 28,6 %). Das entspricht fast genau dem Wachstum im Bundesdurchschnitt von 31,7 %. Am 30. November 2011 waren es 647 Gefangene – keine davon weiblich, weil deren Freiheitsstrafen außerhalb des Saarlandes vollstreckt werden. Gegenüber dem Vergleichsmonat des Vorjahres (625 Gefangene) stellt dies einen Zuwachs von 3,5 % dar.

Die Anzahl der Jugendstrafgefangenen war am 31.12.2010 mit 76 um 55,1 % höher als am 31.12.1995. Gemeinsam mit Hamburg, Rheinland-Pfalz, Sachsen Anhalt und Thüringen stellt dies das höchste Wachstum dar. Im Vergleich zum 31.12.2000 sank die Anzahl der Jugendstrafgefangenen jedoch um 26,9 %. Am 30. November

2011 gab es 66 Jugendstrafgefangene im Saarland – ein deutlicher Rückgang gegenüber den 75 Gefangenen im Vergleichsmonat des Vorjahres.

Die Entwicklung der Anzahl der Strafgefangenen (Freiheitsstrafe und Jugendstrafe einzeln) im Saarland von 1996 bis 2010 berechnet auf Basis der monatlichen Gefangenenbestandszahlen und Angaben einzelner JVAs

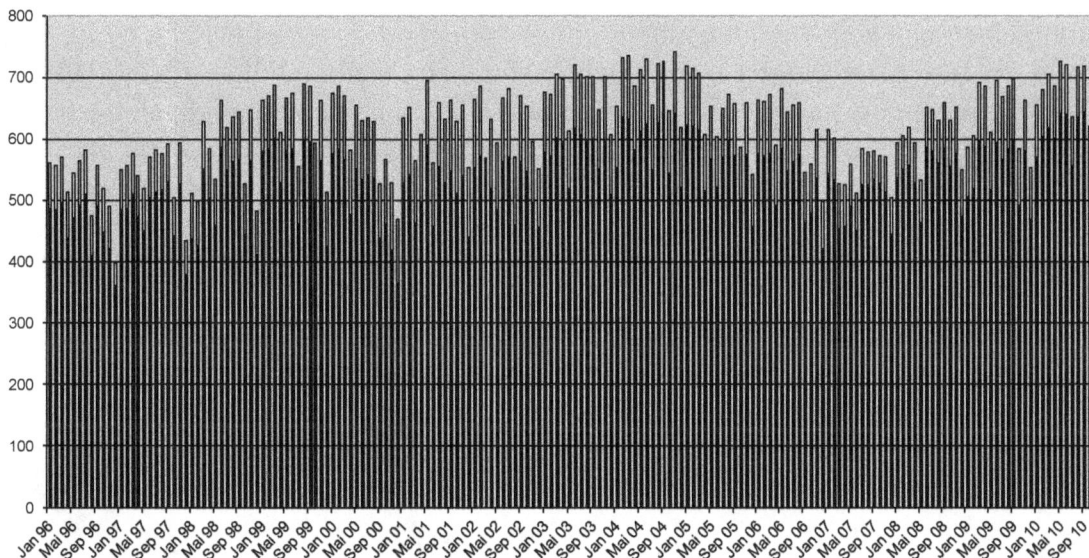

Cornel, ASH Berlin, März 2012 — Saarland Schaubild 1b

Auf die Probleme der Berechnung der monatlichen Strafrestaussetzungsquoten im Saarland wurde bereits hingewiesen. Von daher bildet nicht jede Monatsangabe die Realität exakt ab. Die Jahresdurchschnittswerte lassen diese Ungenauigkeiten aber verschwinden und sind sowohl für das Nachzeichnen der Entwicklung der letzten 15 Jahre, als auch für den Ländervergleich und die Berechnung der bundesweiten Entwicklung von größerer Bedeutung.

Die monatlichen Strafrestaussetzungsquoten des Saarlandes schwankten ganz besonders heftig. Im Juni 2002 und Juli 2007 wurden mehr Gefangene durch die Strafvollstreckungskammer vorzeitig bedingt entlassen als zum Strafende[107] und im November 1997 wurden bei einer extrem hohen Belegung mit Gefangenen, gegen die eine Ersatzfreiheitsstrafe vollstreckt wurde (28,7 %)[108], zwölf mal so viele Gefangene zum Strafende entlassen wie ansonsten in den Vormonaten üblich. Es handelte sich dabei mit größter Wahrscheinlichkeit hauptsächlich um Personen, gegen

---

[107] Solche starken Schwankungen sind auch bedingt durch die niedrigen absoluten Gefangenenzahlen des Saarlandes.

[108] In den Monaten zuvor und danach schwankte diese Quote zwischen 3,0 % und 5,4 %.

die eine Ersatzfreiheitsstrafe vollstreckt worden war – die Gefangenenbestandszahlen weisen dies nicht extra aus. Der daraus folgende statistische Effekt ist jedoch leicht nachvollziehbar: die Strafrestaussetzungsquote im November 1997 fiel trotz einer durchschnittlichen Anzahl der Aussetzungen gemäß §§ 57 und 57a StGB auf 2,7 %.

Betrachtet man sich die Jahresdurchschnittszahlen der Strafrestaussetzung im Saarland, so ist ein eindeutiger Trend nicht ersichtlich. Während diese Quote 1996 bei 47,0 % lag, sackte sie im folgenden Jahr auf 24,1 % ab, um dann gleich wieder auf 39,9 % und schließlich 1999 sogar auf 52,4 % anzusteigen. Im Jahr 2006 betrug die Strafrestaussetzungsquote im Saarland sogar 63,2 %, sank dann aber wieder, um im Jahr 2010 mit 43,7 % fast den Wert des Jahres 1996 zu erreichen. Ein Zusammenhang mit den Strafrechtsänderungen des Jahres 1998 lässt sich nicht erkennen, zumal in den Folgejahren die höchsten Quoten erreicht wurden.

Die Entwicklung der Strafrestaussetzungsquoten gem. StGB und JGG im Saarland von 1996 bis 2010 berechnet auf Basis der monatlichen Gefangenenbestandszahlen sowie Jahresangaben einzelner JVAs

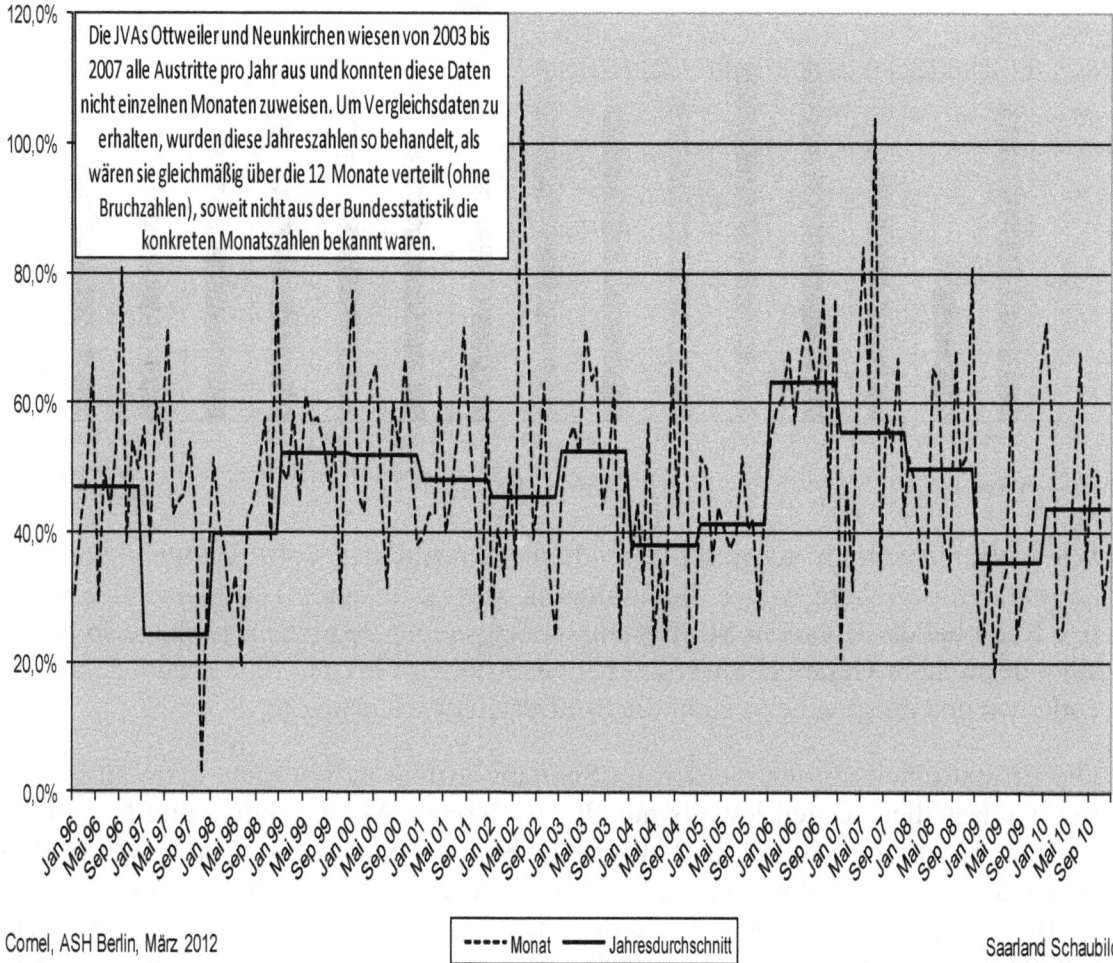

Die JVAs Ottweiler und Neunkirchen wiesen von 2003 bis 2007 alle Austritte pro Jahr aus und konnten diese Daten nicht einzelnen Monaten zuweisen. Um Vergleichsdaten zu erhalten, wurden diese Jahreszahlen so behandelt, als wären sie gleichmäßig über die 12 Monate verteilt (ohne Bruchzahlen), soweit nicht aus der Bundesstatistik die konkreten Monatszahlen bekannt waren.

Cornel, ASH Berlin, März 2012   ----- Monat —— Jahresdurchschnitt   Saarland Schaubild 4

Im Vergleich zu den Jahresdurchschnitten der Strafrestaussetzungsquoten im Bund lagen die saarländischen Anteile abgesehen vom Jahr 1997 regelmäßig deutlich darüber. Im Jahr 2006 war die saarländische Strafrestaussetzungsquote mehr als doppelt so hoch, wie die Durchschnittsquote des Bundes.

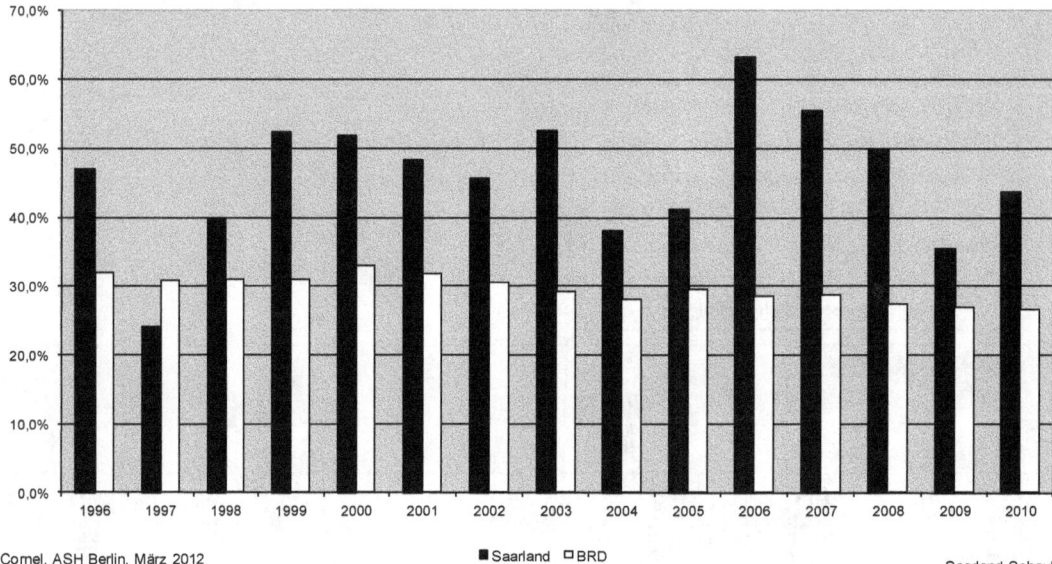

Wie verschiedentlich ausgeführt, spielt die Anzahl der vollstreckten Ersatzfreiheitsstrafen beziehungsweise die zu diesem Zweck belegten Haftplätze eine wichtige Rolle bei der Höhe der Strafrestaussetzungsquote. Je mehr Haftplätze so belegt
sind, desto mehr Gefangene werden bei einer hohen Fluktuation nur zum Strafende
entlassen und entsprechend sinkt die Strafrestaussetzungsquote.

Die Ersatzfreiheitsstrafen werden im Saarland grundsätzlich nicht extra ausgewiesen, so dass diese Daten jeweils nur für die Monate März, August und November
aus den Meldungen an das Statistische Bundesamt zu rekonstruieren waren. Aus
Gründen der Vergleichbarkeit der Entwicklung müssen bei den Bundesdaten und
-grafiken die saarländischen Werte der Ersatzfreiheitsstrafen völlig unberücksich-
tigt bleiben, was die Werte aber kaum verzerren kann, da im Saarland nur etwa 1 %
aller Gefangenen Deutschlands inhaftiert sind. Zudem geht es hinsichtlich der Ersatzfreiheitsstrafen vor allem um die Veränderungen des Anteils und weniger um
die absoluten Zahlen. Dennoch ist es natürlich bedauerlich, dass diesbezüglich
keine durchgehenden Datenreihen vorgelegt werden können.

Die Entwicklung der Anzahl der Haftplätze, auf denen Ersatzfreiheitsstrafen vollstreckt werden im Saarland von 1996 bis 2010 berechnet auf Basis der monatlichen Gefangenenbestandszahlen

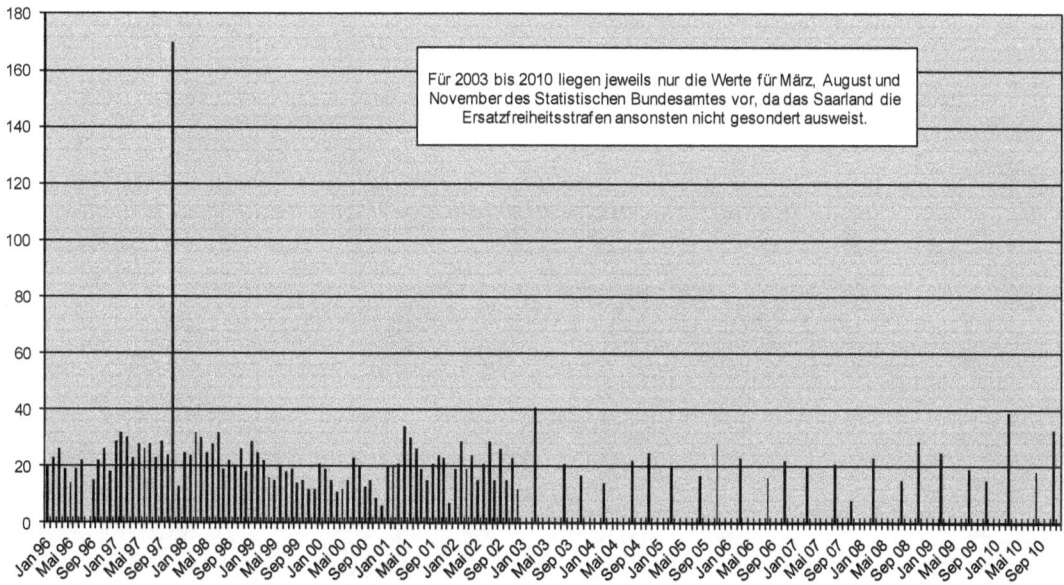

Für 2003 bis 2010 liegen jeweils nur die Werte für März, August und November des Statistischen Bundesamtes vor, da das Saarland die Ersatzfreiheitsstrafen ansonsten nicht gesondert ausweist.

Comel, ASH Berlin, März 2012

Saarland Schaubild 3d

Die Entwicklung des Anteils der Haftplätze, auf denen Ersatzfreiheitsstrafen vollstreckt werden im Saarland von 1996 bis 2010 im Verhältnis zur Gesamtzahl der Freiheits- und Jugendstrafen berechnet auf Basis der monatlichen Gefangenenbestandszahlen

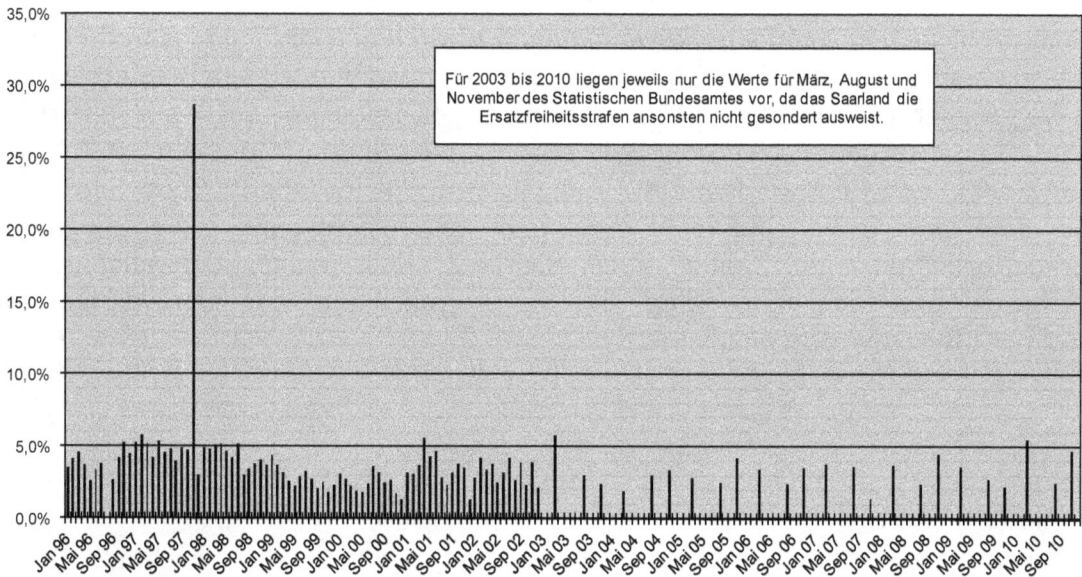

Für 2003 bis 2010 liegen jeweils nur die Werte für März, August und November des Statistischen Bundesamtes vor, da das Saarland die Ersatzfreiheitsstrafen ansonsten nicht gesondert ausweist.

Comel, ASH Berlin, März 2012

Saarland Schaubild 3c

Auch im Saarland gibt es regelmäßig im November die so genannte Weihnachtsamnestie, die die Gnadenquote des Landes sehr bestimmt. In den anderen Monaten gibt es meist gar keine und nur sehr selten mehr als ein oder zwei Haftentlassungen auf dem Gnadenweg.

**Die Entwicklung des Anteils der Aussetzungen im Wege der Gnade im Saarland von 1996 bis 2010
berechnet auf Basis der monatlichen Gefangenenbestandszahlen**

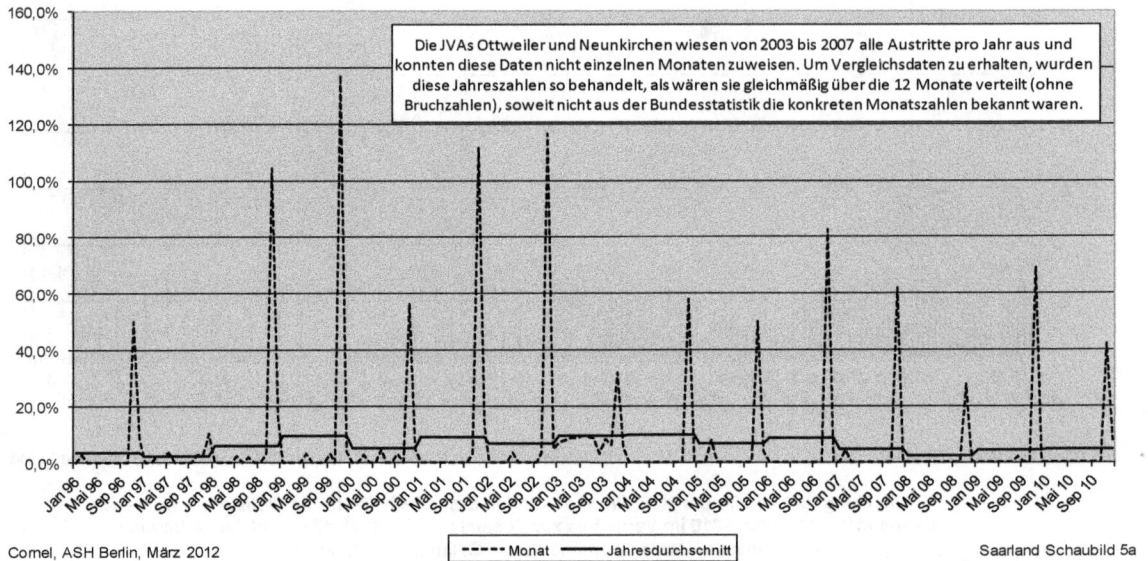

Die JVAs Ottweiler und Neunkirchen wiesen von 2003 bis 2007 alle Austritte pro Jahr aus und
konnten diese Daten nicht einzelnen Monaten zuweisen. Um Vergleichsdaten zu erhalten, wurden
diese Jahreszahlen so behandelt, als wären sie gleichmäßig über die 12 Monate verteilt (ohne
Bruchzahlen), soweit nicht aus der Bundesstatistik die konkreten Monatszahlen bekannt waren.

Cornel, ASH Berlin, März 2012   - - - - Monat ——— Jahresdurchschnitt   Saarland Schaubild 5a

Gleichwohl gibt es deutliche Schwankungen hinsichtlich der Jahresdurchschnitte
der Gefangenen, die auf dem Gnadenweg entlassen werden. Ein eindeutiger Trend
ist daraus aber nicht abzulesen. Einer sehr niedrigen Quote von 2,4 % im Jahr 1997
folgt schon zwei Jahre später eine sehr hohe Quote von 9,6 % und nach 8,8 % im
Jahr 2006 folgen 4,8 % im Jahr 2007 und gar nur 2,5 % im Jahr 2008. Im Jahr 2010
stieg diese Quote wieder auf 4,9 %. Auch hier sind die Schwankungen ein Ergebnis
der geringen absoluten Zahlen – das Saarland entlässt unter Einrechnung der
Weihnachtsamnestien im Durchschnitt 22,3 Personen pro Jahr oder weniger als
zwei pro Monat auf dem Gnadenweg.

Die Entwicklung des Anteils der Aussetzungen im Wege der Gnade im Saarland von 1996 bis 2010 berechnet auf Basis der Jahresdurchschnitte der monatlichen Gefangenenbestandszahlen sowie Jahresangaben einzelner JVAs

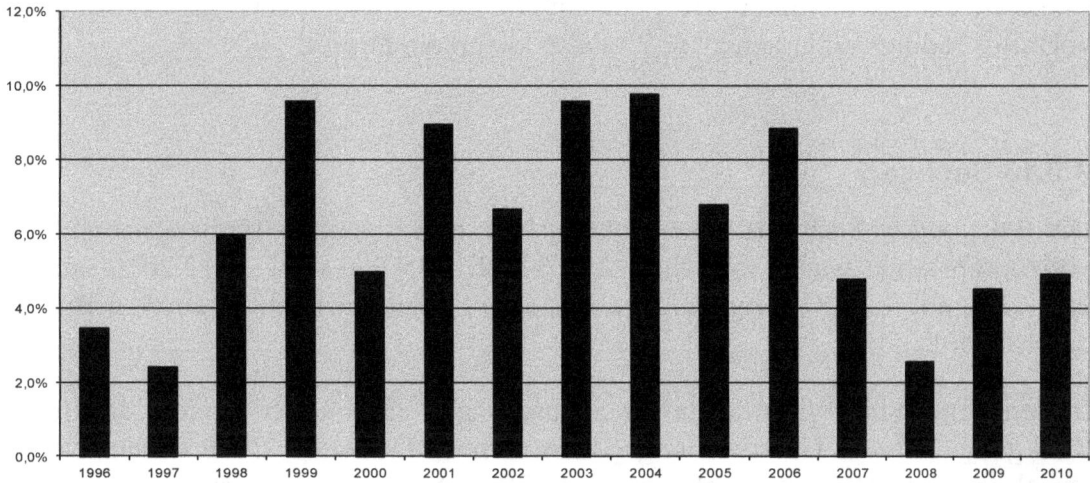

Cornel, ASH Berlin, März 2012

Saarland Schaubild 5b

Addiert man die vorzeitigen Entlassungen durch die Strafvollstreckungskammern und auf dem Weg der Gnade, so ergibt sich in zwei Dritteln aller Jahre ein Wert von über 50 %. Dies wird nur von Baden-Württemberg mit seiner besonders hohen Gnadenquote übertroffen.

Die Entwicklung der Strafrestaussetzungsquoten gem. StGB und JGG sowie im Wege der Gnade im Saarland von 1996 bis 2010 berechnet auf Basis der Jahresdurchschnitte der monatlichen Gefangenenbestandszahlen sowie Jahresangaben einzelner JVAs

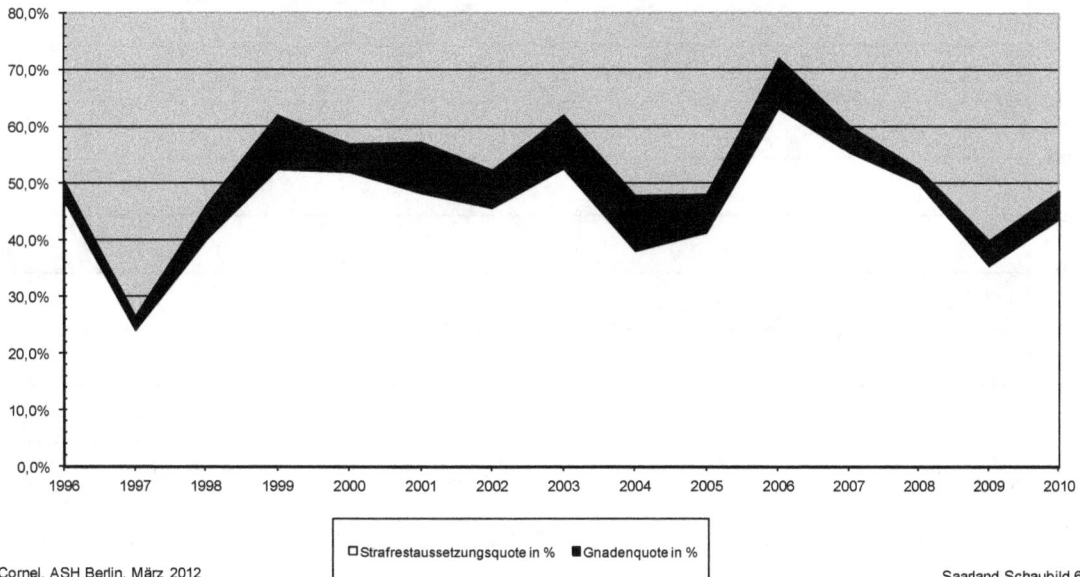

☐ Strafrestaussetzungsquote in %   ■ Gnadenquote in %

Cornel, ASH Berlin, März 2012

Saarland Schaubild 6

Im Jahr 2010 wurden bei 48,6 % der Haftentlassenen Strafreste zur Bewährung ausgesetzt bezogen auf die Anzahl derer, die zum Zeitpunkt der Erreichung der Endstrafe entlassen wurden. Bezogen auf alle Haftentlassenen betrug der Anteil der vorzeitig bedingt Entlassenen 32,7 % also knapp ein Drittel.

3.2.13 Sachsen

Die Belegung in Sachsens Untersuchungshaft, den Jugendstrafvollzugs- und Strafvollzugsanstalten wuchs zwischen dem 31.12.1995 und dem 31.12.2010 minimal um 1,2 % auf 3219 Gefangene. Der Anstieg blieb damit leicht unter dem Bundesdurchschnitt.

In den Untersuchungshaftanstalten Sachsens gab es einen besonders drastischen Rückgang. Mit 407 Untersuchungsgefangenen im Dezember 2010 waren es weniger als ein Drittel der Anzahl vom 31.12.1995. Selbst gegenüber dem 31.12.2000 gab es noch einen Rückgang um 64,5 %. Nur in Sachsen-Anhalt gab es einen Rückgang in einer ähnlichen Größenordnung. Am 30. November 2011 betrug die Belegung 472 Gefangene – im Vergleichsmonat des Vorjahres waren es 449, also 4,9 % weniger.

Die Entwicklung der Belegung des Justizvollzugsanstalten und insb. der Untersuchungshaftanstalten in Sachsen von 1996 bis 2010 auf Basis der monatlichen Gefangenenbestandszahlen

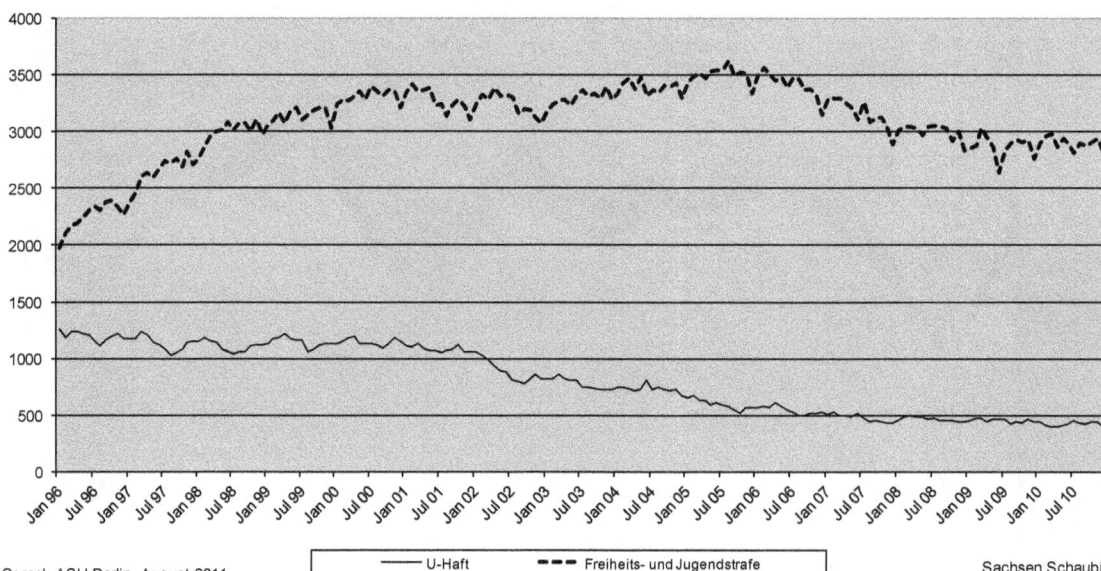

Cornel, ASH Berlin, August 2011   U-Haft ▬ ▬ ▬ Freiheits- und Jugendstrafe   Sachsen Schaubild 2

Die Anzahl der erwachsenen Strafgefangenen ist in Sachsen zwischen 1995 und 2010 um 58,5 % auf 2484 gestiegen – gegenüber dem 31.12.2000 war das ein leichter Rückgang von 1,5 %. In den letzten 15 Jahren stieg die Belegung im Erwachsenenstrafvollzug in einer ähnlichen Größenordnung nur in Bayern, Hessen, Mecklenburg-Vorpommern, Niedersachsen, Sachsen-Anhalt und Thüringen an. Im Bundesdurchschnitt betrug der Anstieg 31,7 %. Am 30. November 2011 gab es 2563 erwachsene Strafgefangene (davon 260 weiblich) – 1,8 % weniger als im Vergleichsmonat des Vorjahres.

Da mir alle monatlichen Gefangenen Bestandszahlen Sachsens erst ab dem Jahr 2001 vorlagen, präsentiere ich zunächst in der Grafik Sachsen 1a nur die Summe aus Jugendstrafgefangenen und Erwachsenenstrafgefangenen für die letzten 15 Jahre und dann im Schaubild Sachsen 1b die Aufschlüsselung nach Vollzugsart für die letzten zehn Jahren.

Die Entwicklung der Anzahl der Strafgefangenen (Summe: Freiheitsstrafe und Jugendstrafe) in Sachsen von 1996 bis 2010 berechnet auf Basis der monatlichen Gefangenenbestandszahlen

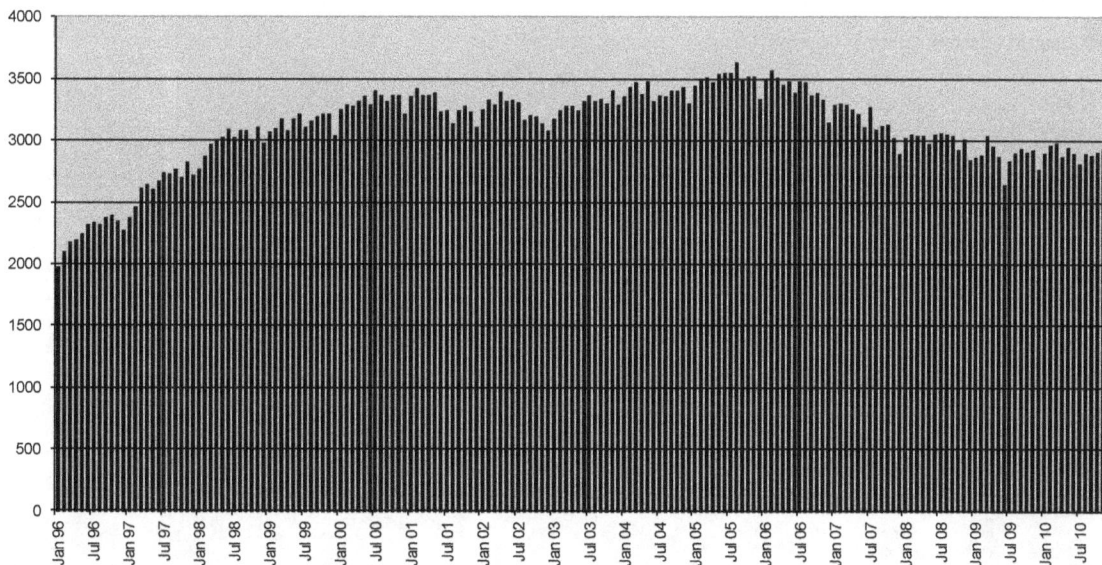

Cornel, ASH Berlin, August 2011   Sachsen Schaubild 1a

In Sachsen hat die Anzahl der Jugendstrafgefangenen am 31.12.2010 mit 328 Gefangenen etwa wieder das Niveau vom 31.12.1995 erreicht. Am 31.12.2000, also zehn Jahre zuvor war der Wert mit 686 mehr als doppelt so hoch. Am 30.11.2011 gab es in Sachsen 360 Jugendstrafgefangene (davon 38 weibliche), ein Anstieg gegenüber dem Vergleichsmonat des Vorjahres um 8,8 %.

Die Entwicklung der Anzahl der Strafgefangenen (Freiheitsstrafe und Jugendstrafe einzeln) in Sachsen von 2001 bis 2010 berechnet auf Basis der monatlichen Gefangenenbestandszahlen

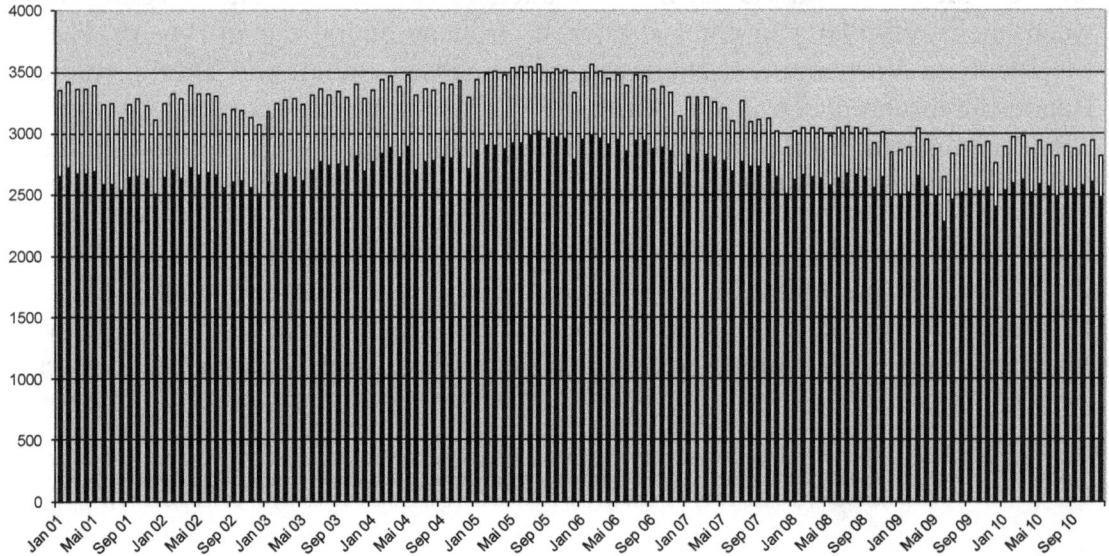

Cornel, ASH Berlin, August 2011

Sachsen Schaubild 1b

Die monatlichen Strafrestaussetzungsquoten Sachsens schwankten in den letzten 15 Jahren zwischen 12,7 % im Februar 1996 und 63,8 % im August 2000. Meist bewegten sie sich in einem Korridor zwischen 20 % und 40 %. Betrachtet man sich die Jahresdurchschnittszahlen der Strafrestaussetzung in Sachsen so sind zwei gegenläufige Trends zu erkennen: ein Anwachsen von 1996 bis zum Jahr 2001 und ein kontinuierliches Sinken von 2002 bis zum Jahr 2010.

Die Entwicklung der Strafrestaussetzungsquoten gem. StGB und JGG in Sachsen von 1996 bis 2010 berechnet auf Basis der monatlichen Gefangenenbestandszahlen

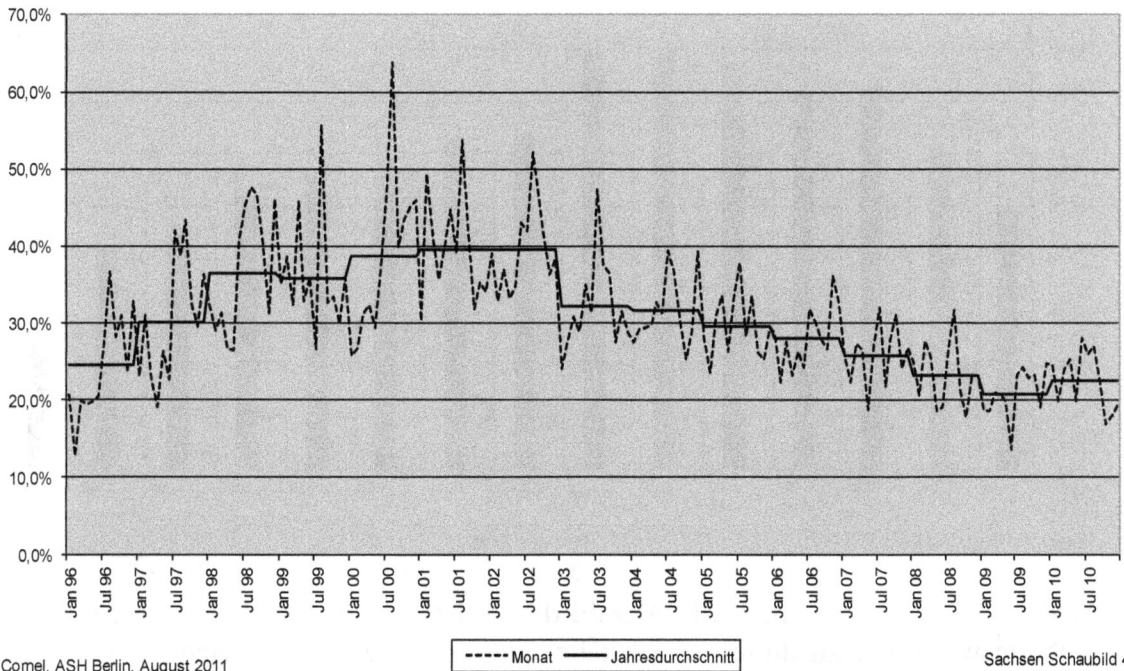

Cornel, ASH Berlin, August 2011

- - - - - Monat ───── Jahresdurchschnitt

Sachsen Schaubild 4

Diese Trends zeichnen sich auch deutlich im Vergleich zum Bundesdurchschnitt ab und unterscheiden sich von dessen Entwicklung. Lagen die Werte im Jahr 1996 in Sachsen noch deutlich unter denen des Bundesdurchschnitts, so übertrafen sie diesen in den Jahren 1998 – 2002 erheblich, um nach drei Übergangsjahren seit dem Jahr 2008 klar darunter zu liegen.

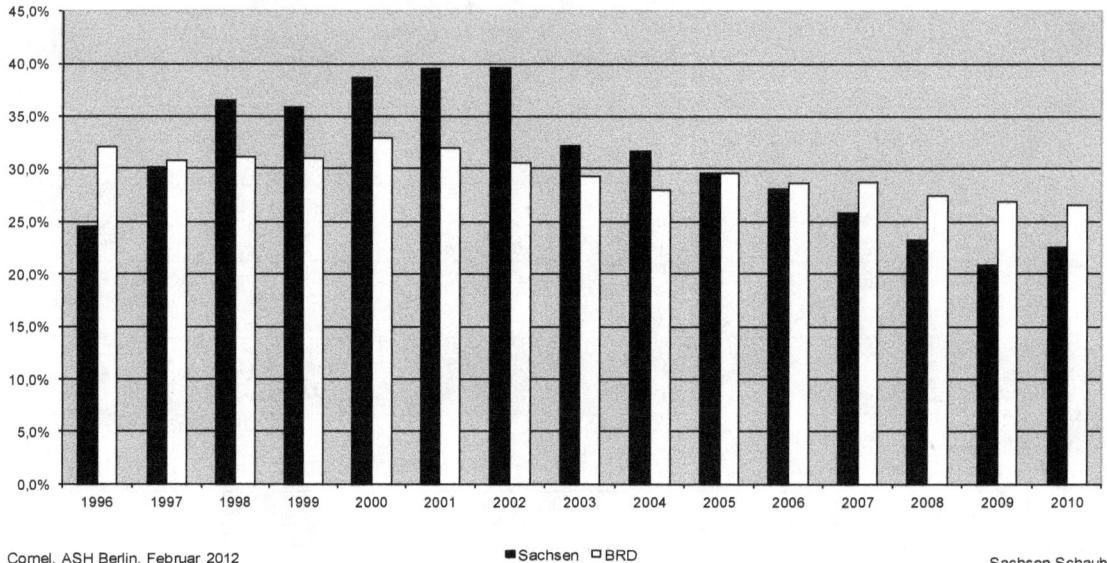

Wie oben ausgeführt, spielt die Anzahl der vollstreckten Ersatzfreiheitsstrafen beziehungsweise die zu diesem Zweck belegten Haftplätze eine wichtige Rolle bei der Höhe der Strafrestaussetzungsquote. In Sachsen ist der Anteil im Jahresdurchschnitt mit 6,7 bis 9,9 % der so belegten Plätze hoch, die Schwankungen sind aber hinsichtlich der Jahresdurchschnitte nicht sehr stark. Es kann nicht überraschen, dass die Jahre 2000 – 2002 mit verhältnismäßig hohen Anteilen der Strafrestaussetzungen gleichzeitig die Jahre mit einem niedrigen Anteil an Belegungen mit Ersatzfreiheitsstrafen sind. Die Fluktuationen waren in diesen Jahren geringer, so dass weniger Gefangene zum Zeitpunkt der Erreichung des Strafendes entlassen wurden und somit stieg die Strafrestaussetzungsquote. Die Relevanz dieses statistischen Effekts kann leider nicht exakt berechnet werden.

Die Entwicklung der Vollstreckung von Ersatzfreiheitsstrafen in Sachsen von 1996 bis 2010 berechnet auf Basis der monatlichen Gefangenenbestandszahlen

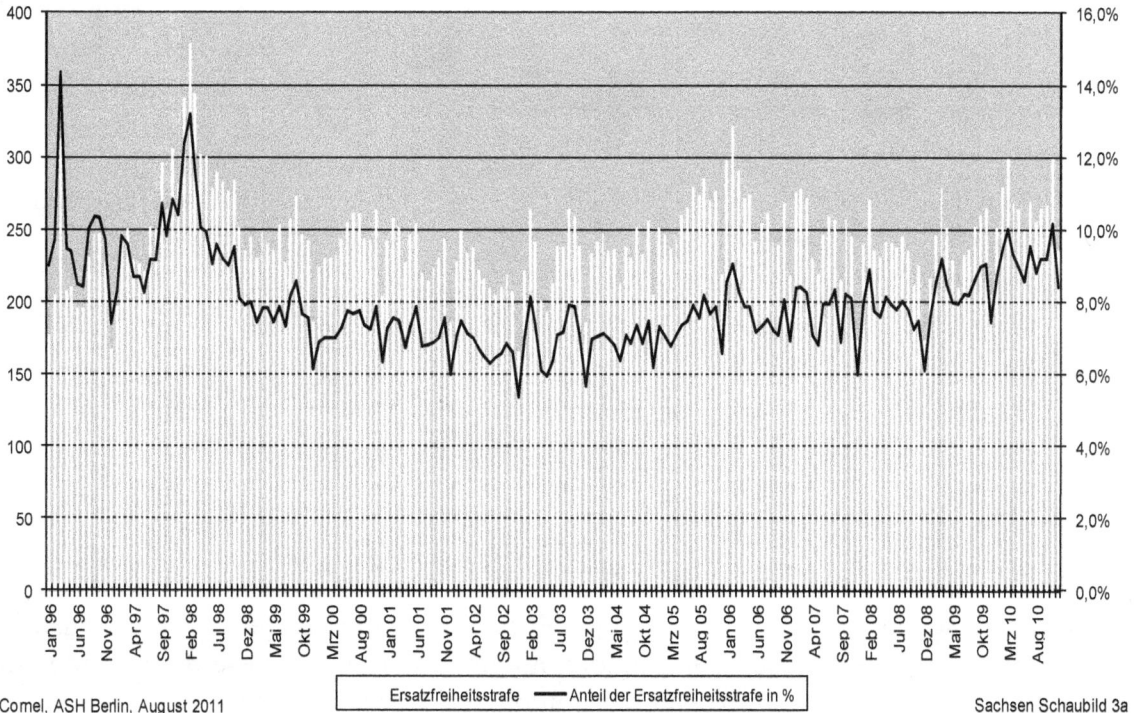

Comel, ASH Berlin, August 2011

Ersatzfreiheitsstrafe ——— Anteil der Ersatzfreiheitsstrafe in %

Sachsen Schaubild 3a

Die Entwicklung des Anteils der Vollstreckung von Ersatzfreiheitsstrafen in Sachsen von 1996 bis 2010 berechnet auf Basis der monatlichen Gefangenenbestandszahlen

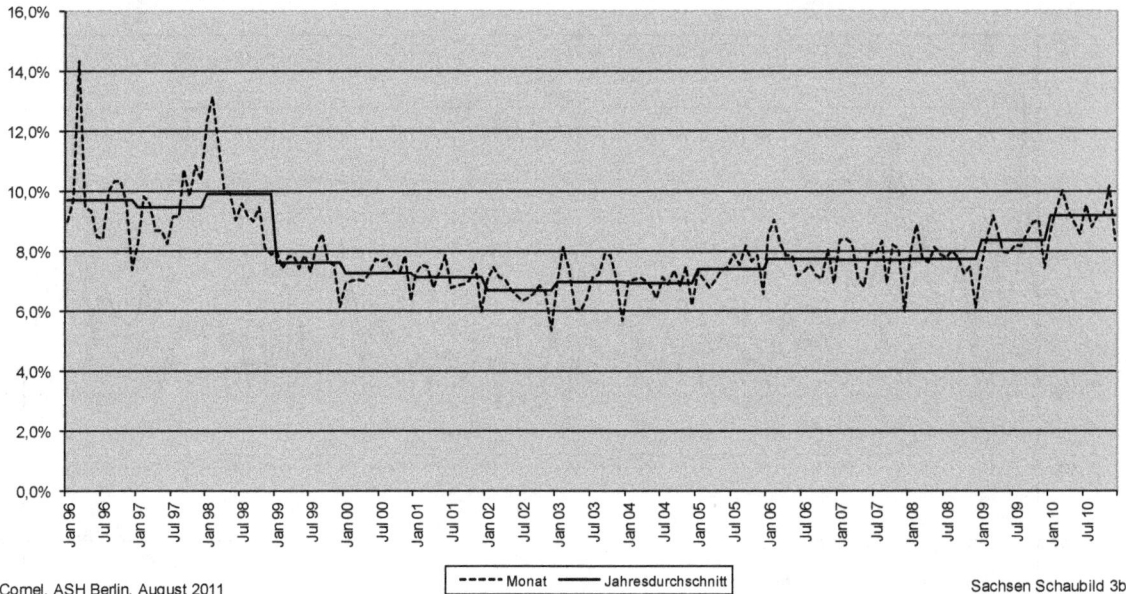

Cornel, ASH Berlin, August 2011

----- Monat ——— Jahresdurchschnitt

Sachsen Schaubild 3b

Mehrfach schon wurde auf die Bedeutung der Haftentlassungen auf dem Gnaden-weg für die Strafrestaussetzungsquote hingewiesen, weil diese Personen nicht durch die Strafvollstreckungskammern entlassen werden können. Für Sachsen allerdings spielt dieser Weg keine Rolle. Zwischen 1996 und dem Jahr 2008 wurden nie mehr als sechs Personen pro Jahr in ganz Sachsen auf dem Gnadenweg entlassen, manchmal war es kein Einziger. In den Jahren 2009 und 2010 hat sich die Quote immerhin auf 0,3 % erhöht – in absoluten Zahlen waren das zehn beziehungsweise zwölf Haftentlassene. Im Durchschnitt der letzten 15 Jahren wurden 4,3 Gefangene pro Jahr auf dem Gnadenweg entlassen.

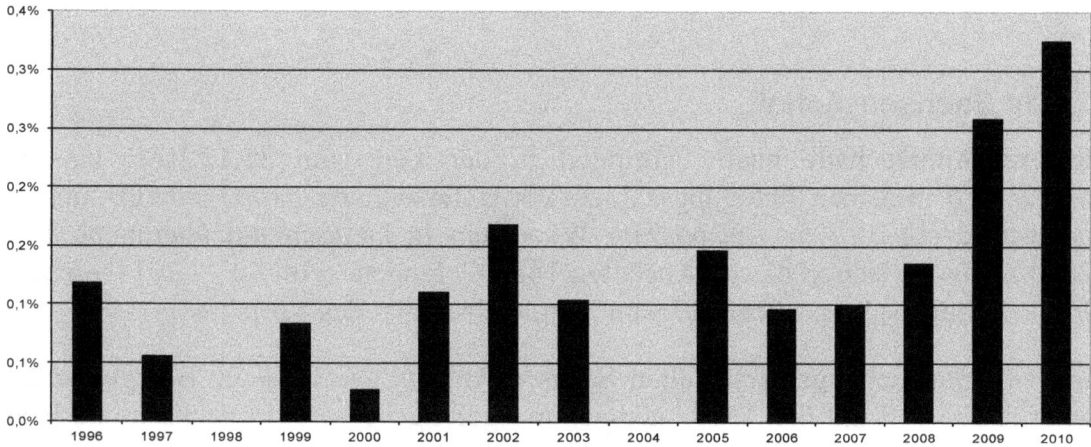

Cornel, ASH Berlin, August 2011

Sachsen Schaubild 5b

Da es in Sachsen kaum vorzeitige, bedingte Entlassungen auf dem Gnadenweg gab und gibt, verändert sich auch die Quote vorzeitiger Entlassung durch Addition mit den Entlassungen durch die Strafvollstreckungskammern kaum.

Die Entwicklung der Strafrestaussetzungsquoten gem. StGB und JGG sowie im Wege der Gnade in Sachsen von 1996 bis 2010 berechnet auf Basis der Jahresdurchschnitte der monatlichen Gefangenenbestandszahlen

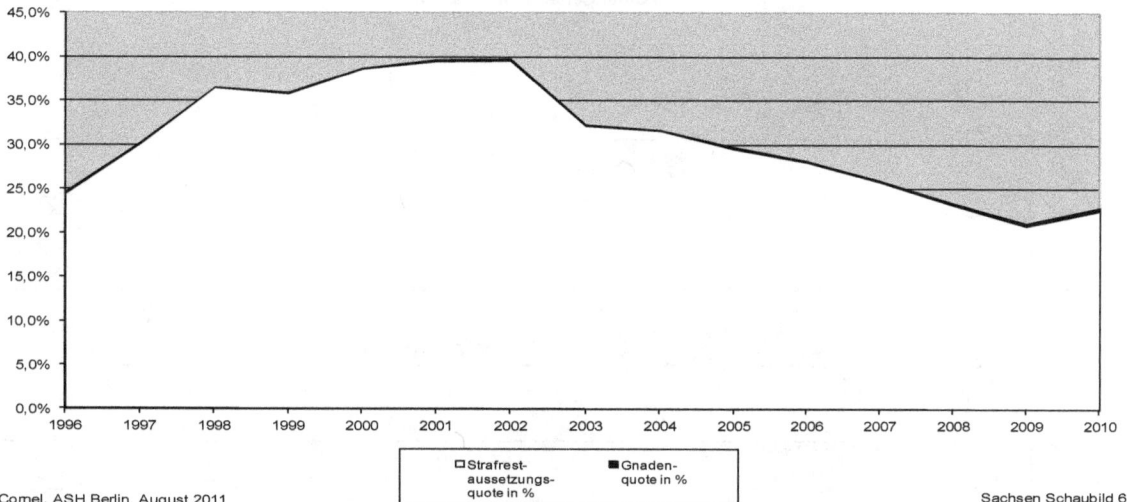

Cornel, ASH Berlin, August 2011

Sachsen Schaubild 6

Insgesamt führt das dazu, dass in Sachsen von 100 Gefangenen nur 18,6 %, also nicht einmal jeder fünfte, vorzeitig auf Bewährung entlassen werden. Dieser Anteil

149

ist nur unwesentlich höher als der in Berlin und Bremen, den Stadtstaaten mit den niedrigsten Quoten.

3.2.14 Sachsen-Anhalt

Sachsen-Anhalt hatte nach Thüringen in der Zeit vom 31.12.1995 bis zum 31.12.2010 in seinen Belegungszahlen aus Untersuchungshaft, Freiheits- und Jugendstrafe mit 36,3 % das höchste Wachstum in Deutschland überhaupt. Ende 2010 befanden sich in diesen Anstalten 1883 Gefangene. Am 30.11.2011 waren es 1945 Gefangene, gegenüber 2036 im Vergleichsmonat des Vorjahres.

In den Untersuchungshaftanstalten Sachsen-Anhalts gab es einen Belegungsrückgang um 65,1 % auf nun 151 Untersuchungsgefangene – nur in Sachsen und Brandenburg gab es einen Rückgang in ähnlichem Ausmaß. Am 30. November 2011 gab es in Sachsen-Anhalt 174 Untersuchungsgefangene (davon fünf weiblich). Dies waren zehn weniger als im Vergleichsmonat des Vorjahres.

Da nicht alle monatlichen Gefangenenbestandszahlen zur Verfügung standen, zeigt die folgende Grafik nur die Entwicklung der letzten zehn Jahre.

Die Entwicklung der Belegung des Justizvollzugsanstalten und insb. der Untersuchungshaftanstalten in Sachsen-Anhalt von 2001 bis 2010 auf Basis der monatlichen Gefangenenbestandszahlen

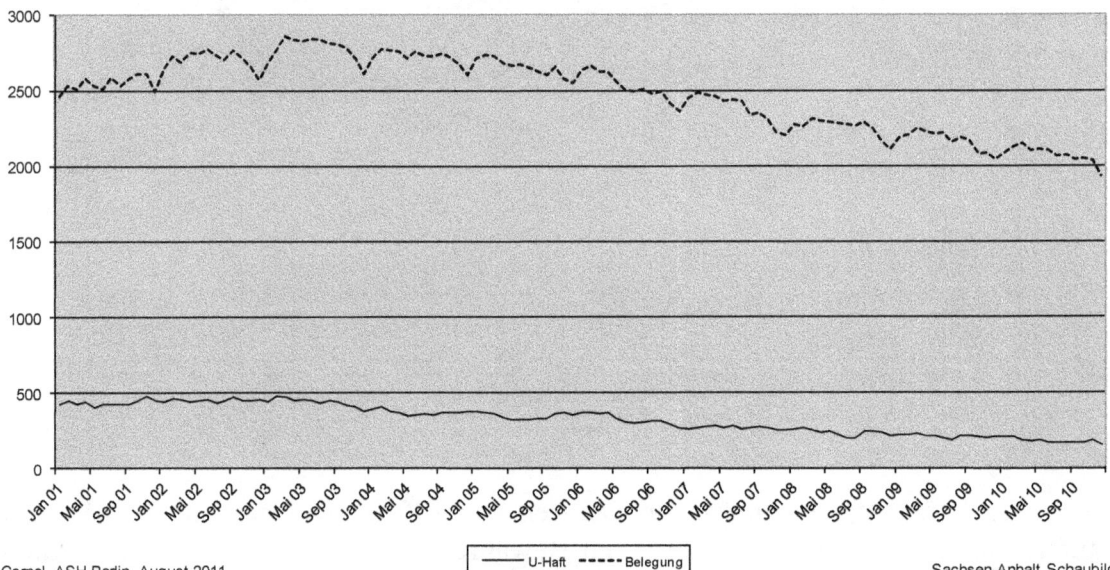

Cornel, ASH Berlin, August 2011   Sachsen-Anhalt Schaubild 2

Die Anzahl der erwachsenen Strafgefangenen ist in Sachsen-Anhalt zwischen 1995 und 2010 um 87,2 % auf nun 1477 am 31.12.2010 an gestiegen. Das ist nach Thüringen der zweithöchste Anstieg in Deutschland. Betrachtet man sich die Entwicklung genauer, so kann man feststellen, dass der extreme Anstieg im Wesentlichen auf die Jahre 1996 bis 2000 zurückzuführen ist, denn zwischen dem 31.12.2000 und dem 31.12.2010 stieg die Anzahl der erwachsenen Strafgefangenen nur noch um 6,0 %, also unwesentlich mehr als im Bundesdurchschnitt (4,6 %). Am 30. November 2011 waren in Sachsen-Anhalt 1449 erwachsene Strafgefangene inhaftiert, gegenüber 1512 im Vergleichsmonat des Vorjahres.

Das folgende Schaubild zeigt die Entwicklung der letzten zehn Jahre.

Die Entwicklung der Anzahl der Strafgefangenen (Freiheitsstrafe und Jugendstrafe einzeln) in Sachsen-Anhalt von 2001 bis 2010 berechnet auf Basis der monatlichen Gefangenenbestandszahlen

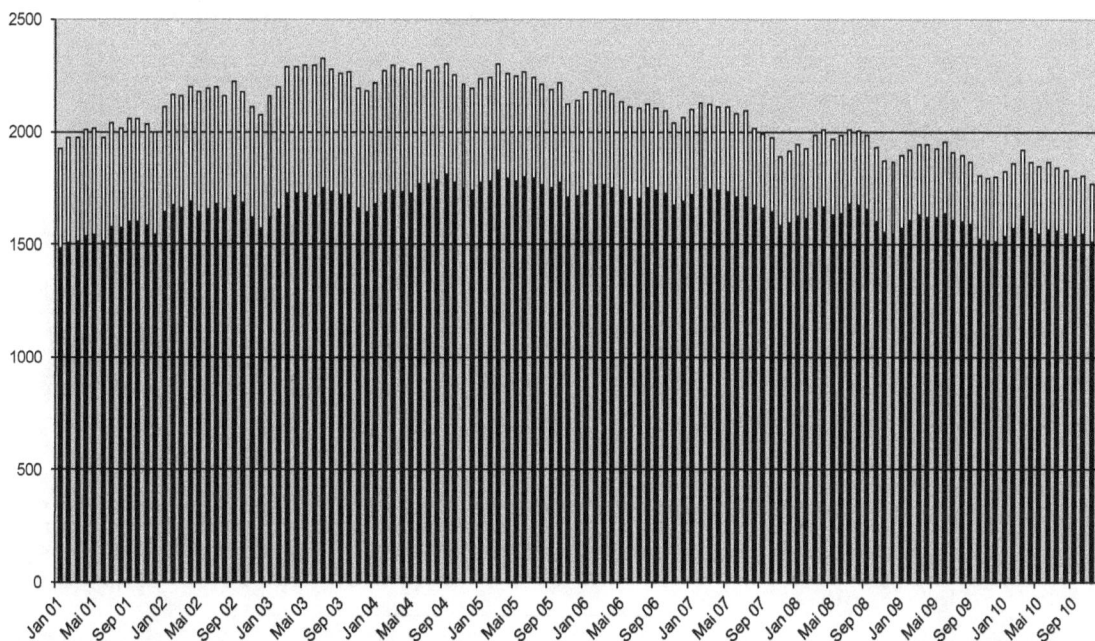

Cornel, ASH Berlin, August 2011   Sachsen-Anhalt Schaubild 1b

Die Anzahl der Jugendstrafgefangenen hat in Sachsen-Anhalt zwischen dem 31.12.1995 und dem 31.12.2000 zunächst stark zugenommen, um dann wieder fast halbiert zu werden. Zwischen dem 31.12.1995 und dem 31.12.2010 gab es einen Anstieg von 59,4 % auf nun 255 Jugendstrafgefangene. Am 30. November 2011 war dieser Wert auf 246 gesunken (davon eine weiblich). Im Vergleichsmonat des

Vorjahres waren es noch 263 Jugendstrafgefangene (eine davon weiblich) gewesen.

Die monatlichen Strafrestaussetzungsquoten Sachsen-Anhalts schwankten zwischen dem Januar 2001 und Dezember 2010 zwischen 12,0 % im Februar 2007 und 54,7 % im November 2008. Meistens schwankten die Werte in einem Korridor zwischen 20 und 40 %. Betrachtet man die Jahresdurchschnittswerte der Strafrestaussetzungsquoten Sachsen-Anhalts, so lässt sich ein langsames, aber kontinuierliches Sinken von Werten über 30 % auf Werte unter 25 % beobachten.

Die Entwicklung der Strafrestaussetzungsquoten gem. StGB und JGG in Sachsen-Anhalt von 2001 bis 2010 berechnet auf Basis der monatlichen Gefangenenbestandszahlen

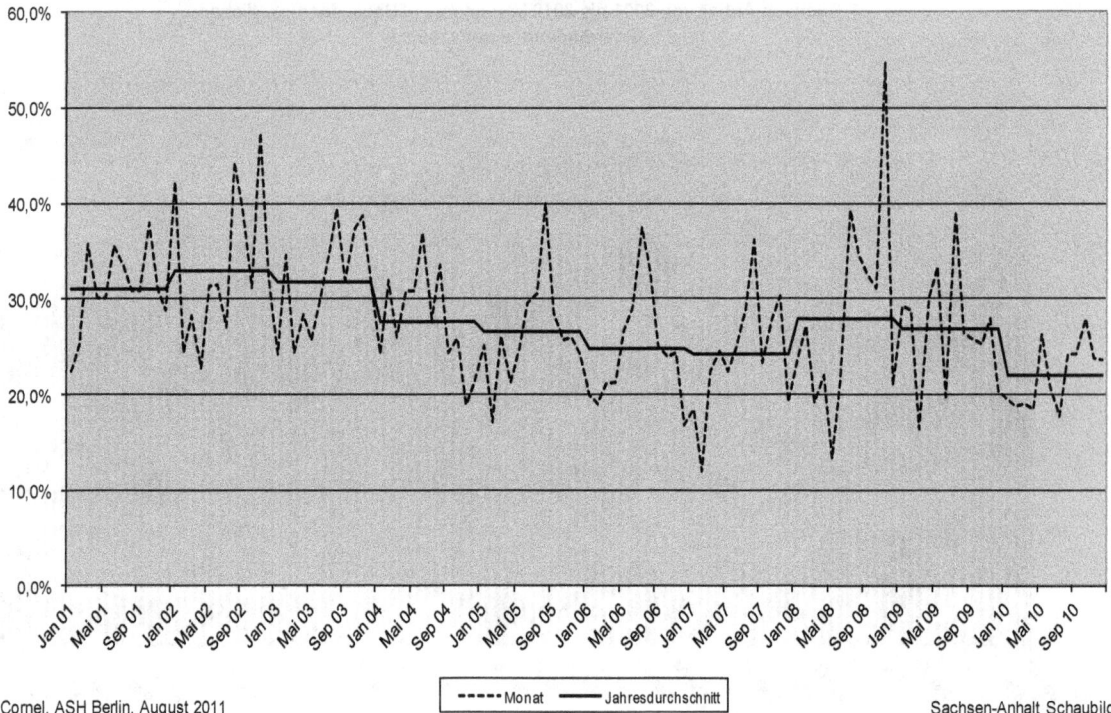

Cornel, ASH Berlin, August 2011   Monat   Jahresdurchschnitt   Sachsen-Anhalt Schaubild 4

Ein Vergleich der Daten Sachsen-Anhalts mit dem Bundesdurchschnitt zeigt, dass die Tendenz zu einer niedrigeren Strafrestaussetzungsquote in Sachsen-Anhalt noch stärker ist als im Bund. Während in den Jahren 2002 und 2003 die Strafrestaussetzungsquote Sachsen- Anhalts noch etwas höher war als die im Bundesdurchschnitt, so geriet sie in den Folgejahren immer deutlicher darunter.[109]

Die Entwicklung der Strafrestaussetzungsquoten gem. StGB und JGG in Sachsen-Anhalt (jeweils Jahresdurchschnitt) im Vergleich zu den Quoten im Bundesdurchschnitt von 2001 bis 2010 berechnet auf Basis der monatlichen Gefangenenbestandszahlen

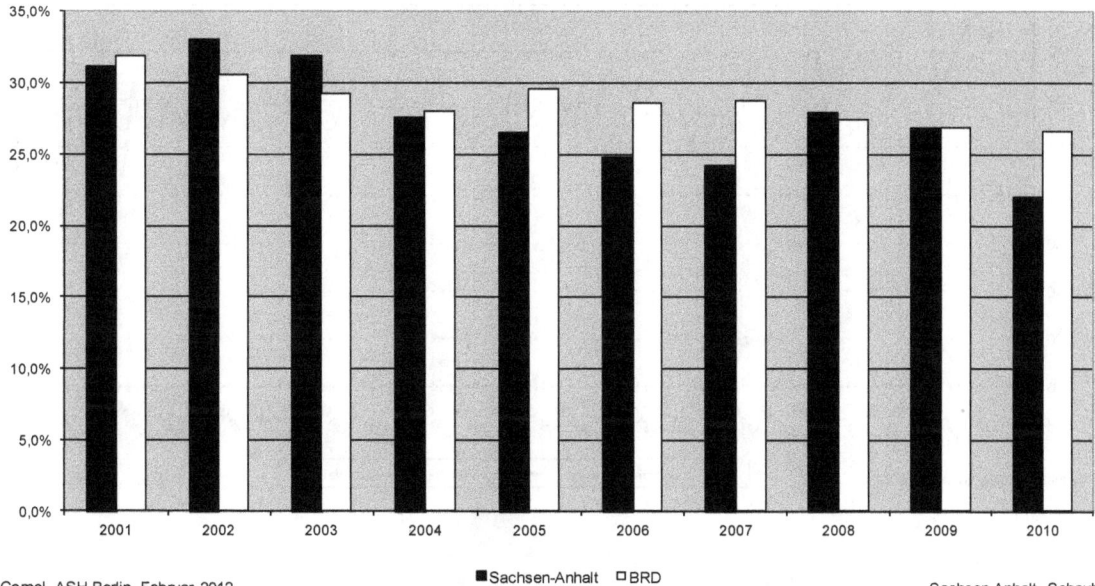

Cornel, ASH Berlin, Februar 2012   ■ Sachsen-Anhalt ▢ BRD   Sachsen-Anhalt Schaubild 7

Die Anzahl der vollstreckten Ersatzfreiheitsstrafen beziehungsweise der zu diesem Zweck belegten Haftplätze konnte im jeweiligen Jahresdurchschnitt nach den Jahren 2001 und 2002 mit 7,7 % beziehungsweise 6,8 % auf etwa 6 % gesenkt werden und stagniert seither auf diesem Niveau zwischen 5,8 % und 6,3 % leicht schwankend. Der Einfluss auf die Strafrestaussetzungsquote kann somit nur minimal sein.

---

[109] In den Jahren 2008 und 2009 waren die Werten fast identisch.

Die Entwicklung der Vollstreckung von Ersatzfreiheitsstrafen in Sachsen-Anhalt von 2001 bis 2010 berechnet auf Basis der monatlichen Gefangenenbestandszahlen

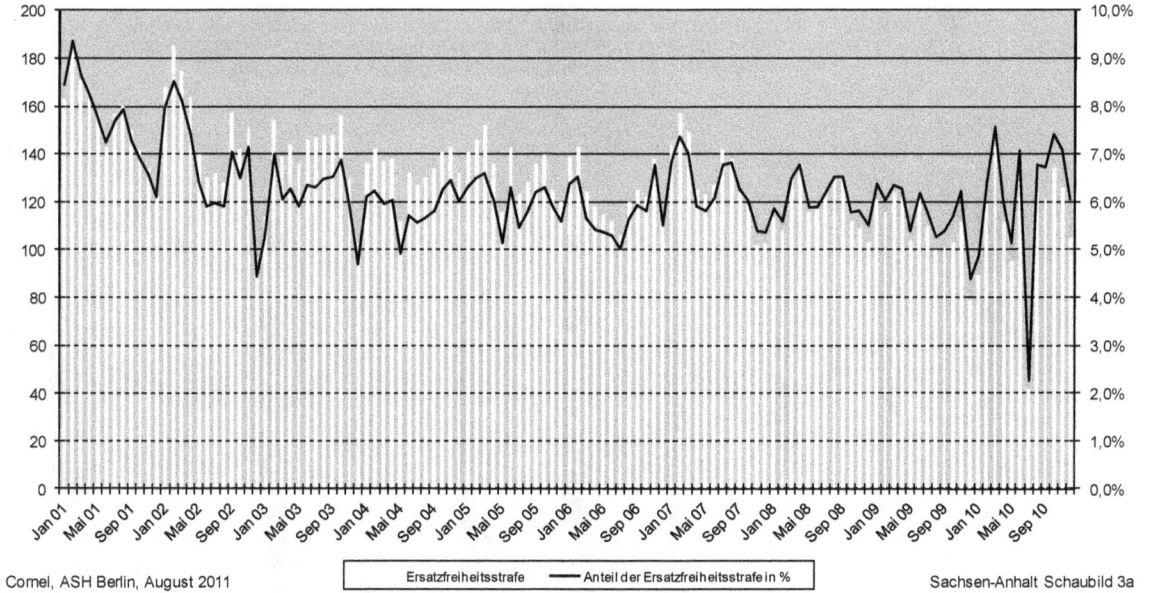

Cornel, ASH Berlin, August 2011

Ersatzfreiheitsstrafe — Anteil der Ersatzfreiheitsstrafe in %

Sachsen-Anhalt Schaubild 3a

Die Entwicklung des Anteils der Vollstreckung von Ersatzfreiheitsstrafen in Sachsen-Anhalt von 2001 bis 2010 berechnet auf Basis der monatlichen Gefangenenbestandszahlen

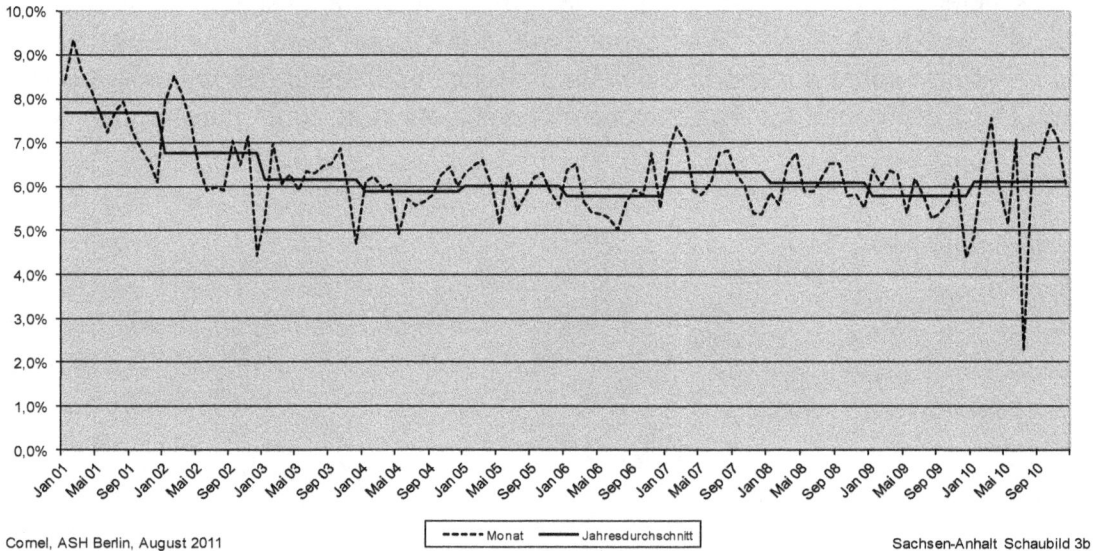

Cornel, ASH Berlin, August 2011

----- Monat —— Jahresdurchschnitt

Sachsen-Anhalt Schaubild 3b

Seit 2002 macht auch Sachsen-Anhalt von der Möglichkeit der so genannten Weihnachtsamnestie Gebrauch – außerhalb der Monate November und Dezember erfolgen nur selten vorzeitige Entlassungen auf dem Gnadenweg. Seit dem Jahr 2002 werden durchschnittlich 5,6 % aller Gefangenen auf dem Gnadenweg entlassen, ein Anteil, der auf die Strafrestaussetzung nicht ohne Wirkung bleiben kann.

Die Entwicklung des Anteils der Aussetzungen im Wege der Gnade in Sachsen-Anhalt von 2001 bis 2010 berechnet auf Basis der monatlichen Gefangenenbestandszahlen

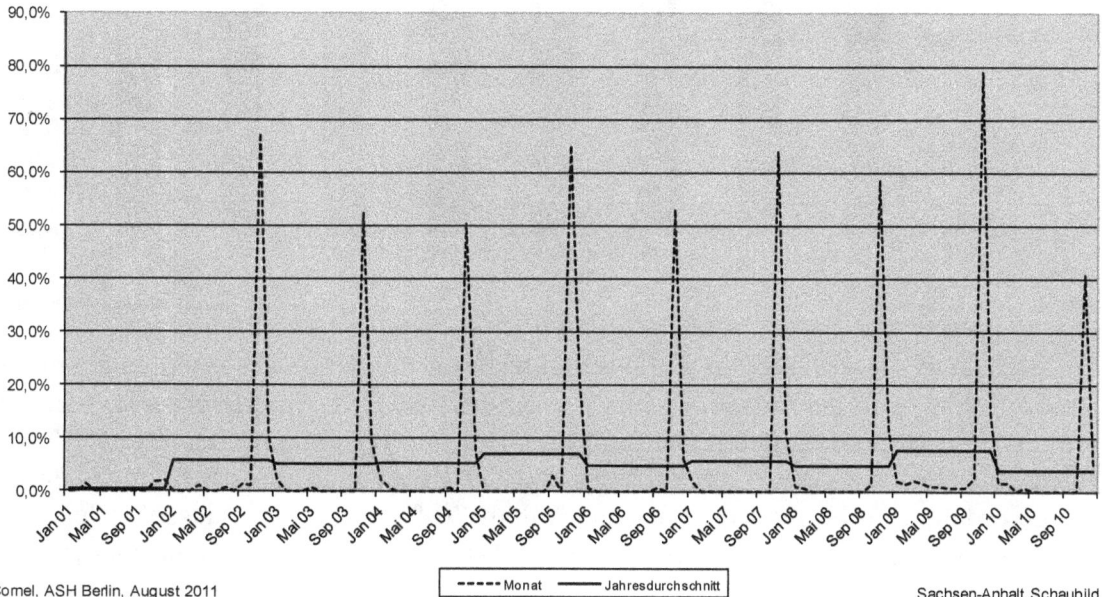

Comel, ASH Berlin, August 2011 ·········Monat ———Jahresdurchschnitt Sachsen-Anhalt Schaubild 5a

Die Entwicklung des Anteils der Aussetzungen im Wege der Gnade in Sachsen-Anhalt von 2001 bis 2010 berechnet auf Basis der der Jahresdurchschnitte monatlichen Gefangenenbestandszahlen

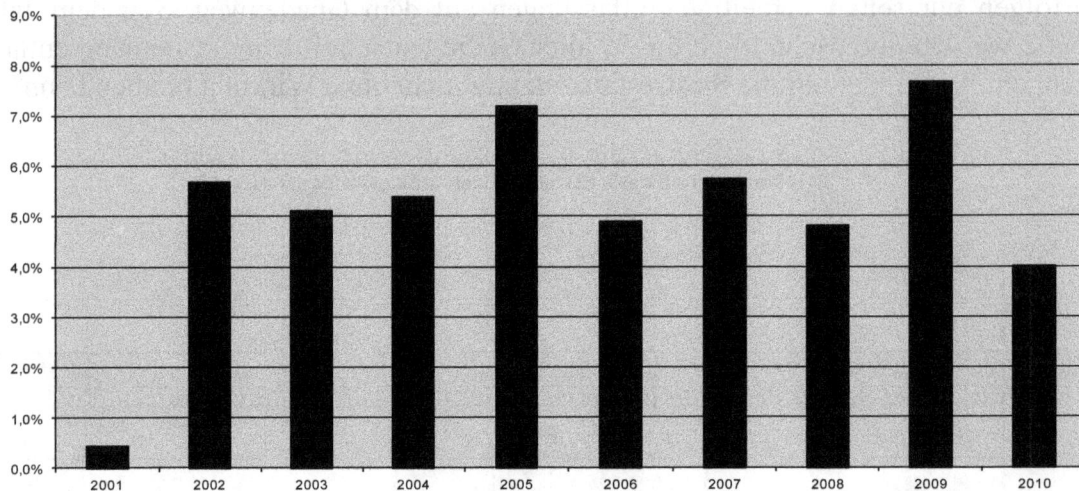

Cornel, ASH Berlin, August 2011

Sachsen-Anhalt Schaubild 5b

Addiert man die vorzeitigen Entlassungen durch die Strafvollstreckungskammern und auf dem Weg der Gnade, so bleibt zwar ein niedriger Anteil vorzeitiger Entlassungen, im Bundesvergleich relativiert sich dieser Wert dann aber etwas. Verglichen mit den Personen, die zum Zeitpunkt der Erreichung ihres Strafendes entlassen werden, wurden 2010 in Sachsen-Anhalt 26 % vorzeitig entlassen oder – anders ausgedrückt – insgesamt 20,6 % aller Haftentlassungen ergingen vorzeitig auf Bewährung. Vier von fünf Gefangenen werden erst nach Erreichung des Strafendes entlassen.

Die Entwicklung der Strafrestaussetzungsquoten gem. StGB und JGG sowie im Wege der Gnade in Sachsen-Anhalt von 2001 bis 2010 berechnet auf Basis der Jahresdurchschnitte der monatlichen Gefangenenbestandszahlen

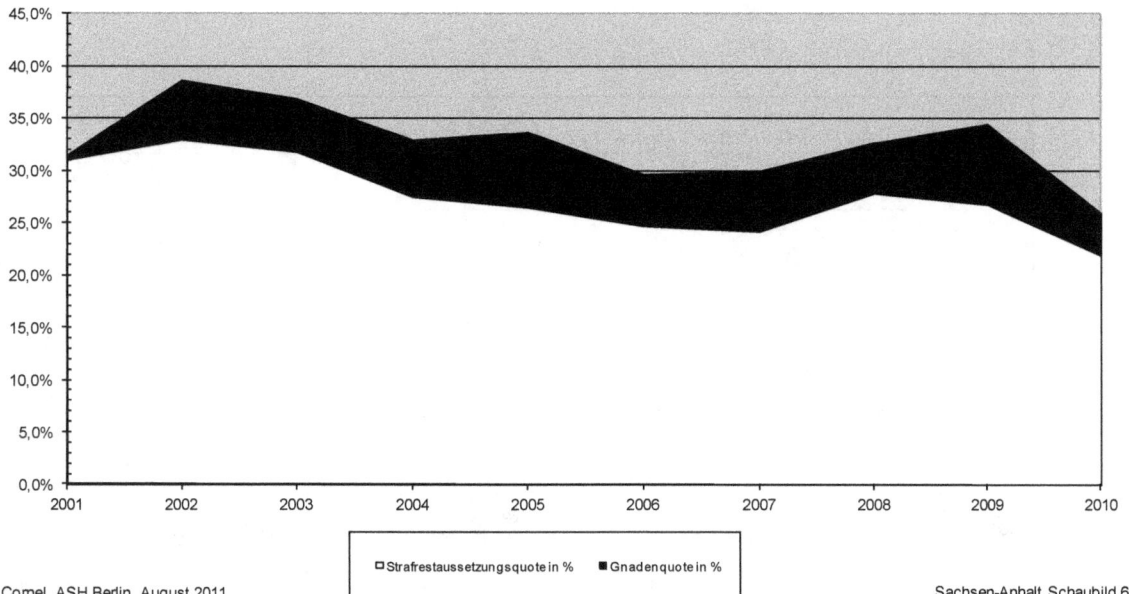

Comel, ASH Berlin, August 2011

□ Strafrestaussetzungsquote in %   ■ Gnadenquote in %

Sachsen-Anhalt Schaubild 6

3.2.15 Schleswig-Holstein

In Schleswig-Holstein gab es zwischen dem 31.12.1995 und dem 31.12.2010 einen Anstieg der Belegungszahlen aus Untersuchungshaft, Freiheits- und Jugendstrafe um 4,0 % auf 1208 Gefangene. Damit lag Schleswig-Holstein fast exakt im Bundesdurchschnitt von 4,2 %.

In den Untersuchungshaftanstalten Schleswig-Holsteins ging in diesem Zeitraum die Belegung fast um die Hälfte (- 47,6 %) auf 199 Untersuchungsgefangene zurück. Am 30. November 2011 waren es 196 Untersuchungsgefangene (davon fünf weiblich) gegenüber 203 Untersuchungsgefangenen (davon sieben weiblich) im Vergleichsmonat des Vorjahres.

Aus Schleswig-Holstein standen mir die monatlichen Gefangenenbestandszahlen seit dem Januar 1999 zur Verfügung, so dass die entsprechenden Schaubilder in diesem Monat beginnen.

Die Entwicklung der Belegung des Justizvollzugsanstalten und insb. der Untersuchungshaftanstalten in Schleswig-Holstein von 1999 bis 2010 auf Basis der monatlichen Gefangenenbestandszahlen

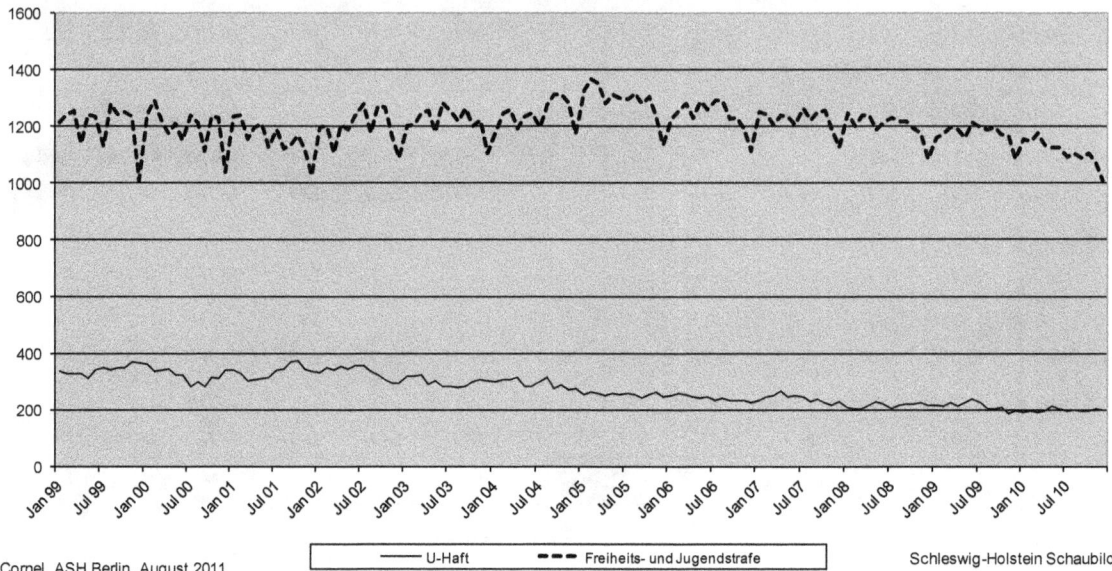

Cornel, ASH Berlin, August 2011   U-Haft ▬ ▬ ▬ Freiheits- und Jugendstrafe   Schleswig-Holstein Schaubild 2

Die Anzahl der erwachsenen Strafgefangenen in Schleswig-Holstein ist zwischen dem 31.12.1995 und dem 31.12.2010 um 28,5 % auf nun 884 Gefangene angestiegen. Dabei blieb sie in den letzten zehn Jahren praktisch konstant. Am 30. November 2011 waren es 906 Strafgefangene, davon 35 Frauen, gegenüber 954 Gefangenen (davon 34 weiblich) im Vergleichsmonat des Vorjahres.

Die Entwicklung der Anzahl der Strafgefangenen (Summe: Freiheitsstrafe und Jugendstrafe) in Schleswig-Holstein von 1999 bis 2010 berechnet auf Basis der monatlichen Gefangenenbestandszahlen

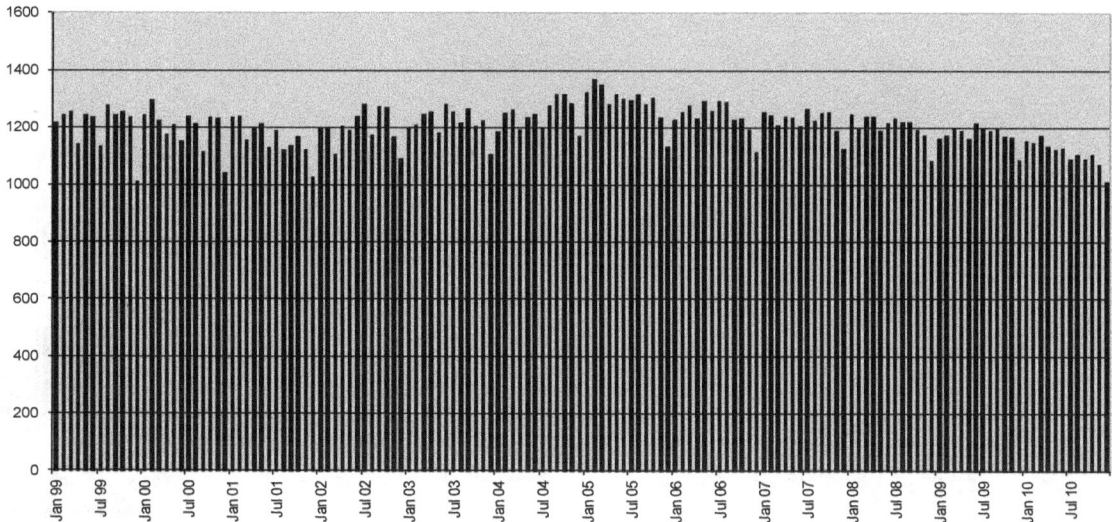

Cornel, ASH Berlin, August 2011   Schleswig-Holstein Schaubild 1a

Hinsichtlich der Jugendstrafgefangenen gab es in Schleswig Holstein zwischen dem 31.12. 1995 und dem 31.12.2010 einen Anstieg um 34,4 % auf 125. Am 31.12.2000 war die Belegung der Jugendstrafanstalten sogar auf 147 angewachsen. Am 30. November 2011 gab es 145 Jugendstrafgefangene in Schleswig-Holstein (keine davon weiblich) – ein deutlicher Anstieg gegenüber dem Wert vom Vergleichsmonat des Vorjahres (119).

Die einzelnen Monatswerte bezüglich des Jugendstrafvollzugs konnten erst ab dem Januar 2001 ausgewertet werden.

Die Entwicklung der Anzahl der Strafgefangenen (Freiheitsstrafe und Jugendstrafe einzeln) in Schleswig-Holstein von 2001 bis 2010 berechnet auf Basis der monatlichen Gefangenenbestandszahlen

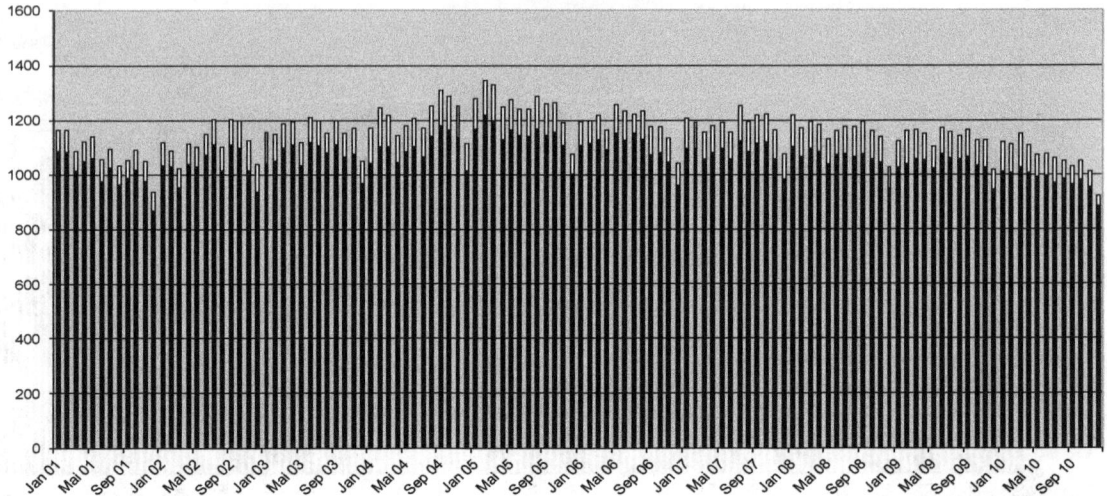

Cornel, ASH Berlin, August 2011 · Schleswig-Holstein Schaubild 1b

Die monatlichen Strafrestaussetzungsquoten in Schleswig-Holstein schwankten zwischen dem Januar 1999 und dem Dezember 2010 zwischen 11,1 % im Februar 1999 und 50,0 % im November 2005. Meist bewegten sie sich in einem Korridor zwischen 20 % und 40 %.

Betrachtet man sich die Jahresdurchschnittsquoten der Strafrestaussetzung in Schleswig-Holstein, so lässt sich zunächst zwischen den Jahren 1999 bis 2005 eine deutliche Steigerung von unter 20 % auf über 30 % erkennen und dann in den Folgejahren eine Stagnation auf leicht reduziertem Niveau um die 30 %-Marke. Die Strafrechtsänderung von 1998 hat hier ganz offensichtlich nicht zu einer Reduzierung der Aussetzungen gemäß §§ 57, 57a StGB und 88 JGG geführt.

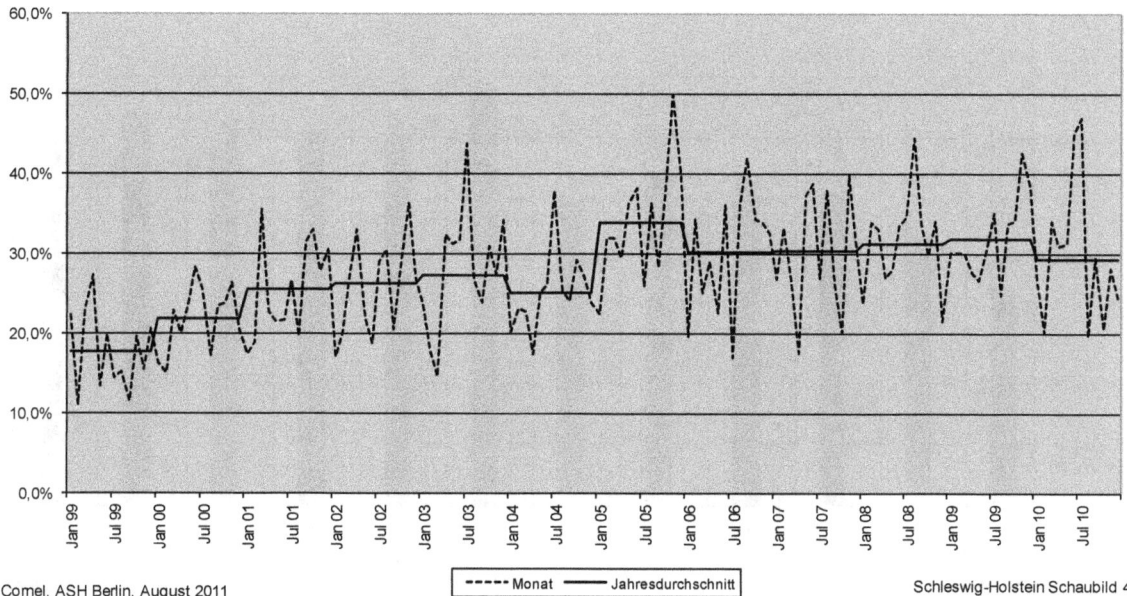

Comel, ASH Berlin, August 2011 — Monat — Jahresdurchschnitt — Schleswig-Holstein Schaubild 4

Anhand des Schaubildes Schleswig-Holstein 7 lässt sich auch deutlich erkennen, dass sich die Strafrestaussetzung in Schleswig-Holstein völlig im Gegensatz zu den Durchschnittswerten im Bund entwickelte. Lag die Quote in Schleswig-Holstein 1999 noch um mehr als 13 % unter dem Bundesdurchschnitt, so wurde dieser ab 2005 regelmäßig übertroffen und lag im Jahr 2010 um fast 3 % darüber.

Die Entwicklung der Strafrestaussetzungsquoten gem. StGB und JGG in Schleswig-Holstein (jeweils Jahresdurchschnitt) im Vergleich zu den Quoten im Bundesdurchschnitt von 1999 bis 2010 berechnet auf Basis der monatlichen Gefangenenbestandszahlen

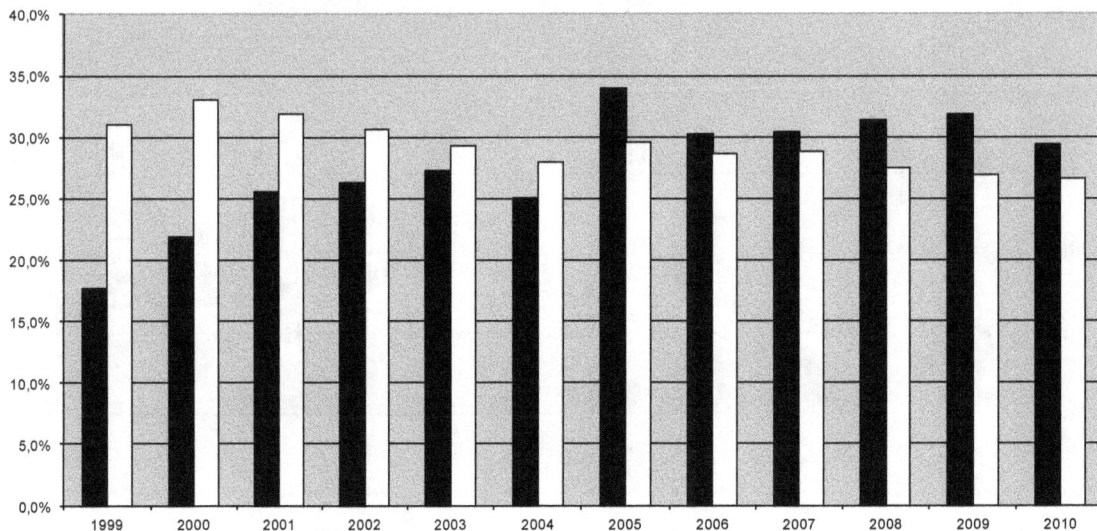

Cornel, ASH Berlin, März 2012   ■Schleswig-Holstein □BRD   Schleswig-Holstein Schaubild 7

Wie bereits verschiedentlich ausgeführt, spielt die Anzahl der vollstreckten Ersatzfreiheitsstrafen beziehungsweise die zu diesem Zweck belegten Haftplätze eine wichtige Rolle bei der Höhe der Strafrestaussetzungsquote, da Ersatzfreiheitsstrafen zum einen regelmäßig nicht über § 57 StGB ausgesetzt werden, und zum anderen aufgrund ihrer verhältnismäßig kurzen Dauer und damit hohen Fluktuation bei der Anzahl der Haftentlassungen eine besonders große Rolle spielen.

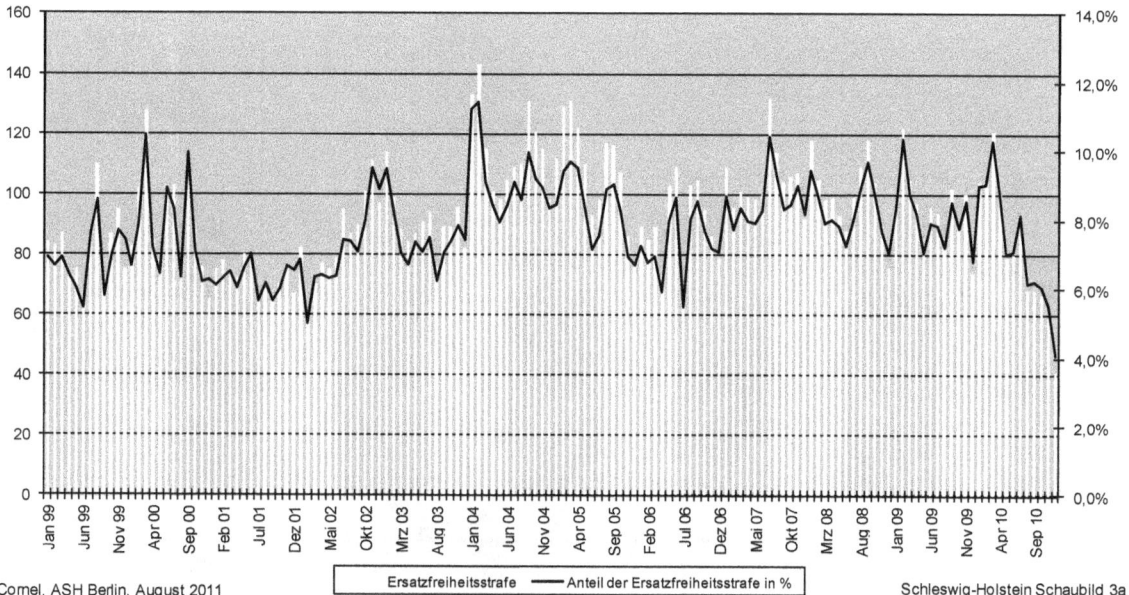

Comel, ASH Berlin, August 2011

Ersatzfreiheitsstrafe ——Anteil der Ersatzfreiheitsstrafe in %

Schleswig-Holstein Schaubild 3a

Etwa 93 Haftplätze oder 7,7 % der Belegung in Schleswig-Holstein werden regelmäßig mit Personen belegt, die eigentlich zu Geldstrafen verurteilt wurden. Das Schaubild Schleswig-Holstein 3b zeigt hinsichtlich der Jahresdurchschnittswerte Schwankungen zwischen 6,9 % und 9,2 % aber weder einen klaren Trend noch Wechselwirkungen zur Strafrestaussetzungsquote.

163

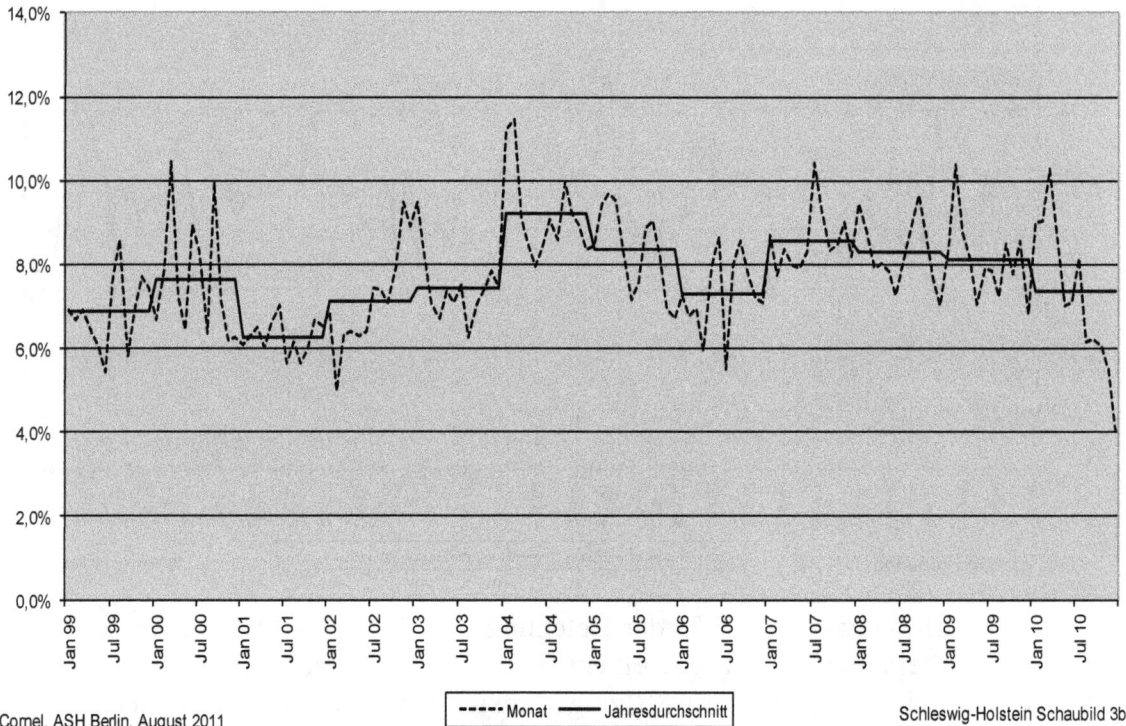

Cornel, ASH Berlin, August 2011   - - - - Monat ——— Jahresdurchschnitt   Schleswig-Holstein Schaubild 3b

Auch in Schleswig-Holstein werden regelmäßig Weihnachtsamnestien erlassen, die den Anteil der vorzeitigen Entlassungen auf dem Gnadenweg bestimmen. Außerhalb der Weihnachtsamnestien gibt es nur selten solche bedingten Entlassungen.

Trotz einiger Schwankungen kann man feststellen, dass die Bedeutung der Aussetzungen auf dem Gnadenweg langfristig zugenommen hat. Wurden in den Jahren 1999 bis 2004 knapp 3 % pro Jahr gnadenweise vorzeitig entlassen, so waren es in den Jahren 2005 – 2010 im Durchschnitt mehr als 4 %.

Die Entwicklung des Anteils der Aussetzungen im Wege der Gnade in Schleswig-Holstein von 1999 bis 2010 berechnet auf Basis der monatlichen Gefangenenbestandszahlen

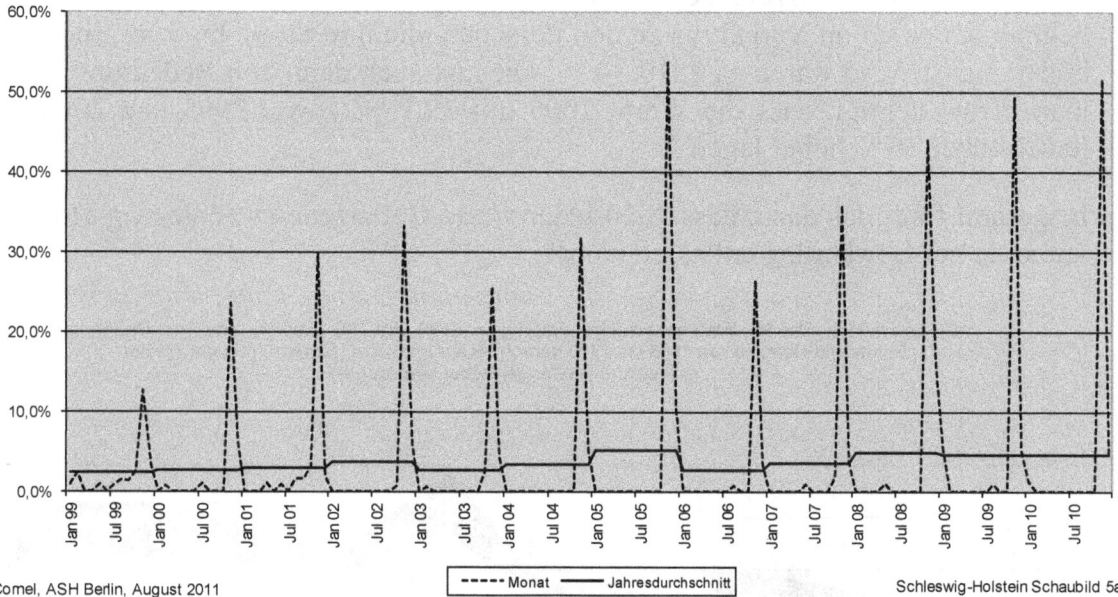

Comel, ASH Berlin, August 2011

Schleswig-Holstein Schaubild 5a

Die Entwicklung des Anteils der Aussetzungen im Wege der Gnade in Schleswig-Holstein von 1999 bis 2010 berechnet auf Basis der Jahresdurchschnitte der monatlichen Gefangenenbestandszahlen

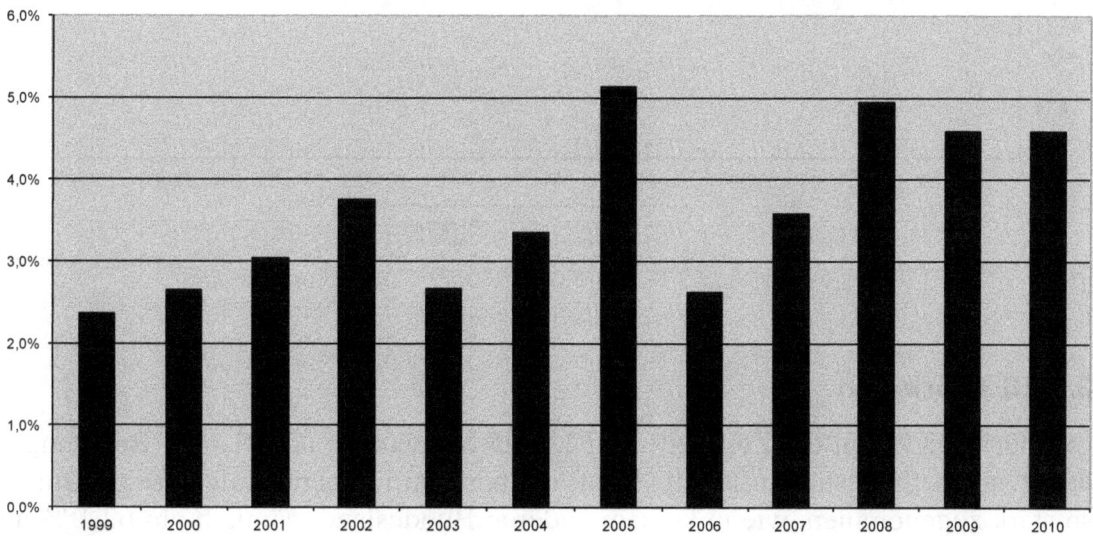

Comel, ASH Berlin, August 2011

Schleswig-Holstein Schaubild 5b

165

Addiert man die Anzahl der Strafrestaussetzungen zur Bewährung auf dem Gnadenweg und durch die Strafvollstreckungskammern, so lässt sich ein besonders deutlicher Anstieg verzeichnen. Wurden 1999 20,1 % der Gefangenen vorzeitig bedingt entlassen im Verhältnis zu den Personen, die ihre Strafe bis zum Ende verbüßen mussten, so waren es 2010 34 %. Dies ist auch dann von Bedeutung, wenn man berücksichtigt, dass die Werte 2005 mit 39,1 %, sowie 2008 und 2009 mit jeweils über 36 % höher lagen.

Insgesamt führt das dazu, dass 2010 jeder vierte Gefangene in Schleswig-Holstein vorzeitig zur Bewährung entlassen wurde.

Die Entwicklung der Strafrestaussetzungsquoten gem. StGB und JGG sowie im Wege der Gnade in Schleswig-Holstein von 1999 bis 2010 berechnet auf Basis der Jahresdurchschnitte der monatlichen Gefangenenbestandszahlen

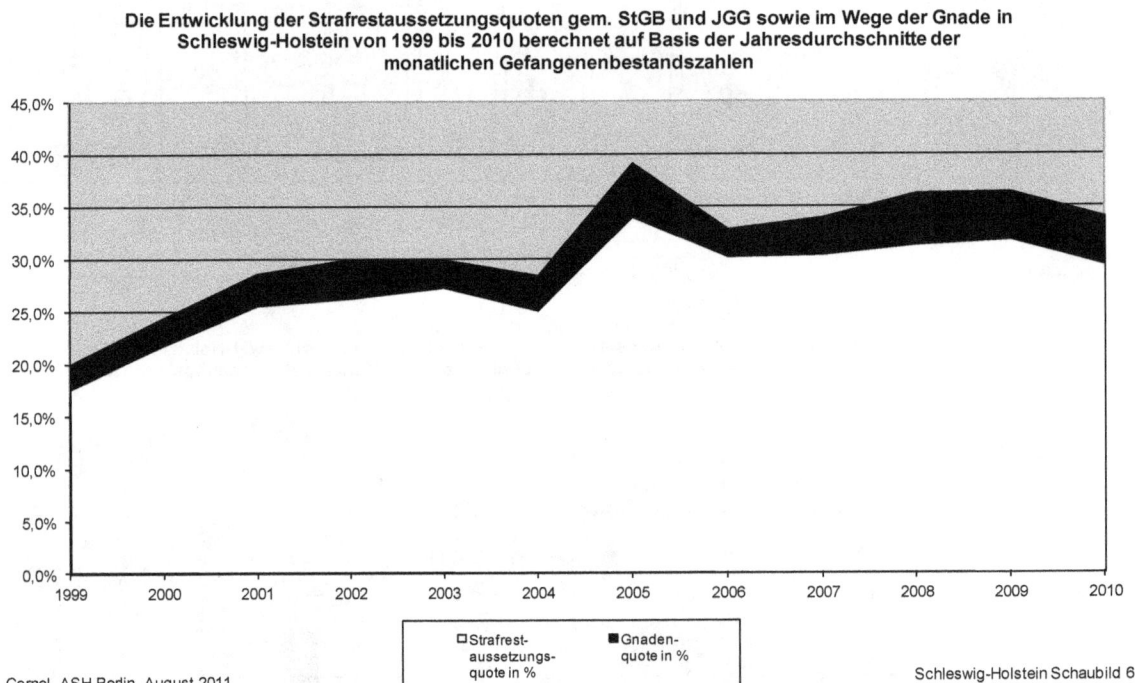

Cornel, ASH Berlin, August 2011   Schleswig-Holstein Schaubild 6

3.2.16 Thüringen

In Thüringen hat in der Zeit vom 31.12.1995 bis zum 31.12.2010 die Belegung in den Untersuchungshaftanstalten, Strafvollzugs- und Jugendstrafvollzugsanstalten so stark zugenommen, wie in keinem anderen Bundesland, nämlich um 62,1 % auf nun 1642 Gefangene. Im Bundesdurchschnitt betrug das Wachstum in dieser Zeit 4,2 %.

In den Untersuchungshaftanstalten Thüringens sank die Belegung zwischen 1995 und 2010 um 31,8 % auf 212 Untersuchungsgefangene. Das ist nach Bayern der geringste Rückgang im Bundesgebiet. Bis zum 31.12.2000 war die Anzahl der Untersuchungsgefangenen sogar noch leicht gestiegen. Am 30.11.2011 gab es in Thüringen 196 Untersuchungsgefangene (keine davon weiblich) – ein deutlicher Rückgang gegenüber den 224 Untersuchungsgefangenen vom Vergleichsmonat des Vorjahres.

Alle monatlichen Gefangenenbestandszahlen Thüringens lagen mir ab 2001 bis 2010 vor, so dass sich die folgenden Schaubilder auf diesen Zehnjahreszeitraum beziehen.

Die Entwicklung der Belegung des Justizvollzugsanstalten und insb. der Untersuchungshaftanstalten in Thüringen von 2001 bis 2010 auf Basis der monatlichen Gefangenenbestandszahlen

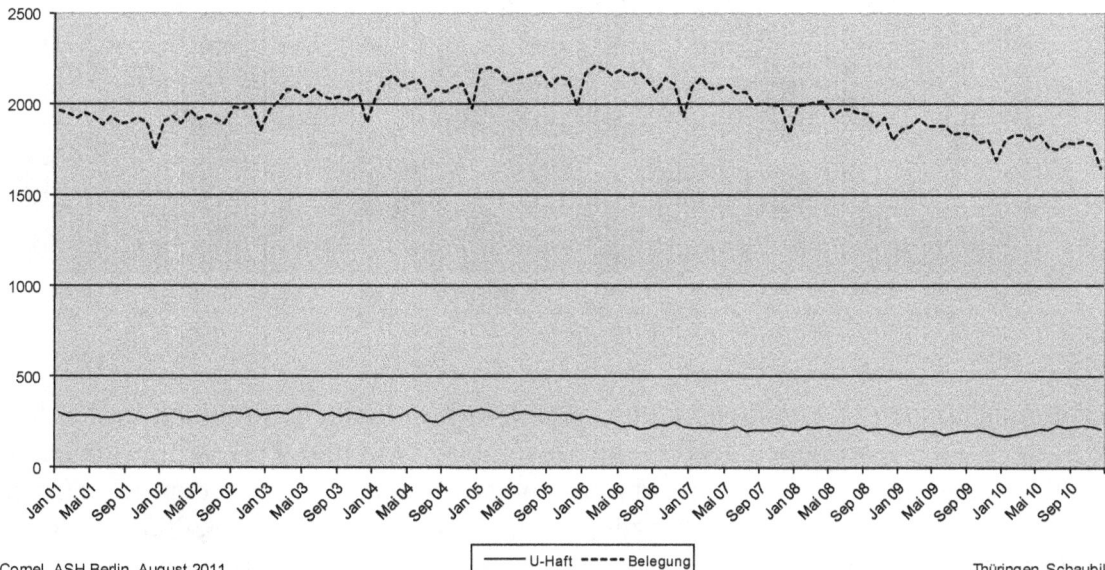

Comel, ASH Berlin, August 2011   U-Haft ----- Belegung   Thüringen Schaubild 2

Die Anzahl der erwachsenen Strafgefangenen hat sich in Thüringen zwischen dem 31.12.1995 und dem 31.12.2010 enorm, nämlich um 113,5 % auf 1232 Strafgefangene erhöht. Dabei fand dieses Wachstum vor allem in den späten neunziger Jahren statt, denn seit dem 31.12.2000 erhöhte sich die Zahl nur noch um 4,6 % und entsprach somit genau dem Bundesdurchschnitt. Am 30. November 2011 gab es in Thüringen 1317 Strafgefangene gegenüber 1329 im Vergleichsmonat des Vorjahres.

Besonders deutlich stieg in Thüringen auch die Anzahl der Jugendstrafgefangenen an. Nach einem Wachstum um 58,4 % zwischen dem 31.12.1995 und dem 31.12.2010 gab es 198 Jugendstrafgefangene. Allerdings waren es zehn Jahre vorher am 31.12.2000 sogar 270 Jugendstrafgefangene. Inzwischen verringerte sich die Anzahl nochmals. Am 30. November 2011 gab es 165 Jugendstrafgefangene in Thüringen (davon keine weiblich). Das waren 33 weniger als ein Jahr zuvor.

Die Entwicklung der Anzahl der Strafgefangenen (Freiheitsstrafe und Jugendstrafe einzeln) in Thüringen von 2001 bis 2010 berechnet auf Basis der monatlichen Gefangenenbestandszahlen

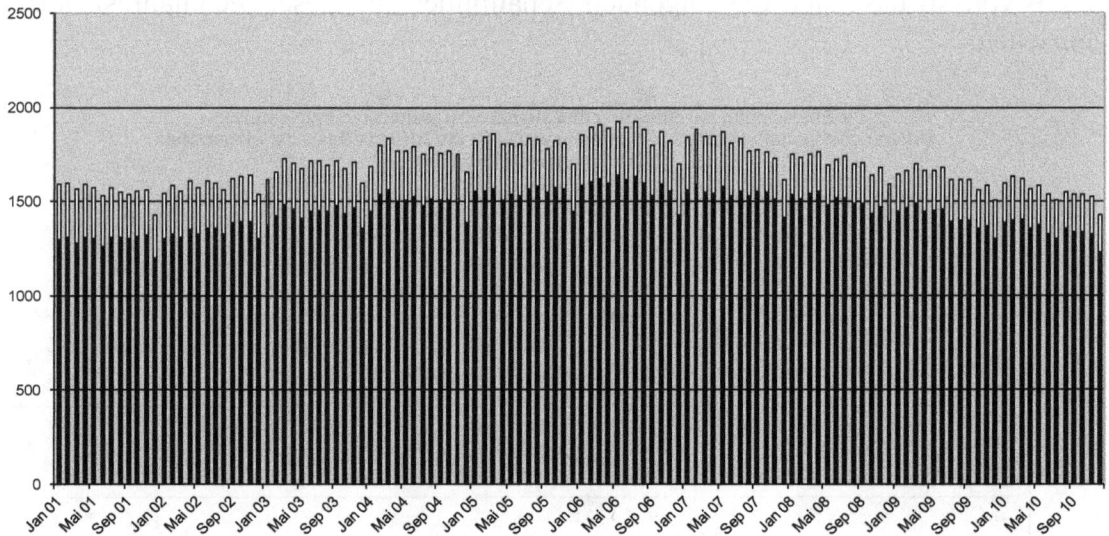

Cornel, ASH Berlin, August 2011   Thüringen Schaubild 1b

Die monatlichen Strafrestaussetzungsquoten in Thüringen schwankten in den letzten zehn Jahren zwischen 18,0 % im Dezember 2007 und 75,3 % im September 2004. Schaut man sich die Jahresdurchschnittswerte an, so ist ein deutlicher Trend erkennbar: lag die Strafrestaussetzungsquote zwischen 2001 und 2005 im Durchschnitt noch bei 44,2 %, so waren es in den Jahren 2006 bis 2010 nur noch 31,8 %.

Die Entwicklung der Strafrestaussetzungsquoten gem. StGB und JGG in Thüringen von 2001 bis 2010 berechnet auf Basis der monatlichen Gefangenenbestandszahlen

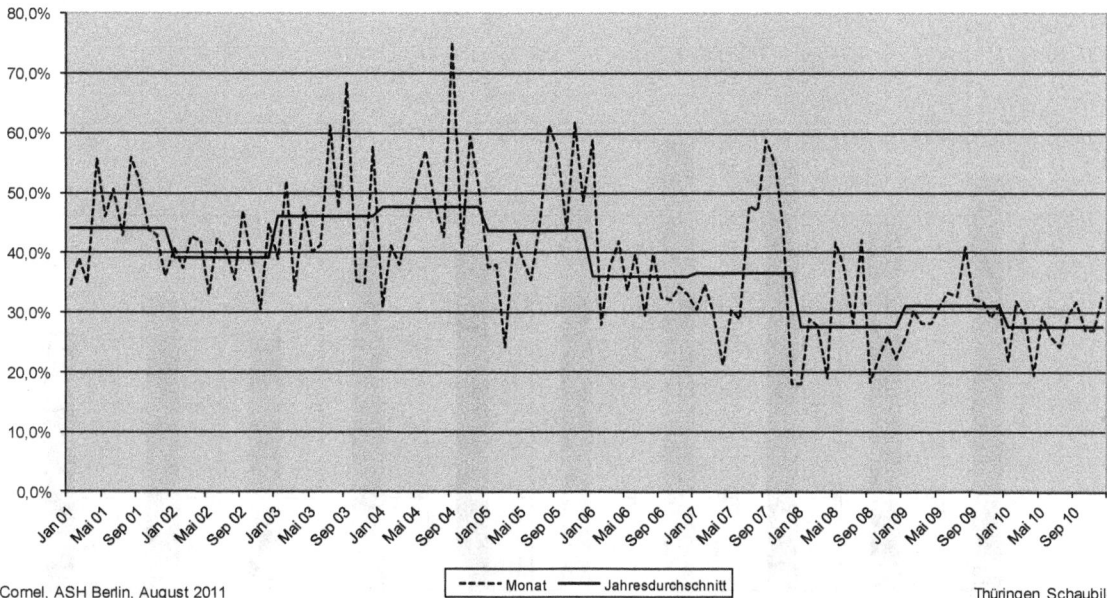

Cornel, ASH Berlin, August 2011 ----- Monat —— Jahresdurchschnitt Thüringen Schaubild 4

Deutlich wird diese Entwicklung auch im Vergleich der Strafrestaussetzungsquoten Thüringens mit denen des Bundes, wie er auf dem Schaubild Thüringen 7 zu erkennen ist. Überragte die Quote Thüringens in der ersten Hälfte des Jahrzehnts dem Bundesdurchschnitt noch um etwa 10 – 15 %, so haben sich diese Quoten in den letzten Jahren fast angeglichen.

Die Entwicklung der Strafrestaussetzungsquoten gem. StGB und JGG in Thüringen (jeweils Jahresdurchschnitt) im Vergleich zu den Quoten im Bundesdurchschnitt von 2001 bis 2010 berechnet auf Basis der monatlichen Gefangenenbestandszahlen

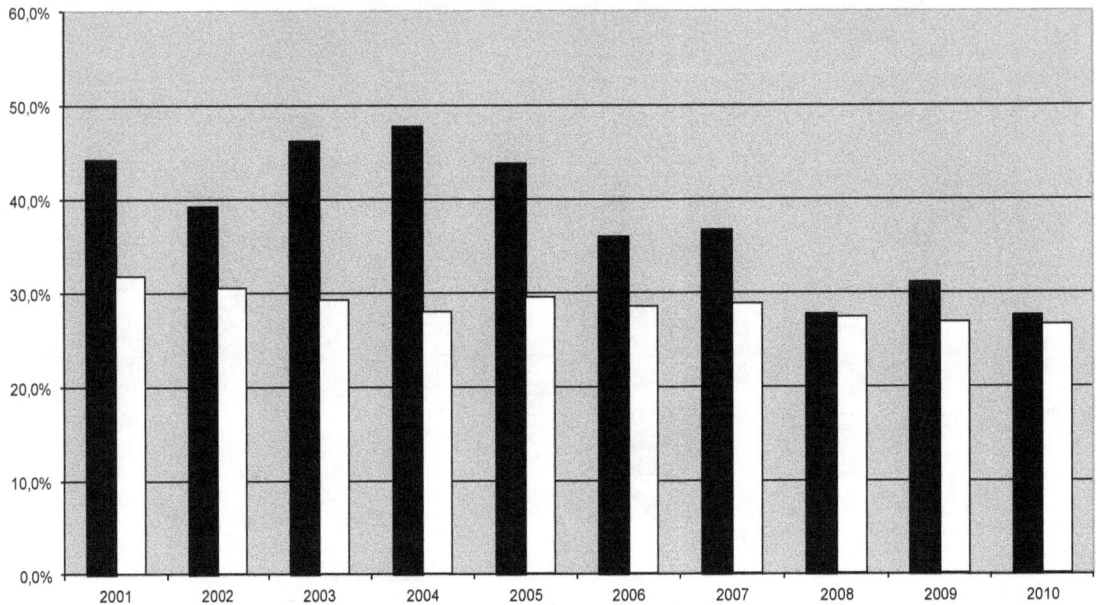

Cornel, ASH Berlin, März 2012

Thüringen Schaubild 7

In Thüringen sank der Anteil der Haftplätze, auf denen Ersatzfreiheitsstrafen voll-streckt werden in der ersten Hälfte des Jahrzehnts von 6,0 % auf 4,5 %, um dann wiederum anzusteigen und im Jahr 2010 eine besonders hohe Quote von 6,7 % zu erreichen. Der besonders niedrige Anteil der mit so genannten Ersatzfreiheitsstraf-ern belegten Haftplätze in den Jahren 2004 bis 2006 hat in der Tendenz den Anteil der Strafrestaussetzungen leicht erhöht, weil Ersatzfreiheitsstrafen regelmäßig nicht zur Bewährung ausgesetzt werden. Genau lässt sich die Bedeutung dieses Effektes nicht berechnen, da die Haftentlassungen nach Ersatzfreiheitsstrafenverbüßung nicht gesondert ausgewiesen werden und über die durchschnittliche Dauer, sowie mögliche Veränderungen diesbezüglich nichts bekannt ist.

Die Entwicklung der Vollstreckung von Ersatzfreiheitsstrafen in Thüringen von 2001 bis 2010 berechnet auf Basis der monatlichen Gefangenenbestandszahlen

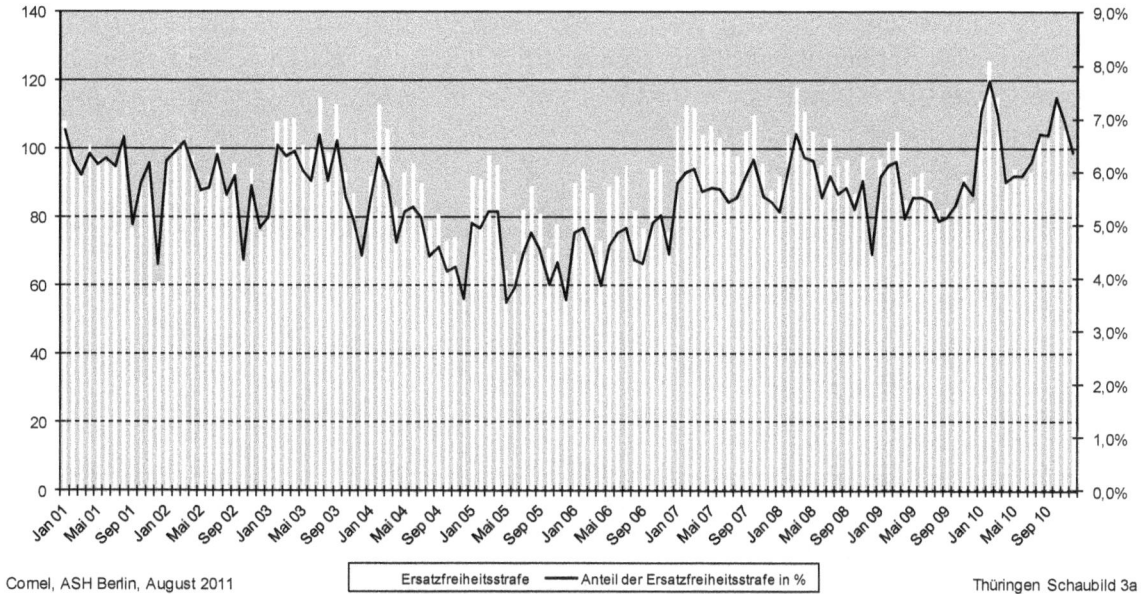

Cornel, ASH Berlin, August 2011

Ersatzfreiheitsstrafe ——— Anteil der Ersatzfreiheitsstrafe in %

Thüringen Schaubild 3a

Die Entwicklung des Anteils der Vollstreckung von Ersatzfreiheitsstrafen in Thüringen von 2001 bis 2010 berechnet auf Basis der monatlichen Gefangenenbestandszahlen

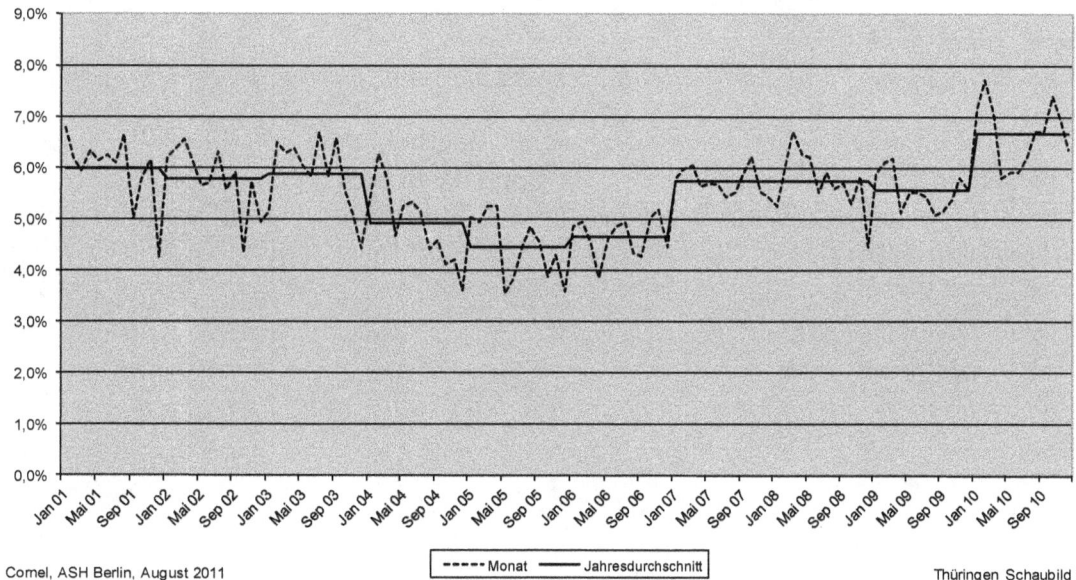

Cornel, ASH Berlin, August 2011

----- Monat ——— Jahresdurchschnitt

Thüringen Schaubild 3b

171

Thüringen entlässt seit 2002 regelmäßig im Zuge der so genannten Weihnachtsamnestien Gefangene vorzeitig bedingt auf dem Gnadenweg. Außerhalb dieser so genannten Weihnachtsamnestien wurden in Thüringen in den letzten zehn Jahren nie mehr als ein Gefangener pro Monat auf dem Gnadenweg entlassen – meist war es keiner.

Die Entwicklung des Anteils der Aussetzungen im Wege der Gnade in Thüringen von 2001 bis 2010 berechnet auf Basis der monatlichen Gefangenenbestandszahlen

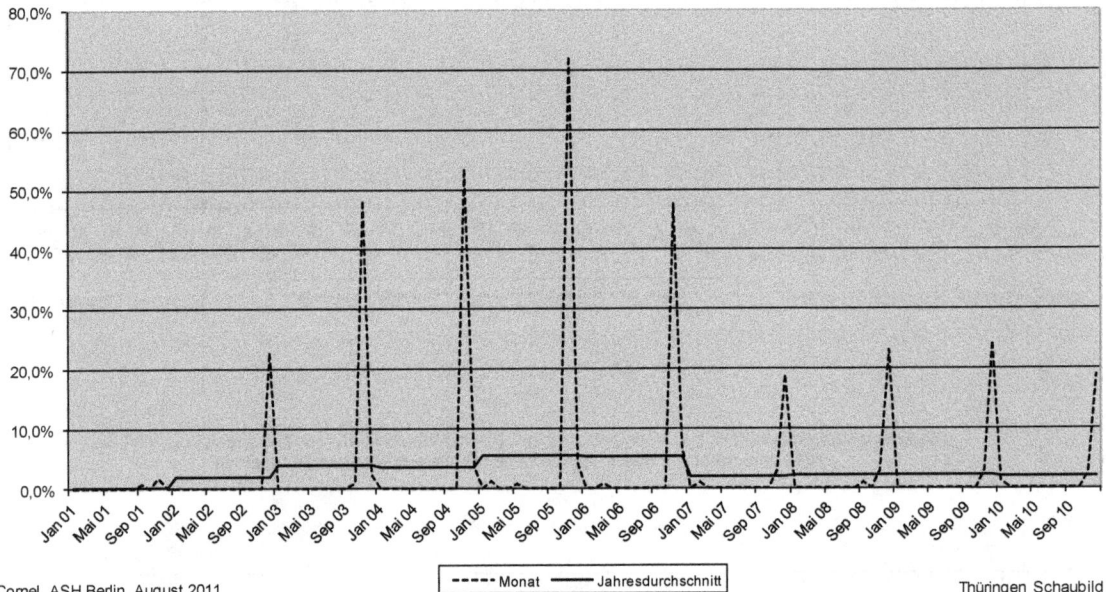

Cornel, ASH Berlin, August 2011

----- Monat ——— Jahresdurchschnitt

Thüringen Schaubild 5a

Die Schaubilder Thüringen 5a und 5b machen deutlich, dass von dieser Weihnachtsamnestie in sehr unterschiedlichem Ausmaß Gebrauch gemacht wurde. In den Jahren 2007 bis 2010 ist die Relevanz dieser Entlassungsform auf weniger als die Hälfte geschrumpft.

Die Entwicklung des Anteils der Aussetzungen im Wege der Gnade in Thüringen von 2001 bis 2010 berechnet auf Basis der der Jahresdurchschnitte monatlichen Gefangenenbestandszahlen

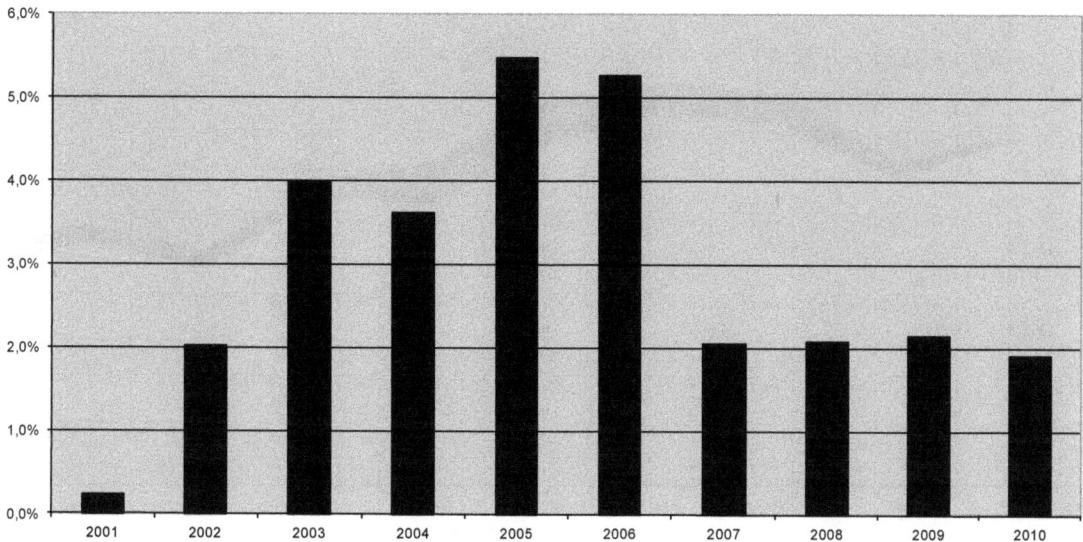

Cornel, ASH Berlin, August 2011

Thüringen Schaubild 5b

Addiert man die vorzeitigen Entlassungen durch die Strafvollstreckungskammern und auf dem Weg der Gnade, so zeigt sich für Thüringen, dass sich die Quoten nicht etwa ausgleichen, sondern gegenseitig verstärken. In den Jahren 2003 bis 2005 gab es sowohl hohe Strafrestaussetzungsquoten durch die Strafvollstreckungskammern, als auch auf dem Gnadenweg, so dass im Vergleich zu den Personen, die zum Zeitpunkt der Erreichung der Endstrafe entlassen wurden, eine Quote von etwa 50 % erreicht wurde. Dann sank sowohl der Anteil der Strafrestaussetzungen gemäß §§ 57, 57a StGB und § 88 JGG, als auch der auf dem Weg der Gnade, so dass 2010 der Anteil der vorzeitigen bedingten Entlassungen im Vergleich zu den Entlassungen am Strafende in Thüringen unter die 30 % Marke auf 29,4 % rutschte.

Bezogen auf alle Haftentlassungen bedeutet dies, dass 22,7 % vorzeitig entlassen werden, während 77,3 % der Gefangenen ihre Strafe bis zum Ende verbüßen müssen.

Die Entwicklung der Strafrestaussetzungsquoten gem. StGB und JGG sowie im Wege der Gnade in Thüringen von 2001 bis 2010 berechnet auf Basis der Jahresdurchschnitte der monatlichen Gefangenenbestandszahlen

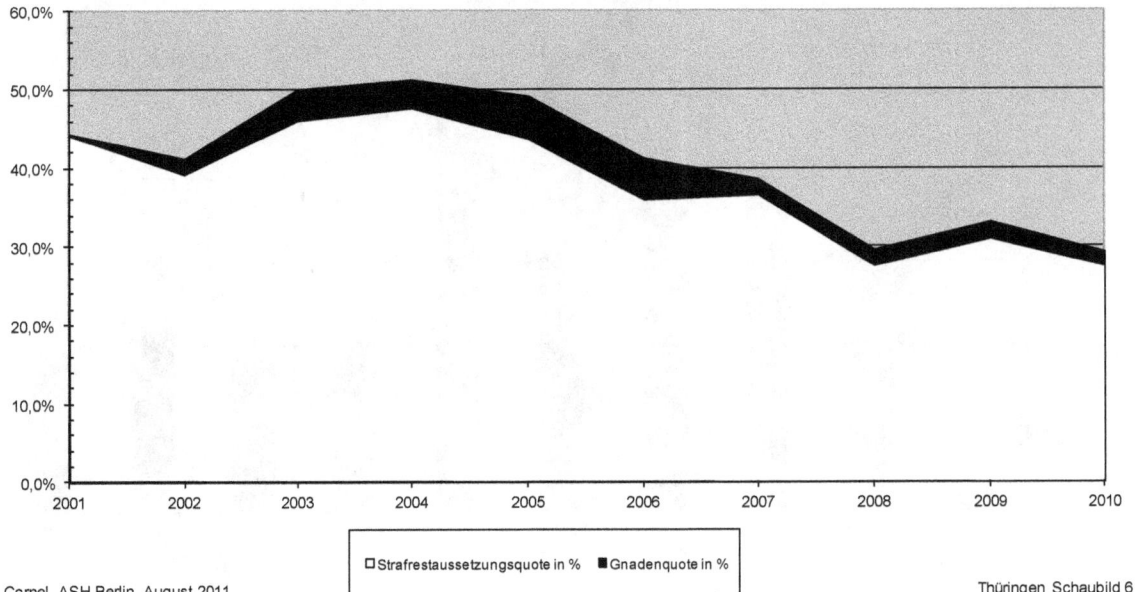

□ Strafrestaussetzungsquote in %   ■ Gnadenquote in %

Cornel, ASH Berlin, August 2011

Thüringen Schaubild 6

4. Zusammenfassung, kriminalpolitische Würdigung und Ausblick

Betrachtet man die Strafrestaussetzungsquote des Bundes, so lässt sich nach vielerlei Schwankungen ein leichter Rückgang zwischen 1994 mit 30,8 % auf nun 26,6 % im Jahr 2010 feststellen. Gleichzeitig stieg die Gnadenquote von 2,2 % im Jahr 1994 auf 6,8 % im Jahr 2010.[110] In der Summe wurden somit 1994 33,0 % und im Jahr 2010 33,4 % der Strafen im Verhältnis zu den voll verbüßten Strafen vorzeitig ausgesetzt.

Zwischen den Bundesländern gibt es nicht nur beträchtliche Unterschiede in den Werten selbst, sondern auch in der Entwicklung. Baden-Württemberg, das Saarland, Bayern, Rheinland-Pfalz, Brandenburg, Hamburg, Hessen, Niedersachsen, Schleswig-Holstein und Thüringen liegen über dem Bundesdurchschnitt, während Mecklenburg-Vorpommern, Nordrhein-Westfalen, Sachsen, Sachsen-Anhalt, Berlin und Bremen darunter liegen. Bei der Interpretation dieser länderspezifischen Werte muss man jedoch vorsichtig sein, weil in Ländern mit einer traditionell niedrigen Gefangenenquote, wie zum Beispiel Schleswig-Holstein, möglicherweise Freiheitsstrafen überhaupt nicht vollstreckt werden, deren Vollstreckung in anderen Ländern später nach Teilverbüßung vorzeitig zur Bewährung ausgesetzt werden und so die Strafrestaussetzungsquote erhöhen.

In Baden-Württemberg, Bayern, Bremen und Schleswig-Holstein hat sich die Strafrestaussetzungsquote zwischen 1996 und 2010 (teils deutlich) erhöht – in allen anderen Ländern sank sie.[111] Wie in den landesspezifischen Abschnitten gezeigt, stieg aber in zahlreichen Ländern die Gnadenquote und glich so die Reduktion der Strafrestaussetzung durch die Gerichte aus.

Bezieht man die Anteile vorzeitiger Strafrestaussetzungen auf alle aus dem Strafvollzug oder Jugendstrafvollzug entlassenen Gefangenen, so wurden 2010 75,0 % zum Zeitpunkt der Erreichung der Endstrafe, 20,0 % durch die Gerichte gemäß § 57, 57a StGB und 88 JGG und 5,0 % auf dem Gnadenweg entlassen.

Diese Quoten und die Veränderungen der letzten Jahre sagen jedoch zum einen nichts darüber aus, zu welchem Zeitpunkt vorzeitige Strafrestaussetzungen vorgenommen wurden, so dass selbst bei einem gleichen Anteil vorzeitiger Entlassungen, sich die Vollstreckungszeiten verlängern (oder verkürzen) können. Zum zwei-

---

[110] Im Jahr 2006 betrug die Gnadenquote im Bund sogar 7,7 %.

[111] Für Mecklenburg-Vorpommern, Rheinland-Pfalz, Sachsen-Anhalt und Thüringen konnten die landesspezifischen Daten erst ab 2001 ausgewertet werden.

ten sind leider auf Basis der Gefangenenbestandszahlen keinerlei deliktspezifische Erkenntnisse zu gewinnen. Auch lassen sich keinerlei Bezüge zu Veränderungen der Strafrahmen einzelner Delikte oder der Urteilspraxis der erkennenden Gerichte herstellen. Es könnte also durchaus sein, dass die Verhängung längerer Strafen eine Ausweitung des Anteils und des Ausmaßes der Strafrestaussetzungen nach sich zieht und umgekehrt. Dies lässt sich nur durch eine umfangreiche Analyse der Akten der Strafvollstreckungskammern und Gefangenenpersonalakten hinsichtlich der Entlassungsjahrgänge der letzten Jahrzehnte erforschen.

Mit einer sehr spezifischen Fragestellung hinsichtlich der Gesetzesänderung von 1998 hatte ich die Auswertung der Gefangenenbestandszahlen 2002 durch eine Aktenanalyse und Interviews ergänzt, jedoch nicht deliktspezifisch und hinsichtlich des Zeitpunktes der Strafrestaussetzung ausgewertet. Es ging allein um die Veränderungen im Gesetzeswortlaut und um die veränderten Anforderungen hinsichtlich gutachterlicher Stellungnahmen. Um mögliche Veränderungen der Strafrestaussetzungspraxis und der Punitivität auf die Spur zu kommen, wurden im Jahr 2002 922 Strafvollstreckungsakten aus den Jahren 1998 bis 2001 analysiert und strukturierte Interviews mit insgesamt 22 Strafvollstreckungsrichterinnen und Strafvollstreckungsrichtern mehrerer Landgerichte aus unterschiedlichen neuen und alten Bundesländern durchgeführt.

Zusammenfassend kann von den Interviews berichtet werden, dass „alle Richter und Richterinnen, die im Januar 1998 schon mit Strafvollstreckungssachen betraut waren, angaben, dass sie von Anfang an die Gesetzesänderung von 1998 nur als redaktionelle Änderung, als Nennung eines Gesichtspunktes, den man ohnehin zu beachten hatte, gesehen haben und das dies für sie jedenfalls kein Anlass zur Änderung ihrer Entscheidungen gewesen sei. Mehrere Interviewpartner gaben fast gleich lautend an, man habe recht emotionslos den Textbaustein für die Begründungen der Beschlussentscheidungen geändert – ansonsten habe es keinen Anlass für Änderungen gegeben.… Mehrere Richter und Richterinnen gaben an, dass sie natürlich als Staatsbürger den politischen Kontext kannten, aus dem ein Wille zur Verschärfung der Regelungen signalisiert wurde, dass dies aber mit Bedacht oder zufällig in einer so wenig eindeutigen Formulierung geendet hätte, dass man das gut als reine Klarstellung auffassen konnte. Darin seien sie ja auch von einschlägigen OLG-Entscheidungen bestärkt worden. Ein Richter bezeichnete die Neuformulierung als eine „Verunklärung", keinesfalls sei es eine sinnvolle Klarstellung gewesen. Er weigere sich auch heute noch, das Sicherheitsinteresse extra in den Beschlüssen zu erwähnen und sei dafür noch nie gerügt worden." [112]

Nur zwei der befragten 22 Personen hatten den Eindruck, dass aufgrund der Streichung der Erprobungsklausel nun weniger Strafreste ausgesetzt würden. Beide Strafvollstreckungsrichter betonten dabei, dass sie selbst nicht weniger aussetzten, nahmen aber an, dass dies bei Kollegen im Bereich der schweren Sexualdelinquenz möglicherweise so sei. [113]

2002 wurden von mir neben den Auswertungen der Gefangenenbestandszahlen und den Interviews mit Strafvollstreckungsrichtern und -richterinnen insgesamt 922 Strafvollstreckungsakten aus den Jahren 1998 bis 2001 analysiert. Dabei lagen immer die jeweiligen Beschlüsse der Strafvollstreckungskammern, oft auch die Urteile des erkennenden Gerichtes und manchmal Sachverständigengutachten sowie Berichte von Bewährungshelfern und Bewährungshelferinnen vor. Auch hier konnte damals zu einem zugegebenermaßen sehr frühen Zeitpunkt nach der Gesetzesänderung eine allgemeine Tendenz zur Verschärfung der Maßstäbe der Strafrestaussetzung nicht festgestellt werden.[114] Diese Untersuchungsergebnisse sind heute nicht mehr aktuell, könnten aber wiederholt und gegebenenfalls auch quantitativ hinsichtlich der Strafvollstreckungsdauer, der Delikte und der Strafhöhen ausgewertet werden, sofern man aus mehreren Ländern entsprechende Fälle aus den letzten 20 Jahren erheben kann.

Insgesamt kann in Deutschland hinsichtlich der Strafrestaussetzung zur Bewährung nicht von einer allgemeinen Abwendung vom Sozialstaatsprinzip und einer erhöhten Punitivität vergleichbar den Entwicklungen in den USA seit den achtziger Jahren gesprochen werden. Zwar gab es immer wieder einzelne populistische Kampagnen, die Straferhöhungen, härteren Strafvollzug und eine Verringerung der Anzahl vorzeitiger Entlassungen zum Inhalt hatten, was sich länderspezifisch in Einzelfällen durchaus auch bezüglich des Anteils der Strafrestaussetzungen niederschlug, bundesweit setzte sich ein solcher Trend aber nicht durch.

Soweit in deutlichem zeitlichen Abstand zur Gesetzesänderung von 1998 sich ein leichtes Sinken der Strafrestaussetzungsquote beobachten lässt, so lässt sich das allein schon aufgrund der Schwäche des Effektes kaum auf einen kriminalpolitischen Umschwung zurückführen und zum anderen wurde dieser Effekt durch die höhere Gnadenquote egalisiert. 1994 wurde genauso jeder vierte Gefangene vorzei-

---

[112] Cornel 2002, S. 434.
[113] A.a.O.
[114] Vgl. Cornel 2002, S. 437f.

tig entlassen wie im Jahr 2010. Hinsichtlich der höheren Gnadenquote sei zum einen darauf hingewiesen, dass die Gefangenen, die von der vorzeitigen Entlassung auf dem Gnadenweg ausgeschlossen werden in aller Regel auch keine Chance auf eine vorzeitige Entlassung durch die Strafvollstreckungskammer haben und zum anderen, dass eben deshalb unter den Personen, die von den so genannten Weihnachtsamnestien profitieren, vor allem solche sind, denen eine Strafrestaussetzung zur Bewährung gemäß StGB und JGG gewährt würde. Schließlich entspricht eine deutliche Erhöhung der Gnadenquote auch nicht dem Bild verstärkter Punitivität.

All dies soll nicht die Augen verschließen vor der Gefahr irrationaler Kriminalpolitik, neuer Sanktionsstile und der Ignoranz gegenüber empirischen kriminologischen Erkenntnisse beziehungsweise der populistischen Instrumentalisierung archaischer Strafbedürfnisse. Die Aufklärung dieser Diskrepanz und auch deliktspezifischer Besonderheiten der Entwicklung der Strafrestaussetzungen zur Bewährung[115] sind meines Erachtens wichtige Forschungsfelder für die nahe Zukunft.

Aus der Entwicklung der Entscheidungen über die Strafrestaussetzungen der letzten 14 bis 16 Jahre lässt sich eine Zunahme der Punitivität sowohl hinsichtlich der Einstellungen, als auch des kriminalpolitischen Verhaltens nicht herleiten. Das sagt nichts über andere Indizien aus und über Einstellungsänderungen in anderen der oben genannten Teilbereiche, die hier nicht untersucht wurden. Über Ursachen dafür soll hier nicht spekuliert werden. Nimmt man die Hypothese von der Wechselbeziehung zwischen wohlfahrtsstaatlicher Orientierung und Punitivität beziehungsweise Straflust ernst, so kann man – unbeschadet der Untersuchung anderer Felder der Kriminalpolitik – mutmaßen, dass der Wert sozialer Gerechtigkeit möglicherweise nicht so erfolgreich zurückgedrängt wurde, wie das 20 Jahre neoliberale Propaganda wünschten. Einer der Väter des Neoliberalismus, Friedrich August von Hayek diskreditierte ,Soziale Gerechtigkeit' als leer und inhaltslos, Illusion, Unsinn und „nichtssagende Formel" und intellektuell anrüchig.[116] Aber diese Zielsetzung entspricht durchaus den in der Bevölkerung vertretenen Werten. Dem Spiegel konnte man kürzlich entnehmen,[117] dass 74 % der Bevölkerung sich soziale

---

[115] Es liegt nahe, dass auch eine Veränderung der Anstaltspopulationen die Entwicklung des Anteils der Strafrestaussetzungen beeinflusst. Dies ließ sich aus den Gefangenenbestandszahlen nicht ermitteln. Sowohl mögliche schlechtere Sozialprognosen bei Gewaltstraftätern als auch die mögliche primäre Strafaussetzung zur Bewährung bei Personen im Bereich mittlerer Kriminalität, die nach Teilverbüßung eine gute Chance auf vorzeitige Entlassung gehabt hätten, können die Strafrestaussetzungsquote beeinflussen.

[116] Vgl. Hayek 2004a, S. 188 und 191 und Hayek 2004b, S. 197f.

[117] Vgl. Der Spiegel Nummer 34 vom 20.8.2012, S. 29.

Gerechtigkeit wünschen – mehr als Freundschaft (66 %), Hilfsbereitschaft (64 %) und Freiheit (49 %).

„Die Verbindung von strafrechtlich moderater Sanktionierung und der wohlfahrt-staatlichen Orientierung ist nahezu konzeptionell. Der Wohlfahrtsstaat ist ein Gemeinwesen, in dem Begriffe der Solidarität und der sozialen Gleichheit beziehungsweise Gleichberechtigung programmatisch im Vordergrund stehen. ... Konkret gesagt, werden in Wohlfahrtsstaaten weniger repressive Formen des Strafens favorisiert und funktionierende Alternativen zur Freiheitsstrafe entwickelt.“[118]

Zwar darf man das Ergebnis, dass es in einem Teilgebiet der Kriminalpolitik keine Strafverschärfung gegeben hat, nicht mit der Feststellung verwechseln, es gäbe in Deutschland eine moderate Sanktionierung. Eine solche Einschätzung hängt nicht zuletzt von den Kriterien und den Vergleichsstaaten ab. Man kann an vielen Punkten deutscher Kriminalpolitik funktionierende Alternativen zum Strafrecht und zur Freiheitsstrafe, eine moderatere Sanktionierung und mehr soziale Hilfen für Kriminalisierte und Marginalisierte anmahnen. Aber es scheint mir auch nicht belanglos, dass die Entwicklung nicht ohne weiteres in Richtung auf Abschied vom Sozialstaat und Zunahme der Punitivität geht.

---

[118] Lappi-Seppälä 2010, S. 978.

Literaturverzeichnis

Boetticher, Axel

Der neue Umgang mit Sexualstraftätern – Eine Zwischenbilanz, in: Monatsschrift für Kriminologie und Strafrechtsreform 1998, S. 354 – 367

Cornel, Heinz

Strafe als Medium der Ausgrenzung: Schärfere Gesetze, längere Haftzeiten – Was bringt die Zukunft? in: Sozialer Ausschluss durch Einschluss – Strafvollzug und Straffälligenhilfe zwischen Restriktion und Resozialisierung, herausgegeben von Werner Nickolai und Richard Reindl, Freiburg 2001a, S. 71 ff.

Cornel, Heinz

Strafaussetzung zur Bewährung – Auswirkungen der Gesetzesänderung, in: Neue Kriminalpolitik 2001b, Heft 1, S. 4 – 5

Cornel, Heinz

Symbolische Politik mit Amnestie und Gnade? in: Neuen Kriminalpolitik 2001c, Heft 4, S. 26 – 29

Cornel, Heinz

Klarstellung oder Verschärfung der bedingungen zur Strafrestaussetzung zur Bewährung. Eine Untersuchung zu den Konsequenzen der Gesetzesänderung von 1998 in der Praxis, in: Monatsschrift für Kriminologie und Strafrechtsreform 2002, S. 424 – 438

Dessecker, Axel

Life sentences in Germany: An example of increasing punitiveness in the criminal justice system? in: Punitivy International Developments Vol.3: Punitiveness and Punishment, herausgegeben von Helmut Kury und Evelyn Shea, Bochum 2011, S. 21 – 42

Dollinger, Bernd

Punitive Pädagogen? Eine empirische Differenzierung von Erziehungs- und Strafeinstellungen, in: Zeitschrift für Sozialpädagogik 2011, Heft 3, S. 228 – 247

Dünkel, Frieder

Gefangenenraten im internationalen und nationalen Vergleich, in: Neue Kriminalpolitik 2010, Heft 1, S. 4 –11

Eisenberg, Ulrich

Kriminologie, München 2005 (6. Auflage)

Eisenberg, Ulrich/Hackethal, Achim

'Gesetz zur Bekämpfung von Sexualdelikten und anderen gefährlichen Straftaten' vom 26.01.1998, in: Zeitschrift für Strafvollzug und Straffälligenhilfe 1998, S. 196 – 202

Fischer, Hartmut

Legitimation von Gnade und Amnestie im Rechtsstaat, in: Neue Kriminalpolitik 2001, Heft 4, S. 21 – 25

Fischer, Thomas

Strafgesetzbuch, München 2012 (59. Auflage)

Feuerhelm, Wolfgang

Anmerkung zu OLG Koblenz, Beschluss vom 28.05.1998, in: Neue Strafrechtszeitung 1999, S. 270 –272

Garland, David

Kultur der Kontrolle. Verbrechensbekämpfung und soziale Ordnung in der Gegenwart, Frankfurt am Main 2008

Gopnik, Adam

The Caging of America. Why do we lock up so many people? In: The New Yorker 2012, January 30, S. 1 – 13

Greene, Judith

Winds of Change: Neue Strafrechtsentwicklung in den USA, in: Kriminalpolitik gestalten. Übergänge koordinieren – Rückfälle verhindern, Beiträge der 20. DBH-Bundestagung, herausgegeben vom DBH-Fachverband für Soziale Arbeit, Strafrecht und Kriminalpolitik, Köln 2010, S. 34 – 53

Günther, Klaus/Honneth, Axel

Vorwort zu Garland, Kultur der Kontrolle, in: Garland, David, Kultur der Kontrolle, Frankfurt am Main 2008, S. 7 – 16

Hassemer, Winfried

Die neue Lust auf Strafe, in: Frankfurter Rundschau vom 20.12.2000, S.16

Hayek, Friedrich August von

Die Illusion der sozialen Gerechtigkeit, in: derselbe, Wissenschaft und Sozialismus, Aufsätze zur Sozialismuskritik, Tübingen 2004a, S.186 – 196

Hayek, Friedrich August von

Der Atavismus ‚soziale Gerechtigkeit', in: derselbe, Wissenschaft und Sozialismus, Aufsätze zur Sozialismuskritik, Tübingen 2004b, S.197 – 208

Heintschel-Heinegg, Bernd von

Strafgesetzbuch, München 2010

Heinz, Wolfgang

Zunehmende Punitivität in der Praxis des Jugendkriminalrechts? Analysen aufgrund von Daten der Strafrechtspflegestatistiken, in: Das Jugendkriminalrecht vor neuen Herausforderungen?, Jenaer Symposium 9. – 11. September 2008, herausgegeben vom Bundesministerium der Justiz, Mönchengladbach 2009, S. 29 – 80

Heinz, Wolfgang

Neue Straflust der Strafjustiz – Realität oder Mythos?, In: Neue Kriminalpolitik 2011, Heft 1, Jahrgang 22, S. 14 – 27

Heinz, Wolfgang

Jugendstrafrechtliche Sanktionierungspraxis auf dem Prüfstand, in: Zeitschrift für Jugendkriminalrecht und Jugendhilfe 2012, Heft 2, S. 129 – 147

Hilgendorf, Eric

Punitivität und Rechtsgutlehre, in: Neue Kriminalpolitik 2010, Heft 4, S. 125 – 131

Kaiser, Günther/Schöch, Heinz

Strafvollzug, Heidelberg 2002 (5. Auflage)

Kindhäuser, Urs

Strafgesetzbuch, Baden-Baden 2010 (4. Auflage)

Köllisch, Tilman

Risikomanagement und selektive Punitivität als ‚Kriminalpolitik von unten', in: Kriminologisches Journal 2007, Heft 4, S. 243 – 259

Kury, Helmut/Kania, Harald/Obergfell-Fuchs, Joachim

Worüber sprechen wir, wenn wir über Punitivität sprechen? Versuch einer konzeptionellen und empirischen Begriffsbestimmung, in: Kriminologisches Journal, 8. Beiheft 2004, S. 51 – 88

Kury, Helmut/Obergfell-Fuchs, Joachim

Zur Punitivität in Deutschland, in: Soziale Probleme, 2006, Jahrgang 17, Heft 2, S. 119 – 154

Lackner/Kühl

Strafgesetzbuch, München 2011 (27. Auflage)

Lappi-Seppälä, Tapio

Vertrauen, Wohlfahrt und politikwissenschaftliche Aspekte – International vergleichende Perspektiven zur Punitivität, in: Kriminalität, Kriminalpolitik, strafrechtliche Sanktionspraxis und Gefangenenraten im europäischen Vergleich, herausgegeben von Frieder Dünkel, Tapio Lappi-Seppälä, Christine Morgenstern und Dirk van Zyl Smit, Mönchengladbach 2010, S. 937 – 996

Lautmann, Rüdiger/Klimke, Daniela

Punitivität als Schlüsselbegriff für eine kritische Kriminologie, in: Kriminologisches Journal, 8. Beiheft 2004, S. 9 – 29

Matthews, Roger

Rethinking penal policy: tuwards a systems approach, in: The New Politics of Crime and Punishment, herausgegeben von Roger Matthews und Jock Young, London 2003, S. 223 – 249

Matthews, Roger

The Myth of Punitiveless, in: Theoretical Criminology 2005, Jahrgang 9, S. 175 – 201

Neubacher, Frank

Strafrestaussetzung nach der neuen 'Verantwortungs-Klausel', in: Bewährungshilfe 1999, S. 209 – 214

Nomoskommentar Strafgesetzbuch (NK-StGB)

herausgegeben von Urs Kindhäuser, Ulfried Neumann und Hans-Ullrich Paeffgen, Baden-Baden 2005 (2. Auflage)

Oelkers, Nina/Ziegler, Holger

Punitivität, Verantwortung und Soziale Arbeit, in: Zeitschrift für Jugendkriminalrecht und Jugendhilfe 2009, S. 38 – 44

Rzepka, Dorothea

Punitivität in Politik und Gesetzgebung, in: Kriminologisches Journal, 8. Beiheft 2004, S. 138 – 151

Sack, Fritz

Wie die Kriminalpolitik dem Staat aushilft, in: Kriminologisches Journal, 8. Beiheft 2004, S. 30 – 50

Satzger, Helmut/Schmitt, Bertram/Widmaier, Gunter

Strafgesetzbuch, Köln 2009

Schöch, Heinz

Neue Punitivität in der Jugendkriminalpolitik? in: Das Jugendkriminalrecht vor neuen Herausforderungen?, Jenaer Symposium 9. – 11. September 2008, herausgegeben vom Bundesministerium der Justiz, Mönchengladbach 2009, S. 13 – 27

Schöch, Heinz

Das Gesetz zur Bekämpfung von Sexualdelikten und anderen gefährlichen Straftaten vom 26.01.1998, in: NJW 1998, S. 1257 – 1261

Schönke, Adolf/Schröder, Horst

Strafgesetzbuch, München 2001 (26. Auflage)

Schönke, Adolf/Schröder, Horst

Strafgesetzbuch, München 2010 (28. Auflage)

Schüler-Springorum, Horst

Anmerkung zum Beschluss des OLG Stuttgart vom 16.3.1998, 1 Ws 36/98, in: Strafverteidiger 1998, S. 669f.

Sessar, Klaus

Kriminalitätseinstellungen und sozialer Wandel, in: Monatsschrift für Kriminologie und Strafrechtsreform 2010, S. 361 – 381

Simonson, Julia

Punitivität: Methodische und konzeptionelle Überlegungen zu einem viel verwendeten Begriff, in: Zeitschrift für Jugendkriminalrecht und Jugendhilfe 2009, S. 30 – 37

Sohn, Werner

Über eine Antwort auf die Frage, warum in Großbritanien so viele Menschen inhaftiert sind, in: Forum Strafvollzug 2012, Heft 1, S. 63 – 66

Stockhausen, Hanns-Christian von

Die Metamorphose der Strafrestaussetzung: Eine kritische Betrachtung der Auswirkungen des SexualDelBekG vom 26.1.1998 auf § 57 Abs. 1 StGB unter besonderer Berücksichtigung des „Sicherheitsinteresses der Allgemeinheit", Berlin 2008

Streng, Franz

Punitivität bei Justizjuristen, in: Zeitschrift für Jugendkriminalrecht und Jugendhilfe 2012, Heft 2, S. 148 – 157

Sutherland, Edwin H./Cressey, Donald R.

Principles of criminology, Philadelphia/Toronto 1974 (9. Auflage)

Young, Jock/Matthews, Roger

New Labour, crime control and social exclusion, in: The New Politics of Crime and Punishment, herausgegeben von Roger Matthews und Jock Young, London 2003, S. 1 – 32

www.ingramcontent.com/pod-product-compliance
Lightning Source LLC
Chambersburg PA
CBHW080549220326
41599CB00032B/6414

9 783942 865128